作物栽培与生理实验指导

ZUOWU ZAIPEI YU SHENGLI SHIYAN ZHIDAO

主　编：唐湘如

副主编：段美洋　王树丽

参　编：莫钊文　潘圣刚　肖立中

田　华　钟克友

广东高等教育出版社

Guangdong Higher Education Press

·广州·

内容简介

本书内容主要包括水稻、玉米、甘蔗、花生、烟草、大豆等华南主要农作物栽培实验（育苗、形态观察、生长调查分析、产量构成因素调查、产量预测以及品质测定）和生理实验（水分、营养、光合、呼吸、物质代谢与化学调控、生长发育及逆境生理）两大部分。本书可作为农学类专业本科生和作物栽培学与耕作学专业研究生的实验教材，也可作为相关专业从业人员的培训教材及常备参考书。

图书在版编目（CIP）数据

作物栽培与生理实验指导/唐湘如主编. —广州：广东高等教育出版社，2021.8
ISBN 978-7-5361-6158-0

Ⅰ.①作… Ⅱ.①唐… Ⅲ.①作物-栽培技术-实验 Ⅳ.①S31-33

中国版本图书馆CIP数据核字（2018）第090875号

出版发行	广东高等教育出版社 地址：广州市天河区林和西横路 邮政编码：510500 电话：（020）87551597 87551077 http://www.gdgjs.com.cn
印　　刷	广州市友盛彩印有限公司
开　　本	787毫米×1 092毫米 1/16
印　　张	19.25
字　　数	496千
版　　次	2021年8月第1版
印　　次	2021年8月第1次印刷
定　　价	56.00元

前　言

作物栽培学与作物生理学是农学专业本科生和作物栽培学与耕作学专业研究生的专业课，学生在学习系统理论知识的基础上，进行一些验证性实验实习和掌握基本技术操作，可为今后从事作物生产实践和科学研究奠定基础，同时亦可培养独立工作及分析和解决问题的能力。

全书分为作物栽培实验、作物生理实验和附录三部分，共107个实验项目。其中，作物栽培实验部分包括作物育苗技术、作物形态学与幼穗分化观察、作物田间产量预测、作物产品品质测定和作物生长调查分析，作物生理实验部分包括水分生理、营养生理、光合作用、呼吸作用、物质代谢与化学调控、生长发育和逆境生理，附录部分包括试剂的配制、常用酸碱的浓度、常用缓冲液的配制、常用酸碱指示剂、离心机转速与相对离心力的换算、提高溶液饱和度时应加入的硫酸铵质量、常用植物激素的一些化学性质、植物组织和细胞培养常用培养基成分、常用培养基附加成分。

本书内容涵盖范围广，将作物从田间种植、田间调查到室内生理生化测定有机地串联在一起，具有一定的系统性，可作为农学类专业本科生和作物栽培学与耕作学专业研究生的实验教材，也可作为相关专业从业人员的培训教材及常备参考书。

本书由唐湘如担任主编，段美洋、王树丽担任副主编，其他编者有莫钊文、潘圣刚、肖立中、田华、钟克友。

本书的出版得到广东省本科高校教学质量与教学改革工程立项建设项目精品资源共享课“作物栽培学”、华南农业大学“作物栽培学”精品课程建设项目和“作物栽培学”精品资源共享课建设项目的支持。本书编写过程中参考和引用了大量教材与相关科技文献，在此对其编著者及出版者表示真挚的谢意。

书中难免有错漏和不足之处，敬请广大读者批评指正。

编　者
2021 年 6 月

目　录

第一部分

作物栽培实验

第一章　作物育苗技术

实验 1－1　水稻育秧技术

实验目的

了解水稻塑料软盘育秧与双膜育秧技术。

实验导航

塑料软盘育秧与双膜育秧这两种育秧方式均易于操作，育秧质量好，适合机械化移栽。

器材与试剂

1. 实验材料

水稻种子、肥料。

2. 实验器具

恒温恒湿培养箱、塑料软盘、塑料硬盘、锄头、铁锹、喷壶、薄膜、网筛、切刀等。

3. 实验试剂

旱秧壮秧剂、盐水、使百克（施保克）、吡虫啉、敌克松等。

方法与步骤

一、育秧准备

1. 床土准备

（1）床土选择。适宜做床土的土壤类型主要有以下三类：一是菜园地耕作层土壤（以下简称“菜园土”）；二是耕作熟化的旱地土；三是经过秋耕、冬翻、春秒的稻田表层土。土壤中应无硬的杂物，杂草及病菌少。重黏土、沙土和 pH 超过 7.8 的田块土不宜做床土。不宜在荒草地及当季喷施过除草剂的地块取土。

（2）床土用量。每亩大田需备足合格床土 100 kg 左右。

（3）床土培肥。用肥沃疏松的菜园土做床土的，可以直接使用。其他适宜土壤在取土前，应对取土地块进行施肥，每亩匀施经高温堆制、充分腐熟的人畜粪 1 000 ~ 2 000 kg，以及水稻专用肥（氮：五氧化二磷：氧化钾 = 12：4：9）60 ~ 70 kg，或硫酸铵 30 kg、过磷酸钙 40 kg、氯化钾 5 kg 等无机肥。禁止使用草木灰进行床土培肥。pH 偏高的取土地块可通过酌情增施过磷酸钙以降低其 pH。施肥后应用机器连续旋耕 2 ~3 遍，取 15 cm 厚的表层土堆制并覆盖农膜，堆闷至床土熟化。提倡使用适合当地的旱秧壮秧剂代替无机肥，在过筛前施用，用量为每 100 kg 床土匀拌 0.5 ~0.8 kg 旱秧壮秧剂。

（4）床土加工。选择晴好天气及床土水分适宜时进行过筛。水分适宜是指床土的含水率为 10% ~15%，手捏成团，落地即散。过筛要求床土粒径不大于 0.5 cm，其中粒径为 0.2 ~0.4 cm 的土粒达 60% 以上。过筛后的床土继续用农膜覆盖。床土的 pH 应在 5.5 到 7.0 之间。播种前 10 d，对于 pH 大于 7.0 的床土，应进行调酸处理。

2. 秧床准备

应选择排灌方便、光照充足、土壤肥沃、运秧方便的地块做秧床。秧田与大田的比例宜为 1：80 ~1：100。

在播种前 10 d 精做秧板，秧板宽 1.4 ~1.5 m，长度随定，板间秧沟宽 25 ~30 cm，深 15 ~20 cm。板面应达到“实、平、光、直”的要求。实，指板面沉实不陷；平，指板面平整；光，指板面无残茬杂物；直，指板面整齐、沟边垂直。秧床四周开围沟，沟宽约 50 cm，深约 20 cm，确保灌排畅通。播种时板面应保持湿润。

3. 种子准备

种子准备的作业流程如图 1 -1 -1 所示。

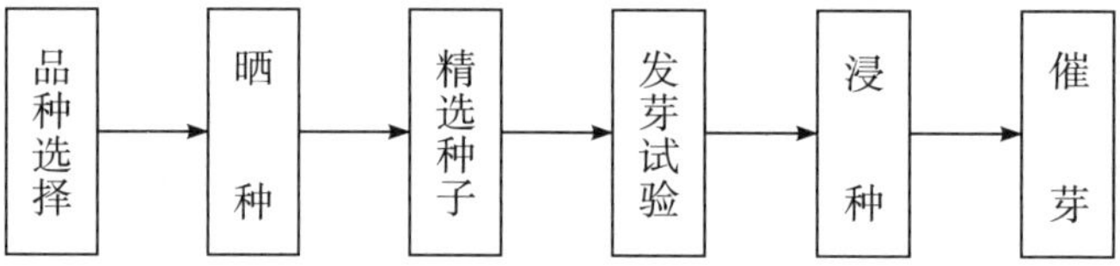

图 1 -1 -1　种子准备的作业流程

（1）品种选择。应根据不同茬口、品种特性及安全齐穗期，选择适合当地机械化栽插的优质、高产、稳产的大穗型品种。

（2）种子用量。对于一般粳稻品种，若使用软盘育秧，每亩大田应备足精选种子 3 ~3.5 kg；若使用双膜育秧，每亩大田应备足精选种子 4 kg。杂交稻和籼稻品种的种子用量应在粳稻品种的种子用量基础上酌情增减。

（3）晒种。高温晴天自 9：00—16：00，晒 2 ~3 d。晒种时要摊薄，勤翻（注意防止搓伤种皮），晒透，使种子受光、受热均匀，从而增强种子的透水性和透气性，提高发芽率。

（4）精选种子。可采用风选或盐水选。盐水选种法中，盐水的密度为 1.06×10^3 ~ 1.12×10^3 $kg \cdot m^{-3}$，盐水选种后应立即用清水淘洗种子，清除谷壳外的盐分，以免影响发芽，洗后晒干备用或直接浸种。

（5）发芽试验。取 3 个培养皿，铺上滤纸、砂子、纱布等，用蒸馏水湿润。从种子堆的上、中、下层，以及里层、外层随机取样，混匀后取 3 份各 100 粒种子，分别放入培养皿中，然后在 25 ~30 ℃条件下催芽，一般 3 ~4 d 计算发芽势，6 ~7 d 计算发芽率。

$$发芽势（\%）=\frac{规定天数内发芽的种子数}{供试种子数}\times 100\%$$

$$发芽率（\%）=\frac{全部发芽的种子数}{供试种子数}\times 100\%$$

种子的发芽率要求在 90% 以上，发芽势达 85% 以上。建议直接使用种子部门供应的精选过的种子。

（6）浸种。在播种前 3 ~4 d 进行药剂浸种，具体可选用使百克（施保克）1 支（2 mL），加 10% 吡虫啉 10 g，兑水 6 ~7 kg，浸 5 kg 种子。

（7）催芽。种子在吸足水分后进行催芽。吸足水分的标准为：谷壳透明，可见腹白和胚，米粒容易折断而无响声。催芽的主要技术要求是“快、齐、匀、壮”。快，指要催芽迅速，2 d 内催好芽，其中破胸需 24 h，适温催芽需 12 h 左右；齐，指 90% 以上的稻种达到催芽标准；匀，指根和芽整齐一致；壮，指幼芽粗壮，根、芽长比例适当。催芽的基本技术环节是“高温破胸、保湿催芽、低温晾芽”。种子高温破胸时，种堆温度以不超过 38 ℃为宜，且内外温度一致，必要时要进行翻拌，使稻种间受热均匀。破胸后应立即将温度降到 25 ~30 ℃以进行适温催芽，催芽标准为破胸露白率达 90% 。种子催芽后置阴凉处，摊晾炼芽 4 ~6 h 以备播种。

4. 其他材料准备

若采用软盘育秧，每亩大田一般需备软盘 25 张左右。采用机械播种的，每台流水线需备足硬盘用于脱盘周转，具体用量应按播种时移送软盘的距离而定。

若采用双膜育秧，每亩大田应备 1. 5 m 幅宽的薄膜 4 m 左右。薄膜要求打孔。打孔方法：准备长 1. 5 m、宽 15 cm 以上、厚 5 cm 的木方一块，将薄膜整齐地卷在木方上，画线冲孔，孔距一般为 2 cm×2 cm 或 2 cm×3 cm，孔径为 0. 2 ~0. 3 cm（孔径一般不宜过大）。同时，应备长约 2 m、宽 2 ~3 cm、厚约 2 cm 的木条 4 根，切刀 1 ~2 把。

另外，还需根据秧板面积准备适量的盖膜、稻草、芦苇秆或细竹竿等辅助材料。

二、育秧播种

根据水稻品种特性、安全齐穗期及茬口，确定育秧播种期。一般做法是，根据适宜移栽期，按照秧龄 15 ~22 d 倒推播种期，并依照栽插进度做好分期播种，严防超秧龄移栽。

1. 软盘育秧播种

软盘育秧播种的作业流程如图 1 -1 -2 所示。

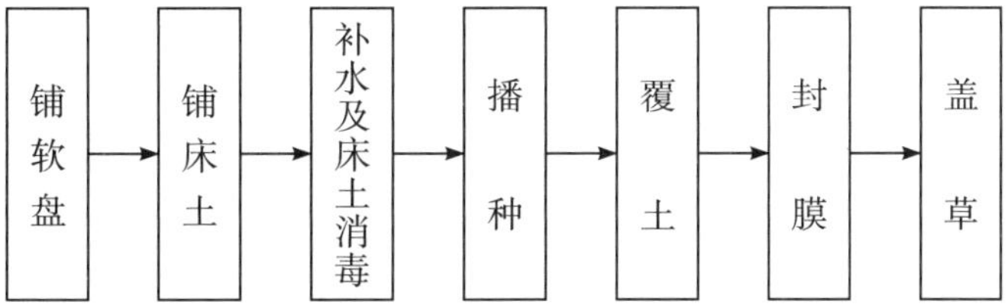

图 1 -1 -2　软盘育秧播种的作业流程

（1）铺软盘。每块秧板横排两行，依次平铺，紧密整齐，盘底与床面密合。

（2）铺床土。铺撒准备好的床土，土层厚度为 2 ~ 2.5 cm，厚薄均匀，土面平整。

（3）补水及床土消毒。在播种前直接用喷壶洒水，亦可在播种前 1 d，灌平沟水，待床土充分吸湿后迅速排水。播种时土壤含水量应达土壤饱和含水量的 85% ~ 90%。结合播种前浇底水，用 65% 敌克松与水配制成 1：1 000 ~ 1：1 500 的药液，对床土进行喷洒消毒。

（4）精细播种。有手工播种和机械流水线脱盘播种两种方法。每盘均匀播破胸露白芽谷 120 ~ 150 g。手工播种时要细播、匀播、分次播，力求播种均匀。

（5）均匀撒盖种土。覆土厚度以盖没芽谷为宜，一般为 0.3 ~ 0.5 cm。

（6）封膜、盖草。在床面上等距离平放芦苇秆或细竹竿作为支撑物，平盖薄膜。膜面上均匀加盖稻麦秸秆，盖草厚度以基本看不见薄膜为宜，不宜过厚。秧田四周开好放水缺口。膜内温度宜控制在 28 ~ 35 ℃。雨后应及时清除膜上的积水，以避免闷种烂芽。早春茬稻播种时，如气温较低，必要时可搭建拱棚，利用日光增温保湿，促使齐苗。

2. 双膜育秧播种

双膜育秧播种与软盘育秧播种的原理大致相同，操作上稍有差别（见图 1－1－3）。

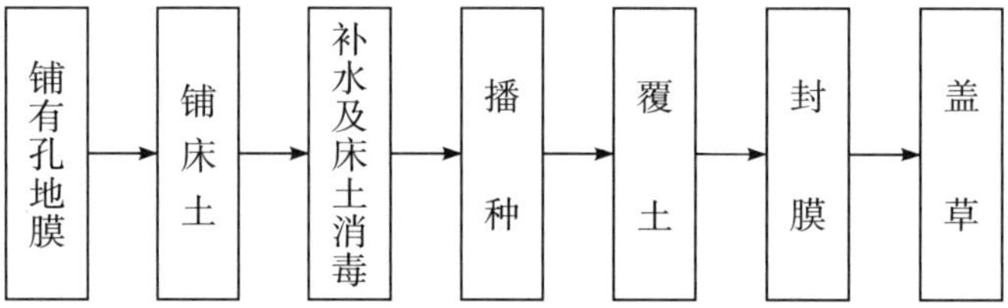

图 1－1－3 双膜育秧播种的作业流程

（1）铺有孔地膜和床土。在秧板上平铺打孔地膜，并沿秧板两侧固定木条，然后铺放床土并刮平，铺土厚度与秧板两侧固定的木条厚度一致，为 2 cm。

（2）补水及床土消毒。操作要求与软盘育秧播种方式相同。

（3）精细播种。有手工播种和田间育秧播种设备播种两种方法。每平方米秧板均匀播芽谷 740 ~ 930 g。

（4）覆土、封膜和盖草。操作要求均与软盘育秧播种方式相同。

三、苗期管理

俗话说得好："秧好半季稻，苗好产量高。"秧苗素质的好坏，对水稻生育后期的穗数、粒数和粒重起着重要作用。机械化插秧对秧苗的基本要求包括群体质量均衡和个体素质健壮两个方面，因此，苗期管理的技术性和规范性较强。

1. 揭膜炼苗

齐苗后，在第一完全叶抽出 0.8 ~ 1 cm 时揭膜炼苗。揭膜要求：晴天傍晚揭，阴天上午揭，小雨雨前揭，大雨雨后揭。若揭膜时最低温度低于 12 ℃，可适当推迟揭膜时间。

2. 水分管理

揭膜当天补一次足水，而后缺水补水，保持床土湿润，床土不应干而发白。秧田集中的地块可灌平沟水，零散育秧的则应早晚洒水补湿。若晴天中午出现卷叶要灌水补湿护苗，雨天则要放干秧沟的水。如遇较强冷空气侵袭，要灌拦腰水以保温护苗，回暖期则换水保苗。

移栽前 2 ~3 d 排水，控湿炼苗，促进秧苗盘根，增加秧块拉力，便于卷秧与机插。

3. 追施“断奶”肥

施“断奶”肥应视床土肥力、秧龄和天气特点等具体情况进行。一般在 1 叶 1 心期进行，每亩苗床用腐熟的人畜粪 400 kg 兑水 800 kg，或用尿素 5 kg 兑水 500 kg，于傍晚浇施或洒施，若床土肥沃则可免施。

4. 适施“送嫁”肥

移栽前 3 ~4 d，视秧苗长势施用“送嫁”肥。每亩苗床用尿素 4 ~5 kg 兑水 500 kg，于傍晚洒施。若秧苗叶色浓绿、叶片下披，则可免施。

5. 搞好病虫害及杂草防治

秧田期应根据病虫发生情况，做好螟虫、稻蓟马、灰飞虱、苗稻瘟病等常发性病虫的防治工作。同时，应经常灭除杂株和杂草，保证秧苗纯度。

四、适时移栽

广东省种植的水稻在 3.5 ~4.5 叶时移栽为宜，可采用插秧和抛秧等方法。早季插秧秧龄为 25 ~30 d，抛秧秧龄为 20 ~25 d；晚季插秧秧龄为 15 ~18 d，抛秧秧龄为 11 ~15 d。移栽密度根据品种特性和稻田肥力等因素而定，一般杂交稻为每公顷[①] 22.5 万 ~30.0 万穴，常规稻为每公顷 25.0 万 ~33.0 万穴。

注意事项

（1）浸种后须用清水将种子洗干净，然后才能进行催芽。

（2）注意催芽过程中湿度和温度的控制，育苗过程中应适时揭膜炼苗。

参考文献

［1］唐湘如. 作物栽培学［M］. 广州：广东高等教育出版社，2014.

［2］唐湘如，潘圣刚，段美洋，等. 香稻栽培技术规程［J］. 广东农业科学，2014，41（1）：5 -7.

① 1 公顷 =10 000 平方米。

实验 1-2 玉米育苗技术

实验目的

了解玉米育苗技术。

实验导航

玉米育苗技术是玉米高产、稳产的有效措施，具有充分利用光热资源，争取生长季节，缓解多熟制茬口矛盾，提早收获期，提高经济效益等优点。对于特殊的玉米种子，如糯玉米种子，其体积小、营养少、直播不易成活，育苗可提高其发芽率和成苗率，节省种子用量，提高玉米防虫抗病能力。

器材与试剂

1. 实验材料

玉米种子、肥料。

2. 实验器具

塑料软盘、塑料薄膜、温度计等。

3. 实验试剂

呋喃丹等。

方法与步骤

1. 苗床准备

一般选择土质肥沃疏松、避风向阳、排水方便又靠近大田的地方作为苗床，施入充足的腐熟有机肥和适量的氮磷化肥，耕耙平整，做成 1 ~ 2 m 宽的小畦，底墒不足时需进行灌溉。

2. 育苗方式

玉米育苗主要采用以下三种方式。

（1）营养钵育苗。用 40% ~ 50% 的腐熟厩肥、50% ~ 60% 的肥沃细土为材料，每 50 kg 料土中加入 0.5 kg 过磷酸钙，加水适量，混匀后手工或机械做成高 6 ~ 8 cm、直径 6 cm、中间留一播种孔的圆形钵，在钵内播种育苗。

（2）营养块育苗。营养土的配制方法与营养钵育苗方式的基本相同，育苗时，首先加入水将营养土调制成浆状，平铺在苗床上，厚度 5 ~ 7 cm，用线弹出 5 cm 的方块，在营养块尚未变干前将玉米种子播入方块内。

（3）塑料软盘育苗。苗床每厢宽 1.2 m，摆两排塑料软盘。塑料软盘长 59 ~ 60 cm，宽 32.5～33.5 cm，高 4.5 cm，每盘 100 个穴孔，按播种密度决定秧盘数量，一般每公顷①需 600 个左右，外加 30 个预备盘。摆盘前先在厢面铺一薄层稀泥或细土，将塑料软盘嵌入稀泥或已湿透水（以水从床边流出为准，或将盘嵌入土中，盘内有水即可）的细土中，播种前在盘穴中装入 3.5 cm 厚的营养土（营养土的配制方法基本同营养钵育苗方式）。

3. 种子处理

晒种可以促进种子的活性，增强种子的吸水能力，提高种子的发芽率。在播种前 2 d，天气晴好时晒种 2～4 h，然后用冷水浸种 24 h，或用约 40 ℃的温水浸种 24 h 后，捞起种子进行催芽 1～2 d，当种子露白，即可播种。

4. 播种

播种时，苗床表土按每平方米施 5 g 呋喃丹防治地下害虫，每个播种孔内放入 1 粒种子（芽嘴朝下），稍稍压实后，在营养钵、营养块上盖 1.5～3 cm 厚的细土，盖土的厚度要均匀，若用塑料软盘，装平即可。种子播好后把水浇足、浇透，使表土略有水渍，播种后的苗床可覆盖薄膜或作物秸秆。

5. 苗期管理

苗期管理主要是控制温度和湿度。播种时把水浇透，若之后表面细土不发白，一般不需浇水。出苗前以增温为主，密封薄膜。出苗至 2 叶期间要保温，2 叶后要控温，以控制叶片生长，防止幼苗徒长。出苗时温度控制在 20～38 ℃内，齐苗后根据天气揭留平铺的薄膜。水分供给要适中。注意适温适湿长苗，低温低湿炼苗。

6. 适时移栽

待苗长至 2 叶 1 心或 3 叶 1 心时即可移栽，3～4 叶时则是移栽适宜期。一般春玉米在苗龄 20 d 左右时移栽，夏秋玉米则在苗龄 7～10 d 时移栽。选择晴天下午或阴天带土移苗，浇足定根水。

注意事项

（1）加强苗床管理，严格控制水分和温度。

（2）春季气温低，苗床要选在背风向阳的地方，或采用半地下式，并加盖好薄膜。

参考文献

［1］杜永林，黄银忠．玉米塑盘育苗移栽技术［J］．农家致富，2003（6）：15－16.

［2］冯志勇．玉米覆膜育苗移栽技术［J］．农技服务，2010（2）：197.

［3］张长春，桑亚松．春玉米育苗移栽技术［J］．农技服务，2009，26（3）：21－22.

［4］张守林．浅谈玉米育苗移栽技术［J］．现代农业研究，2016（5）：27.

---

① 1 公顷＝10 000 平方米。

实验1-3 甘蔗育苗技术

实验目的

了解甘蔗育苗技术。

实验导航

甘蔗育苗技术作为一项高产栽培技术，具有充分利用土地、集中管理、争取季节、延长生长期、高产高糖和节省蔗种等优点。甘蔗育苗移栽方式以“冬育春移”和“春育春移”较为普遍，育苗方法有露地育苗、薄膜育苗和塑料袋育苗等。

器材与试剂

1. 实验材料

甘蔗种苗、肥料。

2. 实验器具

整地工具、塑料薄膜等。

3. 实验试剂

多菌灵（或甲基托布津、苯来特）。

方法与步骤

1. 苗床准备

宜选择邻近蔗田、土壤疏松肥沃、排灌方便的地块，耙碎整平后作为苗床。苗床一般畦宽1.5 m，畦高10～13 cm。每公顷苗床施土杂肥7 500～11 250 kg，其中2/3的肥料与表土混合作为床面，另外1/3的肥料与表土混合留作盖种用。

2. 种茎准备

苗床育苗以双芽段为好，先将种茎上的叶鞘剥去，再将斩好的种茎用每100 kg水加入50%的多菌灵（或甲基托布津或苯来特）100～120 g，配成稀释800～1 000倍的药液，浸8～10 min进行消毒。

3. 下种

种苗的排列方式主要有平放排种和斜插排种两种。平放排种是把浸种消毒的种苗平排于苗床上，种苗顶接，芽向一致，双芽朝左右两侧，种苗间距3 cm左右。放后稍压实，再淋湿苗床，撒一层厩肥盖种。育长龄苗（3～5叶苗）多采用此法。斜插排种是将浸种消毒的种苗斜排于苗床上，先在苗床开一浅沟，把蔗种斜插在内，然后开第二行沟，并将第二行沟的细土盖于第一行的种苗上，前后排距离为 2 ~ 3 cm。

4. 育苗方法

因不同蔗区的气候条件、耕作习惯、间套种作物及育苗期不同，育苗方法也不尽相同，主要有下列三种。

（1）露地育苗。下种时将苗床淋足水分，然后平排经过浸种消毒的蔗种，用肥土盖种，以盖过蔗种为宜。在气温较高的蔗区或育苗期已无低温影响的季节可采用此法，不用盖薄膜。

（2）薄膜育苗。在冬、春季节气温较低，可采用此法。下种方式同露地育苗方法。覆盖方式分拱形盖膜和平面盖膜两种。若采用拱形盖膜，苗床每隔 1 ~ 1.3 m 插 1 个竹片支架，拱高 23 ~ 26 cm，四周将薄膜压住并封严。若采用平面盖膜，直接把薄膜紧贴地面，盖于苗床上，四周用泥土将膜边 2 ~ 3 cm 压紧。

（3）塑料袋育苗。种苗可采用单芽苗，靠近顶端的嫩芽可采用 2 ~ 3 个芽为一段，蔗种要进行消毒处理。下种前要准备好育苗泥，育苗泥宜选择肥沃疏松的沙壤土或菜园土，把泥土整碎后，每 10 担泥土加农家肥料 1 担、钾肥 1 kg、磷肥 2.5 kg，混合拌匀后作为肥土。塑料袋先装进肥土（约袋的 2/3），然后将蔗种平摆在上，芽侧向，再用肥土盖平。把已播蔗种的塑料袋一个紧接一个在地上排成宽 1.3 m 左右，长度视具体情况而定，淋透水。如在气温低的情况下，须加盖薄膜保温育苗。

5. 适时移栽

一般在幼苗出现 3 片真叶左右时移栽为佳，因为此时株根刚长出，移栽后“停滞期”短，生长快。若苗龄过大，起苗、运苗耗工多，伤根多，移栽后回青慢。但若采用塑料袋育苗的，则苗龄大些问题也不大。

注意事项

薄膜育苗技术中，不论拱形或平面盖膜都必须防止漏气和防止薄膜被风吹开。当膜内温度超过甘蔗发育最适宜温度（32 ℃）时，要及时揭开薄膜两端。若气温太低，可在膜外再加盖一层薄膜。育苗期间应注意淋水，保持土壤湿度为 18% ~20%。

参考文献

[1] 岑春徽. 甘蔗育苗移栽技术 [J]. 农家之友，2000（3）：13.
[2] 左宗模. 甘蔗育苗移栽技术 [J]. 农业科技通讯，1988（4）：13.

实验 1-4　花生育苗技术

实验目的

了解花生育苗技术。

实验导航

提前育苗并适时移栽的夏秋花生，由于生长期延长，积温高，苗株矮健、壮实，且早开花结果，增产明显。

器材与试剂

1. 实验材料

花生种子、肥料。

2. 实验器具

整地工具等。

3. 实验试剂

多菌灵（有效成分含量为25%）、乙草胺（有效成分含量为50%）。

方法与步骤

1. 苗床准备

宜选择向阳背风、离花生地近、有水源的沙壤土作为苗床。床土耪细、整平，床土上面铺6～7 cm厚的营养土，有利起苗，减少伤根。营养土的配制方法是7份大田土加3份腐熟的有机肥，1 m^3营养土加入复合肥1.0～1.5 kg和多菌灵80 g，混匀后装入营养钵或营养袋中，在苗床内摆放整齐，钵（袋）间空隙用土填实。

2. 种子处理

一是晒种。花生播种前5～7 d晒种2～3 d，以提高种子的发芽率，晒后剥壳。二是选种。去除瘪粒、破损、变色及带斑点的种子，挑选一、二级大粒，皮色好，活力高的种仁。三是拌种。用多菌灵500 g兑水3 kg均匀拌花生种仁50 kg，只拌不浸，随拌随种。

3. 播种

每个营养钵（袋）播种2粒，株距2～3 cm，播后盖上2～3 cm厚的营养土，浇透水，然后覆上一层薄膜，待开始出苗，揭去薄膜。

4. 苗期管理

播种后到出苗前，白天温度控制在25～28 ℃，夜间温度保持在20～22 ℃，一般10 d左右出齐苗。出苗后，白天温度保持在25 ℃左右，夜间温度控制在15 ℃左右，并及时查苗补种，保证苗全、苗齐、苗匀、苗壮。同时，严格控制好温度，做好清棵蹲苗，防止出现高脚苗，保证秧苗主根深扎，苗色浓绿，达到壮苗的标准。移栽前5～7 d，开始低温炼苗，提高秧苗的素质，以适应外界的气候。

5. 适时移栽

种子发芽后出现2片真叶时，可进行大田移栽。对幼苗真叶发绿的，可将营养钵

（袋）直接插入用薄膜覆盖好的大田里，深度以营养钵（袋）全部入土而不埋没幼茎为宜；对幼苗真叶未发绿的，移栽后要用细土覆盖幼苗以防日晒。移栽前每公顷用乙草胺 1 500 mL 兑水 1 050 ~ 1 200 kg，对垄面均匀喷雾，并且随喷随盖膜。薄膜选用双零四超微地膜，盖膜时要拉紧压实，防止风吹损坏，然后按行距 40 ~ 43 cm、株距 20 cm 左右打孔移栽，移栽密度为每公顷 15 万穴左右。

注意事项

（1）加强苗床管理，严格控制水分和温度。

（2）注意苗期湿度和温度的控制，适时间苗、炼苗。

参考文献

[1] 侯怀恩，孟庆法．花生育苗移栽试验初报［J］．花生科技，1996（2）：21－23.

[2] 刘启发．花生育苗移栽技术［J］．安徽农业，2000（3）：8.

[3] 潘秋生，董洪．鲜食花生营养钵育苗高产栽培技术［J］．现代农业科技，2013（12）：38.

[4] 王东．花生高产栽培技术［J］．种业导刊，2010（5）：27－28.

实验 1－5　烟草育苗技术

实验目的

掌握烟草育苗移栽技术。

实验导航

我国烤烟栽培全部采用育苗移栽。育苗是烟草生产的重要环节，是移栽质量的重要保证。烟草育苗要求做到“壮、足、适、齐”，以“壮”为核心。

器材与试剂

1．实验材料

烟草种子、肥料。

2．实验器具

恒温恒湿培养箱、人工气候箱、聚苯乙烯泡沫塑料格盘、聚乙烯托盘、塑料薄膜、剪刀等。

3．实验试剂

福尔马林（或高锰酸钾）、溴甲烷、硫酸铜、升汞、波尔多液等。

方法与步骤

一、大棚温室托盘育苗

1. 育苗棚的建造和苗棚规格

（1）苗棚选址。棚址应选在避风向阳、小气候利于保温、地温回升快、地势平坦、靠近洁净水源（井水、自来水）、交通方便的地方。禁止在土豆地、蔬菜地（特别是番茄、辣椒等）、油菜地建棚，以防病虫害侵染。禁止在风口处、山脚下、地下水位较低的地方建棚。

（2）苗棚规格。平原烟区一个大棚一般长 40 ~ 80 m、宽 8 ~ 9 m，山区的苗棚规格则要根据平地面积的大小来定。一般每平方米地大棚生产的烟苗可供移栽 0.022 hm^2。各地根据具体情况可以建造厚砖墙（或土打墙）立柱式结构或拱架式（有立柱或无立柱）塑料棚。

2. 育苗材料

（1）棚膜。选用聚氯乙烯无滴膜，厚度为（0.1 ±0.02）mm。

（2）母床。在北方寒冷地区，母床宜采用离地床，使用 40 cm ×40 cm ×5 cm 的硬质塑料盘，盘底每隔 10 cm 打直径 0.5 cm 的小孔；或用 70 cm ×50 cm ×8 cm 的木框装填营养土后进行播种，方法同常规撒播育苗。在温度较高地区，也可在装好营养土的苗床内直接播种。

（3）托盘（子床）。目前生产上多采用 100 钵联体聚乙烯塑料育苗盘作为子床，规格一般为（55 ~60）cm ×（28 ~35）cm。单钵呈倒锥形，上口直径 3.8 ~4.3 cm，底部直径 1.5 cm，底部小孔直径 0.4 ~0.6 cm，钵高 5 ~6 cm。

（4）营养土。营养土必须腐熟、疏松、质地均匀。一般认为营养土的 pH 为 6 ~7，容重 0.5 ~0.9 $g \cdot m^{-3}$，以 0.9 $g \cdot m^{-3}$时最为理想。

3. 大棚卫生和育苗盘、营养土消毒

（1）大棚卫生。若烟草育苗专用大棚前茬种植禾本科作物的，要彻底清除杂草、杂物，2 ~3 d 消毒 1 次；若前茬种植蔬菜的，则要在每年育苗前进行消毒。

（2）育苗盘消毒。育苗盘在使用前需消毒，具体方法是用 1% ~2% 的福尔马林液或 0.05% ~0.1% 的高锰酸钾喷洒育苗盘，然后用清水冲洗干净。

（3）营养土消毒。采用溴甲烷熏蒸消毒。营养土堆高 25 cm，长、宽以便于盖膜为宜，湿度以合墒为宜，在土堆上覆膜。熏蒸剂在膜下开瓶。当基质温度在 15 ℃以上时，熏蒸时间保持 24 ~48 h 即可；当基质温度低于 15 ℃时，熏蒸时间保持 48 ~72 h；当基质温度低于 10 ℃时，不宜进行熏蒸。熏蒸之后揭去薄膜，用锄拉散土堆，使剩余的药气散掉，24 h 之后即可装盘。操作人员一定要注意在上风口操作，以免中毒。

4. 播种

（1）种子前处理。如选用裸种播种，要坚持精选、消毒、洗种、催芽播种的程序。

①种子消毒。常用药剂有 2% 福尔马林溶液，1% 硫酸铜溶液，0.5% 升汞溶液。浸泡

10～15 min 后将药液洗净，以备浸种催芽或干播。

②浸种。用洁净小白布袋，每袋盛种子 50～100 g，放入 25～30 ℃水中浸泡 8～10 h，取出滤去余水。置于 20～25 ℃的温度条件下，待种子吸水膨胀，一般经 12～24 h 就可以播种。

③催芽。在浸种的基础上，控制适宜的温湿度，使种子露嘴发芽，也叫露白。

（2）播种量。包衣种子 30～35 $g \cdot m^{-2}$，裸种 0.5～0.7 $g \cdot m^{-2}$。

（3）播种。把消毒后的营养土装入母床盘，稍踏实平整，然后用水浸透母床，仔细平整床面。趁水未下渗完全，将包衣种子均匀点播（“明水”播）。如选用裸种，将每标准畦（10 m^2）的种子与细砂或细土 2～3 kg 拌和均匀，均匀撒播。

5. 间苗与假植

（1）间苗。一般在幼苗两片真叶（即小十字期）时进行，去除密挤幼苗和病苗，使苗分布均匀。

（2）假植。一般在大十字期，挑选无病、大小一致的烟苗进行假植。假植时间应尽量集中，一个大棚应在 2d 内完成假植。假植前先将湿润的营养土装于塑料托盘内，稍踏实。用假植器竹片或类似器在苗穴中间扎一个深 1 cm 左右的小眼，然后把母苗根部插入穴眼内，用假植器轻轻地将苗根土压实，使烟苗根与营养土结合。假植后，对烟苗喷水，要充分湿透营养土。托盘的周围用土封严，以利于保持水分。提倡用草帘或遮阳网等将苗遮盖，避免移苗后小苗直接接受强光照射而致凋萎，从而延长缓苗时间。

6. 苗床管理

（1）温度控制。母床一般在 13～25 ℃，假植后控制在 20～28 ℃。温度低于 10 ℃时，要采用增温措施；温度高于 38 ℃时，则应及时通风换气，甚至采取遮阴、喷水等方法降温。

（2）水分管理。水分管理要坚持“湿而不饱，干湿相间”的原则。通常用手指轻按营养土，如果感觉湿润，且表面有指纹，就暂不喷水；否则，必须喷水。烟苗猫耳期以前，晴天每日浇水 1～2 次，每次渗透苗钵；以后每 1～2 d 浇 1 次水。实际操作时要做到看土浇水，不宜喷水过多。

（3）施肥技术。一般在大十字后期（假植后）开始追施烟草育苗专用肥，共施 3～4 次。也可将硝酸铵或氮、磷、钾三元复合肥充分溶于水后喷施，浓度前期为 0.1%～0.5%，后期为 0.5%～1.0%，浓度不可过高，以免造成肥害。每次追肥后要喷洒 1 次清水。

（4）剪叶。剪叶可以使烟苗生长整齐一致、茎秆粗壮、根系发达。剪叶开始时间在烟苗封盘后。正常条件下，每次剪去最大叶的 30%～50%。隔 4～5 d 剪 1 次，共剪 2～4 次。注意不要剪掉生长点。剪叶应在上午露水消失后叶表面干燥时进行，要及时清理剪下的烟叶碎片。

（5）病虫害防治。病虫害防治要坚持“以防为主，防治并重”的原则。苗期主要防治炭疽病、猝倒病和立枯病等。烟苗出苗后至三叶期，可喷施 1∶1∶150～200 倍波尔多液，每 7～10 d 喷 1 次，一般喷 3 次即可预防病害。若发现炭疽病和立枯病，采用 50% 退菌特 500～800 倍、50% 多菌灵 500 倍、75% 百菌清 500～800 倍、50% 甲基托布津

1 000 倍，7～10 d 喷 1 次，喷 2～3 次即可防治；若发现猝倒病，可喷施 25% 甲霜灵 500～600 倍液。

（6）锻苗。锻苗主要采用控温控水和剪叶两种方法。一般于移栽前 1 周左右开始逐步控温控水。适当减少浇水，但以烟苗不发生永久性萎蔫为度。同时逐步加大大棚通风量和通风时间，最后 2 d 可以把塑料膜完全揭去。如遇雨，应及时盖膜。

（7）调控烟苗生长。当接近预定移栽期而烟苗未成苗时，应采取措施促进烟苗的生长，具体措施：适当增加施肥用量，加强苗床保温，增加光照，减少剪叶量和剪叶次数。当未到移栽期而烟苗接近成苗时，应采取措施控制烟苗生长，具体措施：适当控水控肥；增加通风时间，降低棚内温度；适当增加烟苗剪叶量和次数；适当移动苗盘位置，切断烟苗根系与地面的接触。

二、漂浮育苗

（1）在水平地面上建好水床，周围通常用砖砌成 10～12 cm 高的埂，床面整平后铺 0.15 mm 厚的黑色塑料薄膜，四周压牢，用于装水。

（2）选用聚苯乙烯泡沫塑料格盘，一般盘的规格为 68 cm×34 cm×6 cm，每盘 200 穴（20×10），穴上口为边长 2.8 cm 的正方形，下口为直径 1 cm 的圆形。

（3）漂浮育苗一般以泥炭为基质，再配合蛭石及膨胀珍珠岩等。各种基质的体积以泥炭占 50%～60%，蛭石及膨胀珍珠岩各占 20%～25% 为宜。另外，以 70% 炭化麦糠、15% 蛭石、15% 膨胀珍珠岩混合，效果亦不错。

（4）种子处理同大棚温室托盘育苗处理方式，可用简易播种盘播种，也可手工点播。自来水和井水均可作为漂浮育苗的水源，水层厚度一般控制在 8～10 cm。一般用氮、磷、钾三元复合肥作为主要肥料，并适量加入镁、硫、铁、硼、锌、钼等营养元素（见表 1－5－1）。肥料先溶解在水中，然后均匀施入苗池，并校正营养液 pH 至 5.5～6.5。

（5）为调控温湿度，需用塑料薄膜做成苗棚，苗棚管理基本与营养钵假植育苗相同。

表 1－5－1　一个水床的营养液配制

种类	营养液	复合肥	硫酸镁	硫酸亚铁	硫酸锰	硫酸铜	硫酸锌	钼酸钠	硼砂
数量	1 410 kg	1 058 g	5.46 g	2.79 g	1.96 g	0.43 g	0.46 g	0.13 g	1.95 g

（引自《烟叶生产与管理》编写组编写的《烟叶生产与管理》，中国科学技术出版社，2002）

注意事项

（1）在进行间苗、假植等农事操作前，必须先用肥皂水洗手及进行器具的消毒工作。剪叶时工具必须严格消毒，避免病害交叉感染。消毒时可用福尔马林或漂白水溶液（水与 50% 次氯酸钠溶液的体积比为 1∶1）。

（2）塑料托盘和母盘用完后要清除营养土等残留物，用次氯酸钠水溶液（水与次氯酸钠溶液的体积比为 5∶1）浸泡，处理后在阴凉处用薄膜密封 24 h，然后用清水冲洗干净，储藏在无鼠害的地方。

参考文献

[1] 董建新，王树声，刘新民，等. 烤烟托盘假植育苗生产技术［J］. 中国农学通报，2002，18（6）：135－137.

[2]《烟叶生产与管理》编写组. 烟叶生产与管理［M］. 北京：中国科学技术出版社，2002.

[3] 郭一汛，杨友才. 烟草育苗研究进展［J］. 现代农业科技，2014（1）：9－10.

[4] 宋光龙，罗会斌，林冠亚. 烤烟漂浮育苗技术效果初探［J］. 耕作与栽培，2001（2）：32－33.

[5] 唐湘如. 作物栽培学［M］. 广州：广东高等教育出版社，2014.

[6] 王树声，董建新，刘新民，等. 我国烤烟大棚集约化托盘育苗技术研究与推广概况［J］. 中国烟草科学，2002（2）：1－4.

实验1－6 大豆育苗技术

实验目的

了解大豆育苗技术。

实验导航

该技术工序简便，幼苗成活率高，省种省工，有利于调节茬口，提高复种指数，增加产量。

器材与试剂

1. 实验材料

大豆种子、肥料。

2. 实验器具

整地工具等。

3. 实验试剂

过磷酸钙、多效唑（有效成分含量为15%）。

方法与步骤

1. 苗床准备

选择土壤疏松的田头，做成长度不限、宽1.67 m、松土层高20 cm的苗床，每667 m^2施过筛过磷酸钙25 kg。

2. 播种

采取定穴点播或撒播，每 667 m^2 苗床的播种量约为 100 kg。若为定穴点播，每穴面积为 3.3 cm×5 cm，每 667 m^2 苗床约有 40 万穴，每穴播种 1～2 粒；若为撒播，种子粒距为 1.65 cm，要求播全、播匀。播种后覆土约 2 cm，拍干、拍实。每 667 m^2 苗床幼苗可移栽 3.33～5.33 hm^2 的大田。

3. 管理

播种后如有土壤板结、顶土困难，应进行“松土”。如苗床内苗长得过旺，在第一片复叶展开时，每 667 m^2苗床用多效唑 12 g 兑水 10 kg 喷施，可防止苗徒长。

4. 移栽

大豆适宜移栽的苗龄为 15～17 d，即第三片复叶展开，主根长 20～25 cm，侧根 5～8 条，并且有少量根瘤菌形成时。苗龄少于 15 d，蹲苗期短，达不到矮化的作用；苗龄过长，则成活率下降，也难于形成理想的丰产株型。用平口铲锹铲取或用手直接拔取，不要紧扎，放入篓中，运至大田用小锹栽，栽多少取多少秧，隔宿苗成活率不高。

若是收敛型大豆品种，每穴 2 株；若是开张型品种，则每穴 1～2 株。移栽深度为 4～5 cm，压板点播，这样保水性好、成活率高。一般土壤含水量为 20%～25%时可边栽边压实，不浇水。

注意事项

（1）若在雨季播种，覆土后盖一层大麦秸草，可防止暴雨冲刷；若遇高温干旱、土壤缺水时，先灌水后播种，确保播后 3 d 出苗。

（2）移栽后应根据幼苗的成活情况，及时补苗。

参考文献

[1] 颜景波，董艳双. 大豆育苗移栽技术［J］. 新农业，2001（4）：13.

[2] 张建模，吴宏春，孙红玲，等. 大豆育苗移栽技术要点及其效果［J］. 大豆科技，2007（4）：10－11，21.

第二章　作物形态学与幼穗分化观察

实验 2－1　水稻植物学形态特征及类型识别

实验目的

（1）认识水稻的根、茎、叶、穗、种子的外部形态特征。

（2）掌握籼稻与粳稻、非糯稻与糯稻的区别。

实验导航

水稻（学名：*Oryza Sativa* L.），又称亚洲栽培稻，为禾本科稻属植物。

1．水稻的植物学形态特征

（1）根系。水稻的根属于须根系，由种根（初生根）和不定根（次生根、节根）组成。种根只有 1 条，种子发芽时，由胚直接长出。不定根由茎的基部数个茎节上长出。一般每一节位可生长 5～25 条不定根。靠近地表节位所生的根，常作水平或向上延伸，其分支根异常发达而呈网状，称为表根或浮根。不定根上长出的支根叫第一次支根，第一次支根上再长出的许多细小的根，叫第二次支根，或叫细根、毛根。

（2）茎。水稻的茎由节和节间组成。一般为圆形，中空、细长。茎高及节数因品种和环境条件而不同，茎高 60～200 cm，一般早熟品种节数较少，晚熟品种节数较多，但伸长节间均为 4～5 个，其余节密集于茎的基部，称为分蘖节。茎的地下茎节发生不定根。每个节上都有一个腋芽，但通常只有接近地表的茎节腋芽能生出分枝，叫分蘖。主茎上直接发生的叫第一次分蘖，从第一次分蘖上发生的叫第二次分蘖。茎秆最上位的节叫穗颈节。

（3）叶。水稻的叶互生于茎的两侧。种子发芽时，芽鞘伸长，继后从芽鞘中伸出 1 片不完全叶，仅有叶鞘而无叶身。以后出现的为完全叶，包括叶片、叶鞘、叶枕、叶舌、叶耳。在计算叶片数时，我国通常从第 1 片完全叶开始计算。最上一片叶称为剑叶（顶叶），剑叶宽度因品种而异。一般剑叶的叶片组织比下部叶片硬直，叶片较短。

（4）穗。水稻的穗为圆锥花序，由主轴、一次枝梗、二次枝梗和小穗组成。穗中轴为主轴，即穗轴。轴上有穗节，穗节上着生一次枝梗，一次枝梗上着生二次枝梗，由一次枝梗和二次枝梗生出小穗梗，末端着生小穗。每个小穗有 3 朵小花，但只有上部 1 朵小花能结实，下部的 2 朵小花退化，仅各剩下 1 枚披针状的外稃，一般称为颖片。小穗基部的 2 个小突起是真正的退化颖片，但一般称为副护颖。结实小花又称为颖花，2 个颖片之间有小花梗，着生正常花的内外稃，即成熟时的谷壳。外稃为船底形，先端称颖尖，如伸长则为芒，由3条脉的末端并合而成。内外稃之间有雌蕊1枚，雄蕊6枚，花药4室。雌蕊子房1室，内含1个胚珠。柱头二分叉，各呈羽毛状。子房与外稃间有2个透明的肉质薄片，即鳞片，又叫浆片。

（5）种子。农业上所称的水稻种子即稻谷，由谷壳、果皮、种皮、胚及胚乳等部分组成。稻谷表面有毛或光滑，有芒或无芒。谷壳有黄、棕、红、紫等色，是水稻分类和品种识别中的重要性状。去掉谷壳的稻谷叫糙米，形状扁圆，两侧各有纵沟2条，有胚的一面为腹部，其对面为背部，背部有一条纵沟，称为背沟。腹面可能形成腹白，腹白延长到米粒中央时，称为心白。

2. 水稻的类型识别

（1）水稻的5级分类。水稻各亚种、群、型、变种的表现型极其丰富，各亚种、群、型、变种及大量的栽培品种之间均可杂交产生正常可育后代。水稻的5级分类见表2－1－1。

表2－1－1　水稻的5级分类

分类级别	亚种	群	型	变种	栽培品种
影响因素	温度	光照	水分	淀粉特性	—
基本型	籼稻	晚稻	水稻	非糯稻	—
变异型	粳稻	早、中稻	陆稻	糯稻	—

（2）籼、粳稻的主要形态区别。籼稻和粳稻是由于栽培在不同温度条件下而演变来的两种气候生态型，它们的主要形态区别见表2－1－2。

表2－1－2　籼、粳稻的主要形态区别

形态特征	籼稻	粳稻
叶片形状	较宽	较窄
叶片色泽	淡绿	深绿
顶叶开度	小	大
叶毛	多	少或无
茎秆	较粗，茎壁较薄	较细，茎壁较厚
谷粒形状	细长而较扁平	宽厚而短，横切面近圆形
落粒性	易落粒	不易落粒
芒	多数无芒，少数有短芒直生	多数有长芒或短芒，芒略呈弯曲状
米质	黏性小，胀性大	黏性大，胀性小
颖毛	短而稀，散生在颖面上	密而长，集生在颖棱上

（3）非糯稻与糯稻的区别。糯稻是非糯稻淀粉粒性质发生变化而形成的变异型。籼稻中的糯稻称小糯或长粒糯，粳稻中的糯稻称大糯或团粒糯。取糯稻和非糯稻的种子各

10 粒，剥去谷壳，用刀片切断米粒，观察断面色泽。然后滴上碘液，观察颜色的变化。非糯稻与糯稻的主要区别见表 2－1－3。

表 2－1－3 非糯稻与糯稻的区别

项目	非糯稻	糯稻
胚乳色泽	白色透明有光泽	乳白色不透明
胚乳成分	含 20%～30% 直链淀粉， 70%～80% 支链淀粉	只含支链淀粉， 不含直链淀粉或含量很少
饭的黏性	小	大
对碘液的反应	吸碘性大，深蓝色	吸碘性小，紫红色

器材与试剂

1. 实验材料

籼稻、粳稻、非糯稻、糯稻的种子各 0.50 kg，幼苗（2～3 叶期）和抽穗植株若干。

2. 实验器具

手持放大镜、镊子、瓷盘、解剖针、单面切刀、小烧杯、直尺等。

3. 实验试剂

0.1% 碘化钾溶液（以下称碘液）。

方法与步骤

（1）取水稻幼苗若干，观察其形态，绘水稻幼苗图，注明种根、不定根、芽鞘、不完全叶和完全叶。

（2）取水稻抽穗植株若干，观察稻穗的构造，绘稻穗模式图，注明穗颈节、穗轴、一次枝梗、二次枝梗、小穗梗、小穗。

（3）观察小花的形态，绘出结实小花的解剖图，注明内稃、外稃、花药、花丝、柱头、子房、浆片。

（4）观察、鉴别籼稻和粳稻，将结果填入表 2－1－4。

表 2－1－4 籼稻和粳稻观察结果记录表

材料编号	叶的形态色泽及顶叶开度	叶毛的多少	芒的有无及长短	颖毛	谷粒形状		长宽比	落粒性	品种（籼稻或粳稻）
					长度/mm	宽度/mm			

（5）观察、鉴别非糯稻和糯稻，将结果填入表2－1－5。

表2－1－5　非糯稻和糯稻观察结果记录表

材料编号	胚乳色泽	对碘液反应		品种 （非糯稻或糯稻）
		重复Ⅰ	重复Ⅱ	

参考文献

唐湘如. 作物栽培学［M］. 广州：广东高等教育出版社，2014.

实验2－2　玉米植物学形态特征及类型识别

实验目的

（1）了解玉米的植物学形态特征。
（2）识别玉米的主要类型。

实验导航

玉米（学名：*Zea mays* L.），亦称玉蜀黍、苞谷、苞米、棒子，早熟禾本科玉蜀黍族一年生谷类植物。

1. 玉米的植物学形态特征

（1）根系。玉米的根属于须根系，可深入土层140～150 cm，向四周发展可达100～120 cm，但根系主要分布在离地表30～50 cm土层内。根据根的发生时期、外部形态、部位和功能，玉米的根可分为初生根（种根、胚根）、次生根（节根）和支持根（气生根）三种。

①初生根。种子发芽时首先生出的一条根为初生胚根，继而从下胚轴再生7～8条次生胚根。初生胚根与次生胚根组成了玉米的初生根系。

②次生根。即3叶期至拔节期密集的地下茎节上，由下而上轮生而出的根系。次生根层数一般为7～9层，其中较密的密根层数为5～7层。

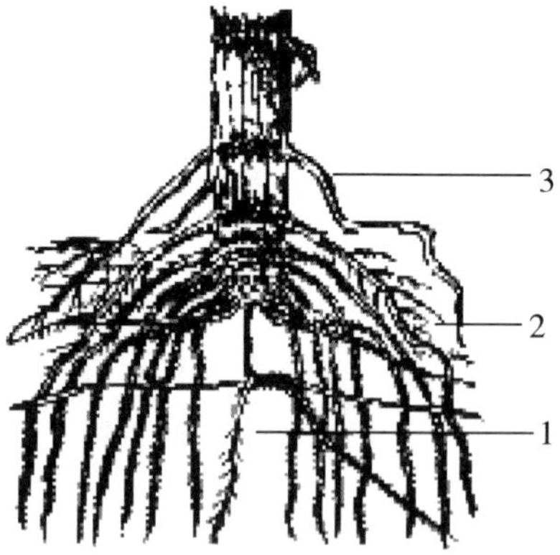

1.初生根　2.次生根　3.气生根

图2－2－1　玉米根的种类

③支持根。即拔节后从地上近地面处茎节上轮生出的根系。一般有1～3层。支持根较粗，保护组织发达，位于土表以上的部分能形成叶绿素而呈绿色，有的见光后为紫色。

（2）茎。玉米的茎直立，较粗大，圆柱形，一般1～3 m。茎秆由若干节组成，通常有15～22个节，其中4～6个节密集在地下部。节与节之间称为节间，节间为髓所充满，各维管束分散排列于其中，靠外周的维管束小而多，排列紧密，靠中央的大而少，排列疏松。茎基部节上的腋芽能长成侧枝，称为分蘖，并能形成自己的根系。分蘖力因类型及品种而异，一般硬粒型及甜质型的分蘖力强。生长在良好条件下的大多数品种，各节间长度由下而上逐渐增加，而直径逐渐减小。一般情况下，穗颈下节间最长，其次是穗位上、下节间较长，各节间长度与环境条件密切相关。

（3）叶。玉米的叶形较窄长，深绿色，互生，包括叶鞘、叶片、叶舌三部分。叶鞘紧包茎部，有皱纹。叶鞘顶部着生有加厚的叶片，叶片主脉明显，叶片边缘呈波浪状，各叶片大小与品种、在茎上的位置和栽培条件有关。由茎基至穗位叶逐渐增大，由穗位叶至顶部又逐渐减小。一般穗位叶或穗位的上、下两叶为最大。玉米单株叶面积变化在0.3～1.2 m^2范围内。

（4）花序和花。玉米属雌雄同株、异花异位的异花授粉作物。雄花着生在植株顶部，雌花着生在植株中上部的茎节上。

① 雄花序。玉米的雄花序为圆锥花序，由主轴和若干分支组成，主轴上着生若干行成对小穗，分支上着生2行成对小穗。一为有柄小穗，一为无柄小穗。每个小穗基部两侧各有1个护颖，中间有2朵小花。每朵花由内颖、外颖、鳞片和雄蕊组成。

② 雌花序。玉米的雌花序为肉穗状花絮，又称雌穗，由腋芽发育而成，是1个变态的侧枝。雌穗由穗柄、苞叶和果穗组成。穗柄由多个短的茎节组成，果穗着生于穗柄上，苞叶相互重叠，包住果穗。果穗的中央部分为穗轴，由侧枝顶芽形成。穗轴粗大，红色或白色。穗轴上成行地着生许多成对的无柄小穗，每个小穗基部有2片护颖，中间有2朵小花，一为结实小花，有内、外颖和1个雌蕊及退化的雄蕊；一为退化花，仅残存内、外颖和退化的雌雄蕊，不能结实。

（5）籽粒（颖果）。籽粒由果皮、种皮、胚和胚乳四部分组成。果皮与种皮紧密相连，不易分开。玉米胚有较肥大的特点，一般占籽粒粒重的10%～15%。胚乳是贮藏有机营养的地方，根据胚乳细胞中淀粉粒之间有无蛋白质胶体存在而使胚乳有角质胚乳和粉质胚乳之分，又由于支链淀粉和直链淀粉的含量不同，有蜡质胚乳和非蜡质胚乳之分。籽粒的颜色决定于种皮、糊粉层及胚乳颜色的配合。因此有的是单色的，也有的是杂色的，但生产上常见的是黄、白两种。种子的外形有的近于圆形，顶部平滑；有的扁平形，顶部凹陷。种子大小不一。一般千粒重200～850 g，最小的只有50 g左右，最大的达400 g以上。果穗的种子生产率一般为75%～80%。

2. 玉米类型的特征

通常根据籽粒的谷壳性（即裸粒的或带稃的），籽粒的外部形态（即籽粒的形状及表面特征），籽粒的内部构造（即粉质胚乳和角质胚乳的着生情况）等三个方面的性状，将玉米划分为九种类型（亚种），其特征如下。

（1）硬粒型［*Zea mays* subsp. *indurata*（Sturtev.）Zhuk.］，又称普通种或燧石种。

果穗多为圆锥形，籽粒顶部圆而饱满，顶部和四周均为角质胚乳，中间为粉质。籽粒外表透明，坚硬，有光泽，多为黄色，白色次之，少部分为红、紫色。与马齿型相比，其品质较好，耐低温，适应性强，成熟早，产量稳定但较低，是生产上的主要类型之一。

（2）马齿型［*Zea mays* subsp. *indentata*（Sturtev.）Zhuk.］。果穗多呈圆筒形。籽粒扁平呈方形，成熟时顶部央水干燥较快，故籽粒顶端凹陷形如马齿，角质胚乳分布于籽粒的两侧，中央和顶部均为粉质。马齿型的食用品质不如硬粒型，不耐低温，成熟晚，产量高但不稳定，也是生产上种植较为广泛的类型之一。

（3）半马齿型（*Zea mays* subsp. semidentata Kuleshoo），又称中间型，是由硬粒型与马齿型杂交而成的杂交种。其与马齿型的区别是，籽粒顶部有不大明显的小凹陷。胚乳发达。粉质淀粉比马齿型少，较硬粒型多。因此，其品质好于马齿型，不及硬粒型，产量较高，是生产上种植较多的类型，目前生产上推广的杂交种都属半马齿型。

（4）蜡质型［*Zea mays* subsp. *ceratina*（Kuelshoo）Zhuk.］，又称糯质型。籽粒顶端圆形，表面光滑，但无光泽，切面透明，呈蜡状。胚乳全部由角质淀粉组成，而且籽粒的淀粉全部为支链淀粉。由于该型玉米煮熟后具有糯性，故有“糯玉米”之称。此种原产我国，是玉米引入我国后在西南地区特殊自然条件下形成的一种类型。

（5）粉质型［*Zea mays* subsp. *amylacea*（Sturtev.）Zhuk.］。籽粒圆形或近圆形，与硬粒型相似，但不同之处在于此种的籽粒胚乳全部由粉质胚乳构成（极少有角质胚乳存在），外观不透明，表面光滑。切面全部呈粉状。籽粒颜色有白色及杂色等。籽粒质地较软，极易磨成淀粉，是制淀粉和酿造的优良原料。此种很少在我国栽培。

（6）甜质型［*Zea mays* subsp. *saccharata*（Sturtev.）Zhuk.］，又称甜玉米。植株小而多叶，易生分蘖。穗长度中等，苞叶长，籽粒扁平，成熟时表面皱缩，且坚硬而透明，表面及切面均有光泽，胚较大，胚乳中含较多糖分（乳熟期含糖量为12%～18%）、脂肪和蛋白质，淀粉含量低。籽粒形状及颜色多样，以黑色及黄色者较多。

（7）爆裂型（*Zea mays* L. *everta* Sturt.）。穗小轴细，籽粒呈圆形，顶端突出，粒小坚硬。胚乳多为角质淀粉，仅中部有少量粉质淀粉。粒色多呈黄、白色，红、紫色较少。籽粒形状有米粒型和珍珠型两种。

（8）有稃型（*Zea mays* L. *tunicate* Sturt.）。植株多叶，籽粒外有稃包住，有时有芒，常自交不孕。籽粒坚硬，具有各种形状和颜色。不便脱粒，无栽培价值。

（9）甜粉型（*Zea mays* L. *amyleaea*－*saccharata* Sturt.）。籽粒上部为含糖分较多的角质胚乳，似甜质型，而下部为粉质胚乳。该种目前没有在我国种植。

器材与试剂

1．实验材料

玉米植株（包括雄穗与雌穗）、各种玉米类型的果穗、玉米叶片维管束切片。

2．实验器具

解剖刀、镊子、放大镜等。

方法与步骤

（1）观察雌、雄花序，小穗、小花结构，取果穗横断面，绘图并标明各部位名称。
（2）观察玉米亚种，绘各亚种籽粒纵、横切面图，以比较之。
（3）比较各亚种果穗特征，根据不同的特征判断各属何类型，填写表2－2－1。

表2－2－1　各亚种果穗类型判断结果记录表

果穗编号	1	2	3	4	5	6	7	8	9
类型									

实验2－3　甘蔗植物学形态特征及类型识别

实验目的

（1）观察甘蔗植株根、茎、叶等各部的植物学形态特征。
（2）识别当地主要甘蔗栽培品种的类型。

器材与试剂

1. 实验材料

带有种根、苗根的甘蔗幼苗，带有新鲜叶片和花序的植株，以及主要甘蔗种的植株。

2. 实验器具

游标卡尺、米尺、记录纸等。

3. 实验试剂

蒸馏水等。

方法与步骤

甘蔗（*Saccharum officinarum* L.）属于禾本科甘蔗属，一年生或多年生宿根作物。

1. 形态特征观察

取带有种根、苗根的甘蔗幼苗，用蒸馏水洗净，以及带有新鲜叶片和花序的植株若干，观察其形态学特征。

（1）根。甘蔗的根属须根系，分为种根和苗根（见图2－3－1）。甘蔗以蔗茎作种，种根由茎节上的根点发生，入土力和吸收力均较弱，寿命较短，故又称临时根。苗根由新蔗株基部节上的根点生出，一般在幼苗长出3～4片叶时产生，粗壮且多，入土力和吸收力较强，寿命长，故又称永久根。甘蔗拔节伸长后，地上部节的根点可能萌发长出生气根。

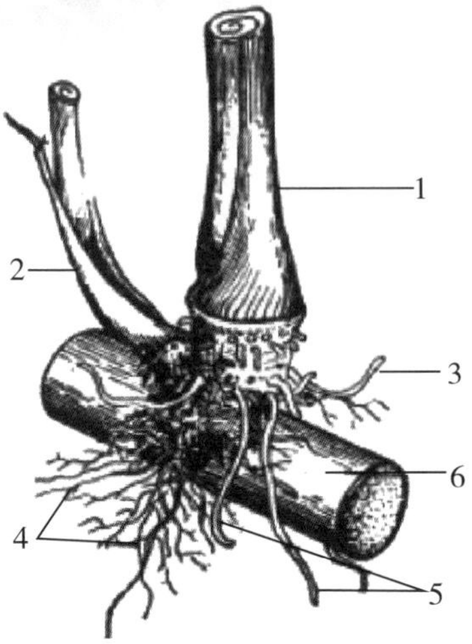

1.主茎 2.分蘖茎 3、5. 苗根
4.种根 6.蔗种

图 2-3-1 甘蔗的种根与苗根

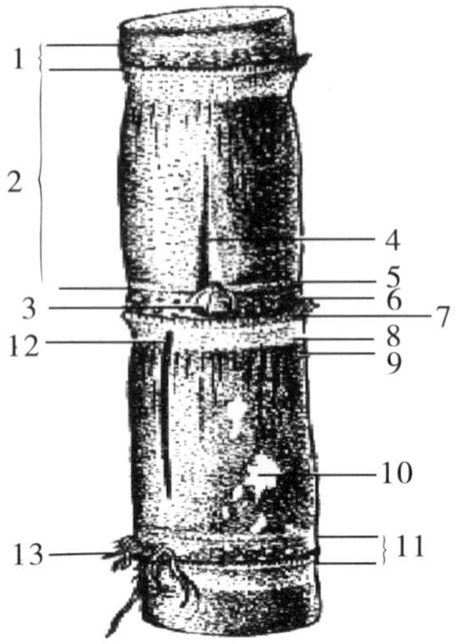

1.节 2.节间 3.芽 4.芽沟 5.生长带
6.根点 7.叶痕 8.蜡粉带 9.木栓裂缝
10.木栓斑块 11.根带 12.生长裂缝 13.气根

图 2-3-2 蔗茎的构造

（2）茎。蔗茎由若干个节和节间组成（见图 2-3-2）。

①节。下自叶痕上至生长带止的蔗茎部分称为节，包括生长带、根带、根点、叶痕和芽等器官（见图 2-3-2）。生长带位于根带上面，是节与节间分界处所形成的环状组织。根带和根点位于叶痕和生长带之间的部分，根点一般呈数行排列。芽着生在根带上，形状可分为三角形、椭圆形、倒卵形、五角形、菱形、圆形、卵圆形、长方形和鸟嘴形（见图 2-3-3）。叶痕位于根带下方与蜡粉带上方之间，是叶鞘脱落后留下的痕迹。

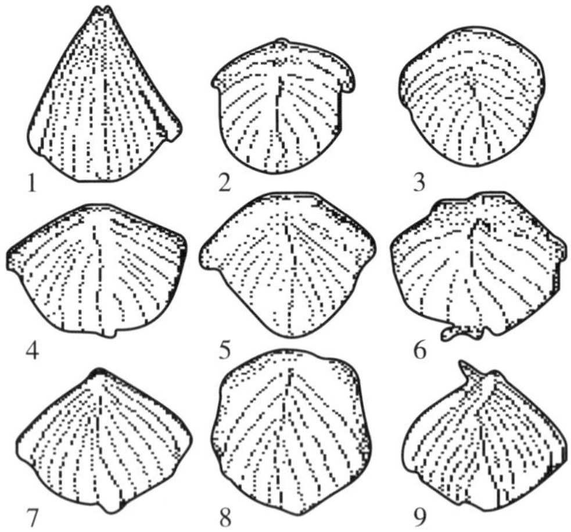

1.三角形 2. 椭圆形 3. 倒卵形 4. 五角形 5. 菱形
6. 圆形 7. 卵圆形 8.长方形 9. 鸟嘴形

图 2-3-3 芽的形状

②节间。生长带以上叶痕以下的蔗茎部分称为节间，具有蜡粉带和芽沟，有时会出现木栓斑块、木栓裂缝或生长裂缝。节间形状有圆筒形、腰鼓形、细腰形、圆锥形、倒圆锥形和弯曲形等（见图2－3－4）。成熟节间的长度在5～25 cm。

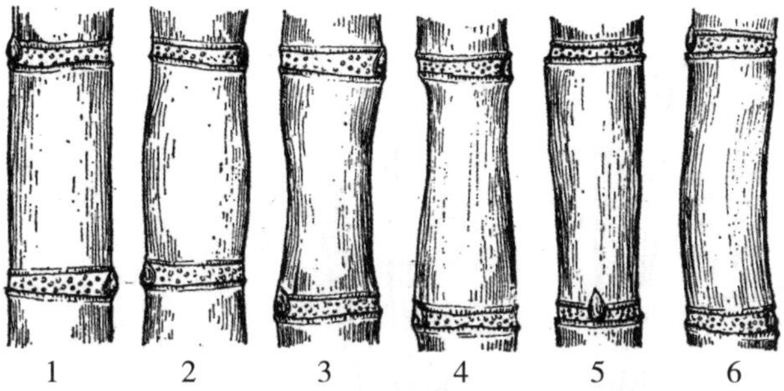

1. 圆筒形　2. 腰鼓形　3. 细腰形
4. 圆锥形　5. 倒圆锥形　6. 弯曲形

图2－3－4　甘蔗的节间形状

（3）叶。叶对生于节的叶痕处，每节长一叶，叶由叶片和叶鞘组成。

①叶片。叶片由中脉分成不对称的两半，多呈青绿色，叶缘有小锯齿。抽穗甘蔗的顶上有一片叶片特短，称为心叶（或旗叶、剑叶）。

②叶鞘。叶鞘自茎上叶痕处长出，两边缘复叠抱茎成管状。叶鞘上部与叶片接合处还有肥厚带、叶舌和叶耳（见图2－3－5）。

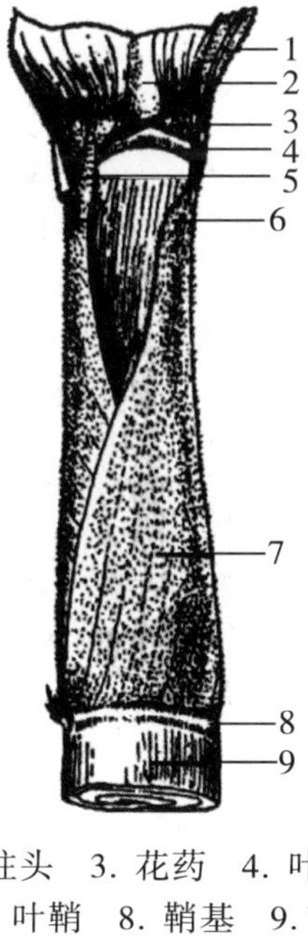

1. 子房　2. 柱头　3. 花药　4. 叶舌　5. 内叶耳
6. 外叶耳　7. 叶鞘　8. 鞘基　9. 节间

图2－3－5　蔗叶的构造

（4）花和果实。甘蔗的花为顶生圆锥花序，由主轴、支轴、小穗梗和小穗组成（见图2－3－6）。甘蔗的子实为颖果，成熟时为棕色，长卵圆形，长约1.5 mm，宽约0.5 mm。颖果的纵切面可分为果皮、种皮、胚乳和胚4部分。胚由胚芽、胚根、胚轴和子叶4部分组成。

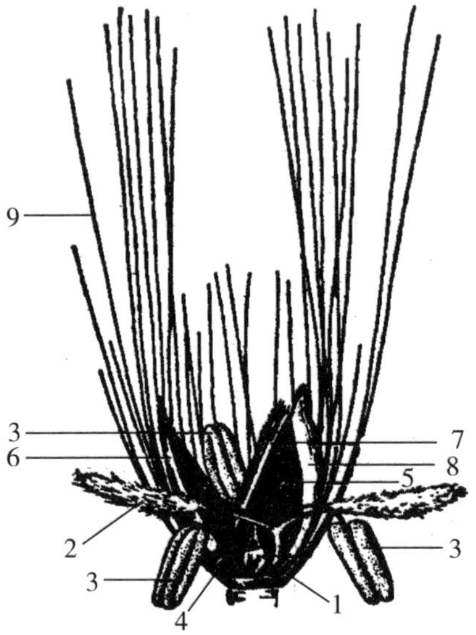

1. 叶片　2. 叶中脉　3. 肥厚带　4. 鳞片　5. 孕内颖
6. 内护颖　7. 不孕内颖　8. 外护颖　9. 茸毛

（a）花

（b）果实

图2－3－6　甘蔗的花和果实

2. 类型识别

甘蔗属中有3个栽培种和多个野生种。栽培种用于制糖和鲜吃，而野生种用作育种材料。不同种的起源不同，且其形态特征也有差异。

（1）中国种。属栽培种，起源于中国，也分布在印度北部和马来西亚一带。典型品种有竹蔗、芦蔗、荻蔗以及国外通称的“友巴（*Uba*）”，其特点是早熟，分蘖力强，根系发达，纤维多，糖分较高，耐粗放栽培，宿根性好，但易抽侧芽及感染黑穗病和棉蚜虫。

（2）热带种。属栽培种，又称高贵种，起源于南太平洋、大洋洲诸岛屿。典型品种有拔地拉（*badila*）、克利奥（*creole*）、黄加利（*yellow caledonia*）、黑车利本（*black cheribon*）等。特点是高产高糖，株大茎粗，纤维量低，皮软汁多，但抗逆性差，分蘖力弱，根系不发达，宿根性差，易感染病虫害。

（3）印度种。属栽培种，主要分布在恒河流域和中国南方。因该种形态上酷似中国种，分类学上也有人把它归入中国种。典型品种是吞尼（*chunnee*）。特点是早熟，纤维多，糖分和淀粉含量较高，耐瘠耐旱、耐粗放栽培，植株矮小，分蘖多，宿根性好，能抗萎缩病，但易感染花叶病及黄条病。

（4）割手密。属野生种，又称甜根子草或小茎野生种。该种类型多，分布广，在40°S～40°N内均有发现。特点是早熟，根群发达，宿根性好，抗逆性特强，但糖分低，蔗汁少，纤维多，空心绵心多，早花易花。

（5）大茎野生种。又称伊里安种，主要分布在伊里安、婆罗洲、新大不列颠及西里伯斯等地。特点是长势旺，地下茎发达，茎硬，抗螟虫及抗风力强，宿根性好，但糖分低，纤维多，易感黄条病、花叶病、根腐病等病害。

（6）肉质花穗野生种。又称食穗种，因其花穗柔软可以食用而得名，其分布范围小，仅在新几内亚至斐济一带有分布。

注意事项

选取甘蔗植株时应保证甘蔗幼苗根系完整，植株叶片和花序新鲜。

参考文献

唐湘如. 作物栽培学［M］. 广州：广东高等教育出版社，2014.

实验 2-4　花生植物学形态特征及类型识别

实验目的

观察花生的植物学形态特征，掌握鉴别花生类型的初步方法。

器材与试剂

1. 实验材料

花生成株、花生的果实及种子若干。

2. 实验器具

解剖镜、放大镜、解剖针、折尺等。

3. 实验试剂

蒸馏水等。

方法与步骤

1. 花生形态特征的观察

花生（*Arachis hypogaea* L.）属于豆科（Leguminosae）蝶形花亚科（Papilionoideae）落花生属（*Arachis*）的一年生草本植物。其各部分主要形态如下：

（1）根为圆锥根系，四列侧根在主根上呈十字排列。根系发达，主根长度可达 2 m 左右，侧根横向分布范围可达 1.0～1.5 m。主根及侧根上具有球形根瘤，主要集中在靠近地表的主根及主根附近的侧根上。

（2）主茎。分枝胚芽的主芽发育成主茎，主茎上一般可着生 4～12 个侧枝。第 1 对侧枝由位于子叶叶腋间的2个侧芽形成，为对生，其余的为互生。主茎及侧枝的叶腋间着生花序或分枝情况，以及花序连续出现还是与分枝间隔出现，是花生分类的主要依据。主茎上的分枝为一级分枝，一级分枝上着生的分枝为二级分枝，二级分枝上着生的分枝为三级分枝。花生的分枝有匍匐地面生长的，有直立生长的，也有介于两者之间的。根据花生分枝的生长状态，可把花生分为匍匐型、直立型和半直立型。

表2-4-1　花生分枝的类型

株型	匍匐型	直立型	半直立型
一级分枝与主茎所呈角度	90°，仅前端向上隆起	小于45°	60°，株呈盆状
分枝性	分枝性强，侧枝多，有三级分枝	分枝性弱，侧枝少，很少有三级分枝	分枝性中等，侧枝多，有三级分枝
分枝形	交替分枝	连续分枝、交替分枝	交替分枝
叶形	倒卵形	倒卵形或椭圆形	倒卵形或椭圆形
叶色	绿或深绿	浅绿或绿	绿
荚果着生状况	分散	集中	较分散
果形	普通形、曲棍形	普通形、葫芦形、串珠形	普通形

（3）叶。真叶为四小叶对生的羽状复叶，是由小叶片、叶柄、托叶和叶枕等部分组成的完全叶。叶枕是控制叶片运动的关节。小叶片形状有椭圆形、长椭圆形、倒卵形等。各品种类型都很稳定，可作为鉴定品种性状的依据，但应以中部叶形为准，通常基部叶要比上部叶小得多。

（4）花序和花。花生的花序为总状花序或复总状花序。花序轴长短不同，每花序可着生2~7朵花，多的可达15朵。花由苞叶、花萼、花冠、雄蕊和雌蕊组成。花的基部为形状不同的2片苞叶。花萼下部形成细长的花萼管，上部为5枚萼片，其中4片联合，1片分离。萼片呈浅绿、深绿或紫绿色。花冠为蝶形，由1片旗瓣、2片翼瓣和2片联为一体的龙骨瓣组成，呈橙黄色。雄蕊10枚，通常2枚退化，8枚发育形成花药。雌蕊由柱头、花柱和子房构成，花柱细长，穿过花萼管和雄蕊管，子房上位，位于花萼管基部。

（5）果针。子房柄连同子房合称果针。果针形成不久即弯曲向下插入土中，当入土达一定深度（3~5 cm）后，子房柄停止伸长，子房横卧发育成果实。

2. 花生类型的识别

按开花类型及荚果性状，可将花生品种分为4种类型，即普通型、龙生型、珍珠豆型和多粒型。其中，普通型和龙生型属于密枝亚种，珍珠豆型和多粒型属于疏枝亚种。各类型的形态区别如下：

（1）普通型：大粒种，交替开花，分枝多。荚果的形状为普通形，果壳厚，网纹浅，果形大，每荚一般含2粒种子。

（2）龙生型：蔓生，小粒种，交替开花，分枝多。荚果的形状为曲棍形，每荚含2~4粒种子，果壳薄，网纹深，果嘴明显。

（3）珍珠豆型：直立，小粒种，连续开花，分枝少。每荚含2粒种子，果壳薄，网纹细，果小仁小。

（4）多粒型：连续开花，分枝最少。果壳薄，网纹粗而浅，每荚含3粒以上种子。

注意事项

选取花生成株时应保证花生根、茎、叶、花或果实等器官完整。

参考文献

唐湘如. 作物栽培学［M］. 广州：广东高等教育出版社，2014.

实验2-5 烟草植物学形态特征及类型识别

实验目的

（1）观察烟草的主要植物学形态特征。

（2）了解红花烟草和黄花烟草的主要区别。

（3）识别烟草不同的商品类型。

器材与试剂

1. 实验材料

红花和黄花烟草植株，烤烟、晒烟、晾烟、熏烟等调制后的干叶。

2. 实验器具

米尺、放大镜等。

3. 实验试剂

蒸馏水。

方法与步骤

烟草属茄科烟草属，是一年生或有限多年生草本植物。烟草属包括66个种，目前的主要栽培种只有红花烟草（*N. tabacum* L.）和黄花烟草（*N. rustica* L.）。

形态特征观察

取红花和黄花烟草植株若干，用蒸馏水将根洗净，观察烟草植物学形态特征。

（1）根。烟草的根系为圆锥根系（见图2-5-1），由主根、侧根和不定根3部分组成。烟草成株主根不明显，侧根和不定根发达。烟草根系的70%～80%集中在地表下16～50 cm土层内，宽幅大多为25～80 cm。

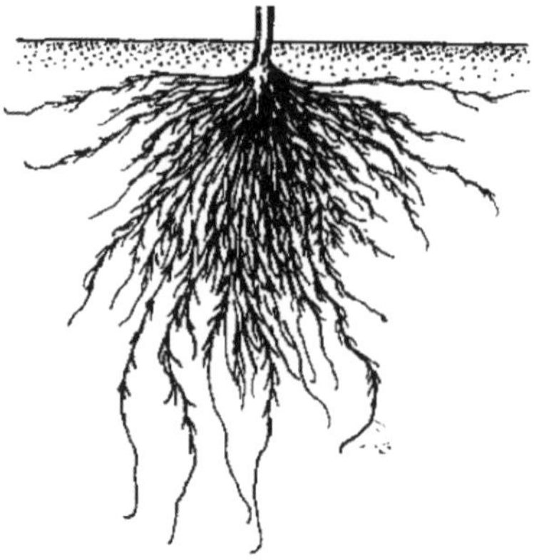

图2-5-1　烟草根系

（引自訾天镇主编《烟草栽培》，中国农业出版社出版，1996年）

（2）茎。烟草主茎直立，圆柱形，表面有粘性茸毛，幼嫩时绿色（白肋烟主茎为乳白色），老时呈黄绿色。茎的节上着生叶片和腋芽，两节之间成为节间。同一烟株上，一般下部节间较密，上部节间较稀。一般多叶型品种较高，少叶型品种较矮。

（3）叶。烟草叶片没有托叶，分为有具柄（晒晾烟）的或有叶耳无柄（烤烟）的。叶片中央的主脉又称烟筋或烟梗，主脉两侧一般有支脉9~12对（见图2-5-2）。同一烟株上，中部叶片最大，下部次之，上部最小。生产上将单株上的叶片自下而上分为脚叶、下二棚、腰叶、上二棚和顶叶。

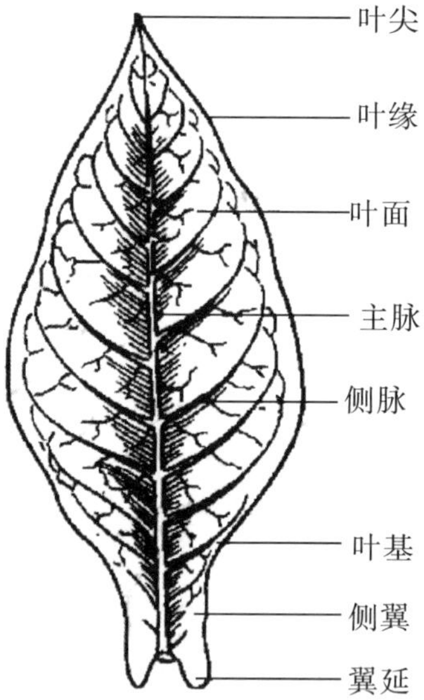

图2-5-2　烟叶各部位名称

（引自訾天镇主编《烟草栽培》，中国农业出版社出版，1996年）

烟草叶形主要有宽卵圆形、卵圆形、长卵圆形、披针形、心脏形、宽椭圆形、椭圆形和长椭圆形（见图2-5-3）。一般上部叶厚而窄长，下部叶薄而宽短。因各部位叶片大小不同，构成筒形、塔形和伞形三种株形，筒形为优质株形。

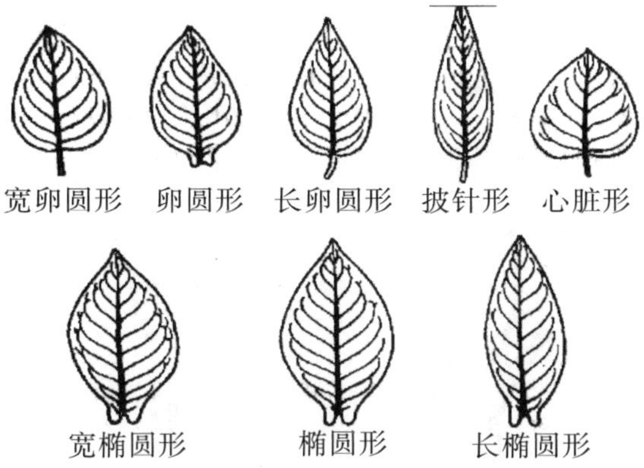

图2-5-3 烟叶叶形示意图

（引自訾天镇主编《烟草栽培》，中国农业出版社出版，1996年）

（4）花。烟草的花序属聚伞花序，两性完全花（见图2-5-4）。花萼绿色，由5个萼片愈合而成，上部5裂。花冠为喇叭管状，长4~6 cm，由5个花瓣连合而成，多呈粉红色。雄蕊5枚，花丝4长1短。雌蕊1枚，由2心皮组成，子房上位，花柱1个，柱头膨大二裂。下边为子房，内有胎座，胚珠整齐地排列在胎座上。

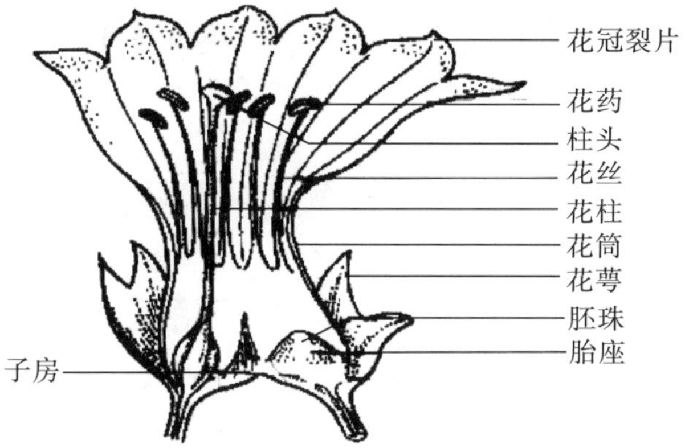

图2-5-4 烟草花的构造

（引自訾天镇主编《烟草栽培》，中国农业出版社出版，1996年）

（5）果实和种子。烟草果实为蒴果，长卵圆形（见图2-5-5），幼嫩时蒴果绿色，成熟时呈褐色，花萼宿存。单株蒴果有100~400个，每蒴果有种子2 000~4 000粒。烟草种子一般为黄褐色，圆形或椭圆形，表面有不规则、凹凸不平的花纹。种子很小，千粒重为50~250 mg不等。

（a）蒴果外形　　　　（b）蒴果纵剖图

图2-5-5　烟草的果实

（引自訾天镇主编《烟草栽培》，中国农业出版社出版，1996年）

注意事项

选取烟草植株时应保证烟草根、茎、叶、花或果实等器官完整。

参考文献

唐湘如. 作物栽培学［M］. 广州：广东高等教育出版社，2014.

实验2-6　大豆植物学形态特征及类型识别

实验目的

观察大豆植物学形态特征，识别大豆的三大类型。

器材与试剂

1. 实验材料

大豆幼苗、成株、荚果和种子。

2. 实验器具

解剖针、放大镜、天平、直尺、卡尺、镊子、剪刀、瓷盘等。

3. 实验试剂

蒸馏水等。

方法与步骤

栽培大豆［*Glycine max*（L.）Merr.］，通称黄豆，属豆科蝶形花亚科大豆属，一年生双子叶植物。

1. 形态特征观察

取大豆幼苗、成株、荚果和种子若干，用蒸馏水洗净，观察其植物学形态特征。

（1）根和根瘤。大豆根为直根系，由主根、侧根和根毛组成。大豆根系主要集中分布在5～20 cm的土壤耕层内，主根入土深度可达60～120 cm，侧根横向扩展可达40～50 cm以上。大豆根瘤主要集中在土壤耕层内主侧根上，近圆形或卵圆形。初期根瘤为绿色，逐渐变成粉红色，后期变为褐色。一般直径在4～5 mm，个别可达1 cm左右。

（2）主茎和分枝。大豆主茎明显，近圆柱形，稍带棱角。株高一般为50～100 cm，最高可达150～200 cm。主茎一般具有12～20个节，下部节间短，上部节间长。幼茎呈绿色或紫色，成熟时茎呈现淡褐、褐、深褐、黑、淡紫色等。按主茎生产形态可分为直立型、蔓生型、半蔓生型三种。按分枝与主茎、茎与叶柄开张角度大小，大豆株形可分为张开型（>45°）、中间型（45～15°）和收敛型（<15°）。

（3）叶。大豆叶具有子叶和真叶（单叶和复叶）。子叶2片，因种子发芽后胚轴伸长被带出土面。子叶节上位的第一真叶为单叶，然后往上长出互生复叶。复叶由托叶、叶柄和3～5片小叶组成。叶片基部具有一对托叶，小叶呈卵圆形或披针形。

（4）花。大豆花序为总状花序，顶生或腋生。大豆的花由苞片、花萼、花冠、雄蕊和雌蕊等组成，呈蝶形。苞片是花下部的2个绿色小野片。花萼含5个萼片，萼片基部愈合成筒形，顶部5裂，呈绿色。花冠由1个旗瓣、2个翼瓣和2个龙骨瓣组成，呈白色或紫色。雄蕊10枚，其中9枚花丝连成管状，1枚分离。雌蕊1枚，由1心皮组成。

（5）果实和种子。大豆果实为荚果，荚果的形状有直形、弯镰形和弯曲程度不同的中间形。荚果成熟后有绿色、灰色、黄色、淡褐色、褐色和黑色等，每荚果含种子1～4粒，个别有5粒。大豆种子由种皮、子叶和胚组成。种子形状有圆形、椭圆形、扁圆形、长圆形等，千粒重110～250 g不等。

2. 类型识别

（1）无限结荚习性。无限结荚习性品种的花簇轴很短，主茎和分枝顶端无明显的花簇，始花后，茎继续伸长，叶继续分生。结荚分散，每节着生2～5个荚，多分布在植株中下部。开花顺序自下而上，由内向外，始花期早，花期较长。主茎和分枝纤细，节间较长，容易倒伏。

（2）有限结荚习性。有限结荚习性品种的花簇轴长，主茎和分枝顶端出现1个大花簇后不再向上生长，结荚集中，多分布在植株中上部。开花顺序自茎中上部开始，逐渐向上、下两端，始花期晚，花期较短。主茎和分枝粗壮，抗倒伏性强。

（3）亚有限结荚习性。性状介于上述两者之间。植株高大，主茎发达，分枝稍差。开花顺序自下而上，主茎结荚较多，多分布在植株中上部。

注意事项

选取大豆植株时应保证大豆幼苗和成株的根、茎、叶、花或果实等器官完整。

参考文献

［1］刁操铨. 作物栽培学各论：南方本［M］. 北京：中国农业出版社，1994.
［2］余松烈. 作物栽培学［M］. 重庆：重庆出版社，2001.

实验 2 -7　水稻幼穗分化过程观察

Ⅰ　水稻幼穗形成期分化过程观察

实验目的

（1）了解水稻幼穗分化幼穗形成期的幼穗形态特征。
（2）掌握水稻幼穗形成进程的判断方法。

器材与试剂

1. 实验材料

进入幼穗形成期的稻株。

2. 实验器具

双目放大镜、解剖针、镊子、剪刀、直尺、吸水纸等。

3. 实验试剂

蒸馏水等。

方法与步骤

1. 幼穗形成期的形态特征

水稻通过一定的营养生长，且经适宜的日长诱导后，茎端生长点在生理和形态上发生转变，不再分化叶原基，而开始分化幼穗，进入生殖生长阶段。水稻幼穗分化，按一定的顺序分化形成稻穗的各个部分。农业科学家丁颖把稻穗分化过程分为 8 个时期，其中前 4 个时期为幼穗形成期（性器官形成期），形态特征如下。

（1）第一苞原基分化期。幼穗开始分化时，首先在生长锥基部，剑叶顶叶原基的对面分化出环状突起，即为第一苞原基。第一苞即分化穗颈节，其上部就是穗轴，所以第一苞原基分化期又称穗颈节分化期，是生殖生长的起点。

第一苞原基和叶原基相似，但有两个区别：①第一苞原基是在顶叶原基还没有超过生长点的顶端时就发生了，叶原基突起是在前一个叶原基（幼叶）超过了生长点的顶部之后开始发生；②第一苞出现的初期生长方向较下垂，与生长点的中轴成钝角，而叶原基出现的初期生长方向较上竖，与生长点的中轴成锐角。(见图2-7-1)

图2-7-1　稻穗的苞分化和叶原基分化

(2) 第一次枝梗原基分化期。当第一苞原基增大后，在生长锥基部继续分化新的横纹，即为第二苞、第三苞原基。接着在这些苞的腋部生出新的圆锥形突起，这些突起就是第一次枝梗原基。第一次枝梗原基分化的顺序是由下而上，逐渐向生长锥顶端进行，当分化达到生长锥顶端时，在苞着生处开始长出白色的苞毛，至此第一次枝梗原基分化结束。(见图2-7-2)

1. 生长锥出现横纹
2. 苞
(a) 分化初期幼穗外形

1. 第一次枝梗原基
2. 苞毛　3. 苞
(b) 分化后期幼穗外形

图2-7-2　第一次枝梗原基分化

(3) 第二次枝梗原基及颖花原基分化期。当生长锥最顶端的生长停止发育时，穗顶最晚出现的第一枝梗原基下部又出现苞，并由下而上逐渐在苞的腋部出现第二次枝梗原基。已经分化到各个第一次枝梗原基的上部时，幼穗全部被苞毛覆盖，此时幼穗的长为0.5~1.0 mm，接着上部第一次枝梗顶端出现颖片原基，小穗从这时开始陆续分化。在第二次枝梗上，也分化出小穗原基，此时幼穗长度为1.0~1.5 mm。(见图2-7-3)

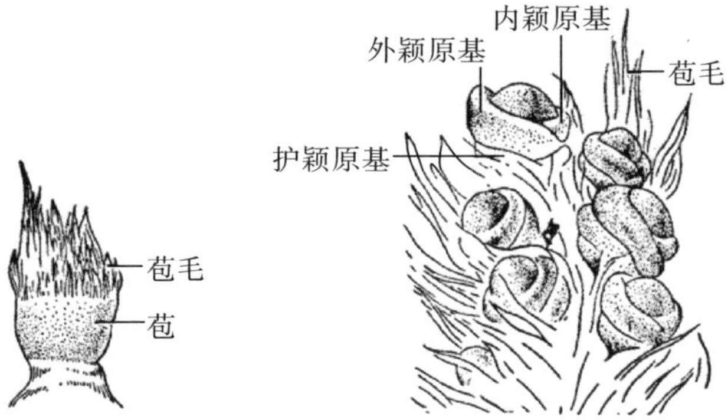

颖花分化初期幼穗外形　　从幼穗剥下的一个枝梗

图2-7-3　第二次枝梗原基及颖花原基分化

（4）雌雄蕊形成期。在最上部的第一次枝梗上顶端小穗的结实小花都出现雌雄蕊原基，穗最下部的第二次枝梗的小穗原基亦陆续分化完毕时，一穗的小穗数就此确定。此时穗长约 5 mm，接着穗轴、枝梗和小穗梗都开始显著伸长，雌雄蕊进一步发育。雄蕊原基分化为花药和花丝；雌蕊上分化出现胚珠原基，能明显地看出浆片；小花的内外颖已经相当发达，可将内部器官完全包住。这时幼穗长 5 ~ 10 mm，幼穗的外部形态已初步形成。（见图 2 –7 –4）

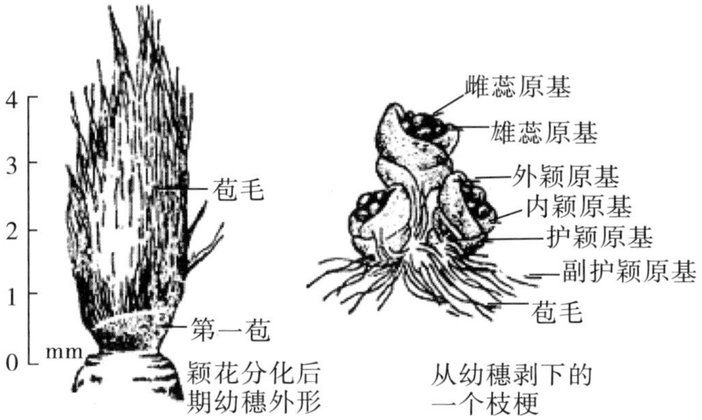

图 2 –7 –4　雌雄蕊形成期

2. 水稻幼穗形成进程判断方法

表 2 –7 –1　水稻幼穗形成进程判断方法

时期	发育时期	幼穗形态	判断口诀	天数
第一期	第一苞分化期	看不见	看不见	2
第二期	第一次枝梗原基分化期	苞毛可见	毛出现	4 ~ 5
第三期	第二次枝梗原基及颖花原基分化期	幼穗 0.5 ~ 1 mm	毛丛丛	6 ~ 7
第四期	雌雄蕊形成期	幼穗 5 ~ 10 mm	粒粒现	4 ~ 5

3. 水稻幼穗形态特征观察

取幼穗分化时期的水稻植株，用自来水冲洗后放入盛有蒸馏水的烧杯中，记下心叶的未抽出量（0.1 ~ 0.9 叶），再用镊子划破各展开叶的叶鞘并剥离干净，接着用解剖针剥离未展开叶及包在其内的各幼叶，直至剥出茎顶端生长点或幼穗为止，记录未抽出叶的数目，即为稻株的叶龄余数，同时将剥出的茎顶端生长点或幼穗置于解剖镜或显微镜下观察。

绘制观察到的幼穗各分化时期的特征图，并作说明。

注意事项

（1）将幼叶的叶鞘剥除干净，让茎端完全露出来，才能见到幼穗或生长锥。

(2) 解剖时解剖针的拨动方向与叶卷的方向相反，才容易找到叶鞘的边缘，从此边缘插针进去剥除叶子，较易保护生长锥不受损伤。

(3) 要注意保护生长锥基部的茎节，使生长锥与茎秆相连，便于双目放大镜下的解剖操作及观察生长锥的发育情况。

(4) 取回材料时如不能及时观察，则应将稻穗剥去叶片，放在 FAA 固定液或卡诺氏固定液中固定。

Ⅱ 水稻幼穗分化过程观察

实验目的

(1) 了解水稻幼穗发育期的形态特征。

(2) 学习利用压（涂）片法镜检技术鉴定幼穗发育进程。

器材与试剂

1. 实验材料

进入幼穗发育期的稻株。

2. 实验器具

显微镜、天平、电炉、酒精灯、烧杯、漏斗、滤纸、培养皿、量筒、广口瓶、解剖刀、解剖针、载玻片、盖玻片、滴瓶、滴管、吸水纸等。

3. 实验试剂

(1) 正丁醇。

(2) 加拿大树胶。

(3) 卡诺氏固定液（无水乙醇：冰醋酸 =3：1)。

(4) 醋酸铁溶液：在 45% 冰醋酸中加入过量硫酸高铁铵配制而成。

(5) 冰醋酸铁苏木精：在 100 mL 45% 冰醋酸中加入 0.5 g 苏木精，待充分溶解后过滤，滤液作为原液。取少许原液，用 45% 冰醋酸稀释 3 ~ 4 倍，再滴入醋酸铁，使染液由棕黄色变为蓝色为止（现配现用）。

(6) 醋酸铁洋红：将 100 mL 45% 冰醋酸置入烧杯中煮沸，缓缓加入 1 g 洋红，边加边搅拌，用小火维持 2 min 后，关闭热源，慢慢冷却，至完全冷却后过滤，再加 1 ~ 2 滴醋酸铁溶液入滤液中。

方法与步骤

1. 幼穗发育期形态特征

稻穗发育进入性细胞形成时期，包括两个同时进行的过程：一个是在子房内进行雌性生殖细胞发育过程，另一个是花药内进行的雄性生殖细胞（花粉）发育过程。由于雌性生殖细胞的发育过程一般要通过复杂的切片技术才能观察到，而花粉发育过程只需要通过压片即可观察到，故一般用花粉发育过程来表示稻穗发育的第二阶段的发育进程。本阶段划分为 4 个时期。

（1）花粉母细胞形成期。内外颖合拢后不久，雄蕊的花药分化为 4 室。此时将花药的内容物取出加以镜检，便可见到体积较大而不规则的花粉母细胞，同时雌蕊原基顶端出现柱头突起。此时剑叶正处在抽出过程中，颖花长度接近 2 mm，约为最终长度的 1/4，幼穗长 15 ~ 40 mm（见图 2 – 7 – 5）。

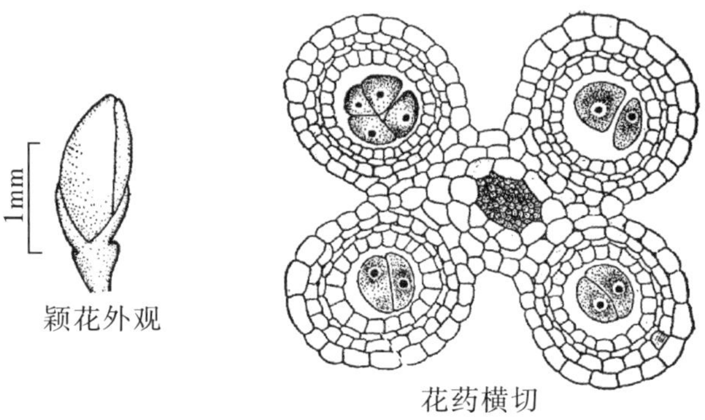

图 2 – 7 – 5　花粉母细胞形成

（2）花粉母细胞减数分裂期。花粉母细胞形成以后，增大呈圆形，即进行连续两次分裂（第一次为减数分裂，第二次为有丝分裂），形成四分体（见图 2 – 7 – 6）。一个花粉母细胞自开始第一次分裂，直到形成四分体所需时间为 1 ~ 2 d。从外形上看，此时期颖花长约为最后长度的一半，花药变成明显的黄色，柱头上开始出现乳状小突起。整个稻穗由第一朵小花减数分裂开始，到所有小花减数分裂完成，需经历 5 ~ 7 d。

图 2 – 7 – 6　花粉母细胞减数分裂期第二次分裂末期

（引自唐湘如主编《作物栽培学》，广东高等教育出版社，2014 年）

（3）花粉内容物充实期。四分体分散并收缩成不规则形，颖花长达最终长的 85% 左右时，四分体分散成单核花粉粒，不久，体积迅速增大，同时形成外壁和萌发孔，花粉内容物不断充实。随着花粉内容物充实，单核经过分裂形成一个生殖核和一个营养核，称二核花粉粒。此时颖壳叶绿素开始增加，柱头出现羽状突起，副护颖退化。（见图 2 – 7 – 7）

（4）花粉完成期。抽穗前 1 ~ 2d，花粉内容物充满，花粉内的生殖核又分裂成 2 个精核，加上1个营养核，成为三核花粉粒。此时花粉的发育全部完成，即将抽穗开花。此时，内外颖叶绿素大量增加，花丝迅速伸长，花粉内淀粉含量增多，花药呈黄色。（见图2－7－7）

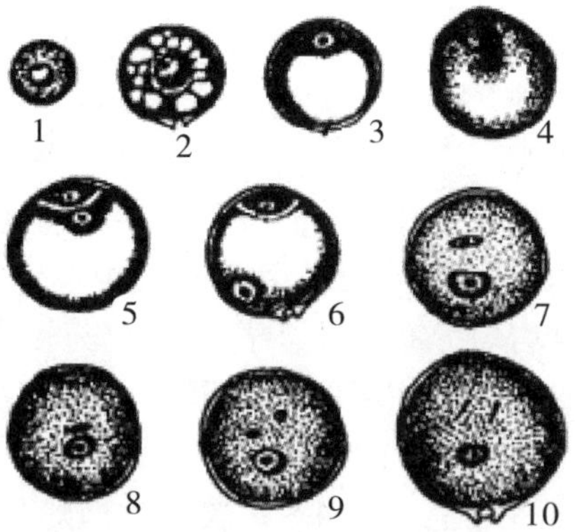

1~3. 单核期　4. 花粉第一次核分裂　5~7. 二核期
8. 花粉第二次核分裂　9~10. 三核期与花粉完成

图2－7－7　花粉粒充实和完成期

2. 水稻幼穗分化发育进程判断方法

表2－7－2　水稻幼穗发育进程判断方法

时期	发育时期	幼穗形态	判断口诀	天数
第五期	花粉母细胞形成期	幼穗15～40 mm	颖壳分	2～3
第六期	花粉母细胞减数分裂期	颖花1/2长	粒半长	1～2
第七期	花粉内容物充实期	颖花5/6长	穗绿色	7～8
第八期	花粉完成期	颖花全长	穗将出	3～4

3. 幼穗发育期形态特征观察

冰醋酸铁苏木精和醋酸铁洋红两种染液对花粉都有较好的染色效果，这些染色剂可使花粉细胞核、质着色程度不同，将花粉内部结构显现出来。对于后期花粉，冰醋酸铁苏木精的染色效果要优于醋酸铁洋红，且利于摄影。

（1）采集材料。

①采集时间：每天6：30—7：00或16：00—17：00为减数分裂高峰期，一般每天9：00左右为减数分裂活跃时间。

②采集已进入雌雄蕊形成期以后以开始形成花粉的幼穗作为观察材料时，可参考下述指标去采集。

花粉母细胞形成期：剑叶与下一叶叶枕距在－10 cm左右，幼穗长15～40 mm，颖花长为1～3 mm。

花粉母细胞减数分裂期：剑叶与下一叶叶枕距－5～0 cm，叶枕距为0左右时是减数分裂过渡到单核期；穗顶接近剑叶下一叶叶枕时，是单核到双核期，破口前是双核到三核期。

（2）固定材料。

将采集的幼穗放入盛有卡诺氏固定液的广口瓶中固定1～2 h。

（3）染色压片。

①用镊子从经过固定的材料上摘一朵小花，置于载玻片上，用解剖针挑出花药1～2枚，弃去颖花，立即滴一滴染液。

②若所取花药很小，则用解剖刀将其切成数段，并用解剖针将其捣碎，盖上盖玻片，加盖吸水纸，然后用大拇指压片（用力大小请在实践中摸索）。若材料分散不匀，可用解剖针柄轻敲盖玻片，至材料均匀分布为止。若所取花药较大，则用解剖刀从花药粗的一端切开，然后用解剖针从细的一端往粗的一端碾压，将花粉碾挤出来，再用镊子夹去药壳，盖上盖玻片和吸水纸，轻轻压片。

③压片后，将片子拿到酒精灯上通过4～5次，微微烤热（勿使染液沸腾与干涸），然后镜检。若发现染色不深或着色不清晰，可以在盖玻片边缘加进少量染液，再拿到酒精灯上微烤。如此可反复进行几次，直至花粉内部结构清晰可见为止。好的片子应是细胞质无色或着色很浅。

（4）保存片子。

若只是临时保存，可用石蜡封片或用加有10%甘油的染液压片；若要长期保存，则需制成永久片，永久片的制作视材料而定。

①对于四分体及其以前各期材料。按上述步骤压好片后，将其反转过来，放入盛有冰醋酸和正丁醇等量混合液的培养皿，一端用玻璃棒将玻片搁起，使玻片呈倾斜状。待盖玻片在载玻片上自由落下后（此时材料主要在盖玻片上），再经过正丁醇Ⅰ、正丁醇Ⅱ、正丁醇Ⅲ，每级经3～5 min处理，最后用加拿大树胶封片（加拿大树胶用正丁醇溶解）。

②单核及其以后各期花粉。因此时花粉壁已经形成，压片后不能紧贴在玻片上，在脱水透明过程中容易被洗掉，故改用“滴洗法”进行脱水透明。即压好片子后，分别用上述脱水透明剂多次“滴洗”，并且每次滴洗后，用吸水纸吸去洗液，最后用加拿大树胶封片。除滴洗法外，还可采用整体染色脱水透明的方法完成后面的过程。即从染色到最后一级正丁醇，花药都保存在颖壳内（小花要撕裂）进行。最后将花药挑出，置于滴有加拿大树胶的载玻片上，再挑破花药，让花粉溢出后封片。采用整体法时，一是染色时间要延长（至花药全被染成蓝黑色），二是从最后一级正丁醇中取出至封片时动作要迅速，否则材料易碎烂。

实验作业

绘制观察到的花粉发育各时期的特征图，并做说明。

注意事项

（1）注意样品材料的采集及及时固定。若不及时进行观察，则需将材料转入高浓度酒精中，再按 95% →90% →85% →80% →70% 的酒精浓度逐渐下降，每半小时转移一次的洗去醋酸，防止材料受腐蚀，最后转入 70% 的酒精中保存。

（2）染色压片时应防止气泡的产生。

参考文献

唐湘如. 作物栽培学［M］. 广州：广东高等教育出版社，2014.

实验 2 –8　玉米幼穗分化过程观察

实验目的

（1）初步掌握解剖玉米幼穗的方法与技能。

（2）识别生育期玉米雄穗和雌穗分化的主要形态特征，并了解它们和植株外部形态间的关系。

实验导航

玉米是一年生、雌雄同株、异位异花授粉作物，一般在拔节前分化雄穗，拔节后分化雌穗。玉米雄、雌穗的分化与形成是一个连续的过程。根据变化过程中形态发育特点，玉米雄、雌穗均可分为 5 个时期。

1. 雄穗的分化与发育

（1）生长锥未伸长期。生长锥突起，表面光滑，呈半球状圆锥体，长宽相近，基部由叶原基包围，植株尚未拔节。

（2）生长锥伸长期。生长锥明显伸长，表面仍为光滑的圆锥体，长度约为宽度的 2 倍。随着生长锥分化，其下部形成叶原基突起，中部开始分节，节上着生小穗原基。

（3）小穗分化期。生长锥基部出现分枝原基，中部出现小穗原基（裂片）。以后每个小穗原基又形成两个小穗突起，大的在上，发育为有柄小穗，小的在下，成为无柄小穗，其后在小穗基部可形成颖片原基。同时，生长锥基部的分枝原基迅速发育成分枝，在分枝上又分化出成对排列的小穗。

（4）小花分化期。每一个小穗的颖片原基上方又分化出 2 个大小不等的小花原基，随后小花原基形成 3 个雄蕊原始体，中央为 1 个雌蕊原始体，表现为两性花。此后，雌蕊退化，雄蕊继续发育。2 个小花中，上部小花发育较好，体积较大。每朵小花都形成内颖、外颖和 2 片浆片。

（5）性器官发育形成期。雄蕊迅速生长并产生花药，花粉囊中花粉母细胞进入四分体期，随后花粉粒形成，内容物充实，穗轴节片迅速伸长，护颖与内稃、外颖也迅速生长，雄穗体积迅速增长，外部形态进入孕穗期（见图 2 –8 –1）。

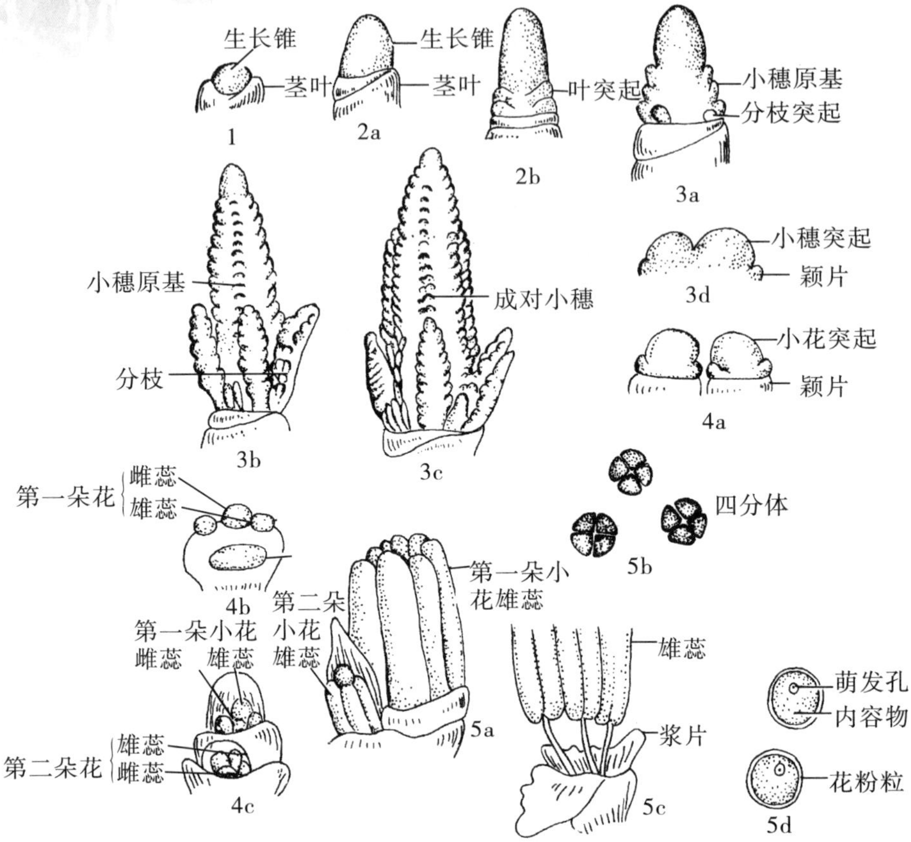

1. 生长锥未伸长期　2a～2b. 生长锥伸长期　3a～3d. 小穗分化期
4a～4c. 小花分化期　5a～5d. 性器官发育形成期
（引自刁操铨主编《作物栽培学各论（南方本）》，中国农业出版社，1994年）

图2－8－1　玉米雄穗分化的主要时期

2. 雌穗的分化与发育

玉米雌穗分化比雄穗开始稍晚，但分化过程较快，且与雄穗分化时期有一定的对应关系。

（1）生长锥未伸长期。生长锥表面光滑，体积很小，宽度大于长度。生长锥下方已分化出节和缩短的节间，将来发育为穗柄。每节上有叶的原始体，以后发育成苞叶。

（2）生长锥伸长期。生长锥已明显伸长，长度大于宽度，此期约相当于雄穗小花分化期，是争取大穗的关键时期。

（3）小穗分化期。生长锥继续伸长，在叶原基突起的叶腋间出现小穗原基（裂片）。每个小穗原基进一步分化出2个并列的小穗突起，继而形成并列的小穗。小穗原基的分化是从穗的中下部开始，渐次向上向下进行分化的。当生长锥中下部及基部出现并排小穗突起时，生长锥的顶部还是光滑圆锥体。只要肥水条件适宜，可继续分化出小穗原基，并延续到以后几个分化期。因此，可分化出更多小穗，从而获得长而大的果穗。这一时期相当于雄穗小花分化后期。

（4）小花分化期。小穗原基分化出上下2个大小不等的小花原基，上方较大的发育为结实花，下方较小的退化为不孕花。此时，在小花原基基部分化出 3 个雄蕊原始体，中央出现 1 个雌蕊原始体。在小花分化末期，雄蕊退化，雌蕊原始体迅速生长发育形成单性花，此期是影响果穗粒数和整齐度的关键时期。

（5）性器官发育形成期。雌蕊柱头渐长，基部遮盖胚珠并形成柱头通道，顶部分杈。同时，子房膨大，胚囊母细胞发育成熟，果穗急剧增长，花丝抽出苞叶，雄穗已抽出，所有叶片几乎全部展开（见图 2－8－2）。

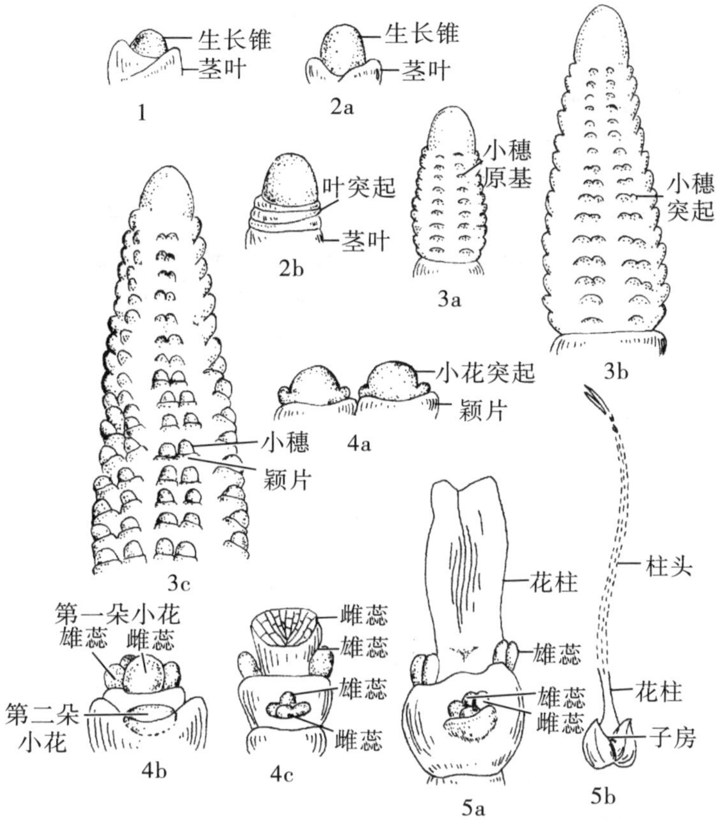

1.生长锥未伸长期　2a～2b.生长锥伸长期　3a～3b. 小穗分化期
4a～4c.小花分化期　5a～5d.性器官形成期
（引自刁操铨主编《作物栽培学各论（南方本）》，中国农业出版社，1994年）

图 2－8－2　玉米雌穗分化的主要时期

3. 雄、雌穗分化比较

玉米雄、雌穗分化的比较如表 2－8－1 所示。

表 2-8-1　玉米雄、雌穗分化的比较

幼穗分化时期	雄穗	雌穗
生长锥未伸长期	—	—
生长锥伸长期	—	—
小穗分化期	1 个小穗裂片分化成 2 个大小不同的小穗原基。大的在上，有柄，小的在下，无柄	1 个小穗原基分化成 2 个并列的小穗突起
小花分化期	1 个小穗原基分化出 2 朵小花，其一生长较好，另一生长较差	1 个小穗原基分化 2 朵小花，其一结实，另一败育
性器官形成期	雌蕊退化	雄蕊退化

（1）按株仔细剥去叶片，露出顶生长锥（雄穗），镜检鉴定雄穗分化的各个时期。

（2）观察茎上膨胀最大的一个或两个腋芽（雌穗），镜检鉴定雌穗分化的各个时期（或用切片法观察）。

实验器材

1. 实验材料

不同幼穗分化时期的玉米。

2. 实验器具

双目放大镜、解剖针、镊子、剪刀、直尺、吸水纸等。

方法与步骤

（1）绘制玉米雌雄穗分化各个时期发育图，并注明各部位名称。

（2）详细描述观察到的玉米穗分化的外形特征。

注意事项

在进行玉米穗分化观察时，雄穗是以主茎雄性生长锥为标准，雌穗是以主茎最上一个侧芽的雌性生长锥为标准。

参考文献

［1］刁操铨. 作物栽培学各论：南方本［M］. 北京：中国农业出版社，1994.
［2］唐湘如. 作物栽培学［M］. 广州：广东高等教育出版社，2014.

第三章 作物田间产量预测

实验3-1 水稻产量及产量构成因素调查

实验目的

学习和掌握水稻田间测产及产量构成因素调查的方法。

器材与试剂

1. 实验材料

成熟稻田水稻。

2. 实验器具

电子天平（0.01 g）、面积测量仪、稻谷水分测量仪、电热鼓风干燥箱、数粒仪、计算器、测产框、剪刀等。

3. 实验试剂

蒸馏水等。

方法与步骤

1. 水稻田间测产

水稻田间测产常用方法有全田收割法和取样点试割法。

（1）全田收割法。小面积测产时，可进行水稻全田收割、脱粒、称湿谷重。采用面积测量仪测量田块面积，稻谷水分测量仪测定湿谷水分，折算成干谷。有条件的则送入干燥设备中烘干称重，计算每公顷干谷产量。

（2）取样点试割法。①确定取样点。样点有代表性，可采用五点取样法取样，每亩设5个样点。②每个样点用1 m^2测产框量取1 m^2面积的水稻进行收割、脱粒、称湿谷重。大面积测产中，取样点面积可适当扩大。③采用面积测量仪测量田块面积，以各样点的平均值估测全田湿谷总产量。④利用稻谷水分测量仪测定湿谷水分，折算成干谷。有条件的可采用干燥设备烘干称重，计算每公顷干谷产量。

2. 水稻产量构成因素调查

水稻单位面积产量是单位面积有效穗数、每穗平均实粒数和粒重相乘积，对这3个因素进行调查测定，可求出理论产量。

（1）确定取样点。选好测产田后，根据田块大小及田间生长状况设定取样点，取样点力求具有代表性和均匀分布。常用的取样方法有五点取样法、八点取样法和随机取样法等。当被测田块肥力水平不均，稻株个体差异大时，则采取按比例不均等设置取样点的方法。

（2）每公顷①穴数。测定株距、行距，估算单位面积总穴数。每个样点用皮尺测量11 株水稻的株距和行距，除以 10，得出 1 个样本的株距和行距。以各样点平均值作为代表田的平均株距和行距，并按公式估测全田总株数：

$$每公顷穴数=10\ 000\ m^2/[平均株距(m)\times平均行距(m)]$$

（3）每公顷有效穗数。每个样点上连续数 10～20 穴稻株有效穗（结实粒数≥5 粒·穗$^{-1}$），一般每亩调查 100 穴，以 5 个样点的平均值作为全田每穴平均有效穗数，按公式计算每公顷有效穗数：

$$每公顷有效穗数=每公顷实际穴数\times每穴平均有效穗数$$

（4）每穗总粒数和结实率。各样点按照平均有效穗数收获稻株 1～2 蔸，编号并装入网袋，带回室内考种。将样本小心脱粒，调查每蔸有效穗的实粒数、空粒数和总粒数（可将谷粒投入蒸馏水中，浮在水面的谷粒为空粒，沉在水底的为实粒），按公式计算每个样点的结实率（%）：

$$结实率(\%)=\frac{实粒数}{总粒数}\times100\%$$

各点平均，则得出全田平均结实率。

（5）千粒重。随机选取脱粒后的实粒 1 000 粒，放入电热鼓风干燥箱内，将温度调至 84 ℃，大约经 24 h，谷粒达恒重后，用分析天平称重，即为千粒重（g）。

（6）估算理论产量。按公式计算每公顷理论产量：

$$每公顷产量(kg)=\frac{每公顷有效穗数\times每穗总粒数\times结实率\times千粒重(g)}{1\ 000\times1\ 000}$$

注意事项

水稻田间测产和产量构成因素调查选取的稻田或取样点要具有代表性，且分布均匀。

参考文献

唐湘如. 作物栽培学［M］. 广州：广东高等教育出版社，2014.

① 1 公顷=10 000 平方米。

实验 3-2 玉米产量及产量构成因素调查

实验目的

学习和掌握玉米田间测产及产量构成因素调查的方法。

实验器材

1. 实验材料

不同产量水平或不同栽培条件下的玉米植株。

2. 实验器具

分析天平（0.01 g）、面积测量仪、电热鼓风干燥箱、计算器、皮尺、瓷盘等。

方法与步骤

玉米测产一般在蜡熟期进行。玉米成熟期的特征是果穗苞叶变枯、变白，籽粒乳线消失、变硬有光泽。测产前对不同产量水平或不同栽培条件下的大田玉米生长情况进行实地察看，为选点取样做准备。

1. 玉米田间测产

玉米田间测产常用方法有全田采摘法和取样点采摘法。

（1）全田采摘法。小面积测产时，可进行玉米全田采摘、晒干、脱粒和称重，得全田玉米产量。有条件的可采用干燥设备烘干籽粒，采用面积测量仪测量田块面积，计算每公顷玉米产量。

（2）取样点采摘法。①确定取样点。样点要有代表性，可采用五点取样法取样，每亩设 5 个样点。②每个样点用皮尺量取 5 m^2 的玉米进行采摘、晒干、脱粒和称重。有条件的可采用干燥设备烘干籽粒。大面积测产中，取样点面积可适当扩大。③采用面积测量仪测量田块面积，以各样点的平均值计算每公顷玉米产量。

2. 玉米产量构成因素调查

（1）选点取样。在一块田内选取五个样点，每个样点选出有代表性植株 10~20 株。

（2）每公顷株数。每块田测 20~30 行的行距，求出平均行距；间隔选出 4~5 行，每行测定 40~50 株的株距，求出平均株距，然后计算每公顷实际株数。计算公式为：

$$每公顷实际株数 = \frac{10\ 000\ m^2}{平均行距（m）\times 平均株距（m）}$$

（3）每公顷穗数。在测定株距的地段上，计算株数的同时计算总穗数，求得平均每株果穗数，然后计算每公顷穗数，计算公式为：

$$每公顷穗数 = 每公顷实际株数 \times 平均每株果穗数$$

（4）每穗粒数和粒重。将各样点植株果穗苞叶剥开计数并计算平均每穗粒数。粒重可依据该品种历年记录，或将各样点植株果穗全部摘下，晒干脱粒后称 1 000 粒重，并计算平均 1 000 粒重。有条件的可采用干燥设备烘干籽粒。

（5）估算理论产量。

计算公式为：

$$每公顷产量（kg）=\frac{每公顷穗数\times每穗粒数\times1\ 000粒重（g）}{1\ 000\times1\ 000}$$

注意事项

若采用干燥设备烘干玉米籽粒，应先脱粒再烘干。

参考文献

唐湘如. 作物栽培学［M］. 广州：广东高等教育出版社，2014.

实验 3－3　甘蔗产量及产量构成因素调查

实验目的

学习和掌握甘蔗田间产量预测的方法及产量构成因素调查的方法。

器材与试剂

1. 实验材料

不同产量水平或不同栽培条件下的甘蔗植株。

2. 实验器具

砍刀、皮尺、米尺。

3. 实验试剂

蒸馏水等。

方法与步骤

甘蔗产量是确定甘蔗是否丰产的依据，也是某一地区糖厂榨期安排的依据，一般在收获前要进行产量预测。

1. 甘蔗总产量估测

估测某单位甘蔗的总产量，一般通过组织有经验的技术人员、生产者进行田间检查，根据往年的种植面积、甘蔗生势、甘蔗植期和总产量，与当年的种植面积相比较，估计当年的总产量。在此过程中，往往要对每类田块进行典型的测定，以较准确地确定各类田块的产量。

2. 甘蔗产量构成因素调查

甘蔗单位面积产量取决于单位面积内的有效茎数和一茎重，而一茎重主要受茎长和茎径的影响。

（1）每公顷有效茎数。在田块的对称位置取六点，每一点量 5 m 的蔗行，数其有效茎数，然后求出每米有效茎数。再在点内量 5 行的行距，求出平均行距，用下式计算每公顷有效茎数。

$$每公顷有效茎数 = \frac{每米有效茎数 \times 10\ 000}{平均行距}$$

式中，每公顷有效茎数单位为条，每米有效茎数单位为条/m，行距单位为 m。

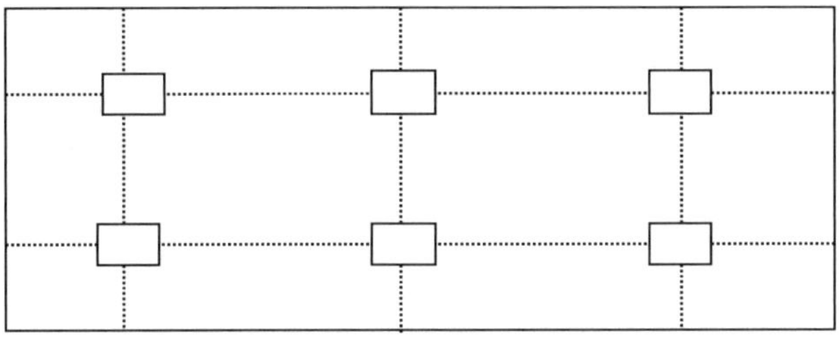

图 3－3－1　田间六点取样法

（2）一茎重。

①直接砍蔗称重。在各点内连续砍取 10 株甘蔗，称重，求平均单茎重。

②利用公式。可在点内连续取 20 株甘蔗，分别测量茎中部节间的直径（茎径）和茎长，利用下列公式计算一茎重：

$$一茎重 = \frac{0.785\ 4 \times （茎径）^2 \times 茎长 \times 茎比重}{1\ 000}$$

式中：0.785 4 为一常数，茎径和茎长的单位为 cm，茎比重一般为 1，一茎重的单位为 kg。

3. 计算产量

按以下公式计算蔗茎产量（kg/hm^2）：

$$蔗茎产量 = 每公顷有效茎数 \times 单茎重$$

按表 3－3－1 所示的要求项目填写考察内容。

表 3－3－1　甘蔗田间测产调查表

品种：　　　　　　　　　　日期：　　　　　　　　　　调查人：

样点	五米蔗行有效茎数/条	每米蔗行有效茎数/条	五行蔗总行距/m	平均行距/m	每公顷有效茎数/条	单茎重/kg	茎径/cm	茎长/cm	产量/（$kg \cdot hm^{-2}$）
1									
2									
3									

续上表

样点	五米蔗行有效茎数/条	每米蔗行有效茎数/条	五行蔗总行距/m	平均行距/m	每公顷有效茎数/条	单茎重/kg	茎径/cm	茎长/cm	产量/($kg \cdot hm^{-2}$)
4									
5									
6									
7									
8									
9									
10									
合计									
平均									

注意事项

甘蔗的最佳收获时期可通过工艺成熟度的判定，利用锤度计测定蔗汁锤度，计算蔗汁锤度比来确定。

参考文献

刁操铨．作物栽培学各论：南方本［M］．北京：中国农业出版社，1994.

实验 3－4　花生产量及产量构成因素调查

实验目的

学习和掌握花生田间测产及产量构成因素调查的方法。

实验器材

1．实验材料

不同产量水平或不同栽培条件下的花生植株。

2．实验器具

分析天平（0.01 g）、钢卷尺、皮卷尺、卡尺、剪刀等。

方法与步骤

1. 花生田间测产

方法同实验 3－2 玉米田间测产。

2. 花生产量构成因素调查

（1）主茎高：从第一对侧枝分生处至顶叶节的长度。

（2）总分枝数：除主茎外，全株所有长于 5 cm 的分枝的总和。

（3）有效侧枝长：第一对侧枝上最远结实节与主茎连接处的距离。

（4）株型指数：第一对侧枝长与主茎高的比值。

（5）有效结果枝数：全株所有结果枝数的总和。

（6）果针数：全株入土与未入土子房柄的总数。

（7）饱果数：壳外皮发黄、壳内海绵体变黑褐色、籽仁饱满的单、双仁荚果数。

（8）饱果率：单、双仁饱果数占总结果数的百分数。

（9）百果重。

（10）百仁重。

3. 计算产量

（1）选点取样：在一块田内选取 5 个样点，每个样点选出有代表性植株 10～20 株。

（2）每公顷株数。每块田测 20～30 行的行距，求出平均行距；每行测定 20～50 穴的穴距，求出平均株距，然后计算平均每穴株数，最后计算出每公顷株数。计算公式为：

$$\text{每公顷株数} = \frac{\text{平均每穴株数} \times 10\,000}{\text{平均行距} \times \text{平均株距}}$$

（3）单株荚果数、果重。每个样点连续选取 10～20 株，测定单株平均荚果（饱果）数、果重。

（4）估算理论产量。

预测产量：

$$\text{亩产量(kg)} = \text{亩株数} \times \text{单株荚果(饱果)数} \times \text{荚果重}(\times \text{出仁率})$$

按表 3－4－1 所示的要求项目填写考察内容，并整体进行评价，讨论各因素对产量的影响。

表 3－4－1　花生田间测产各因素调查表

取样点	1	2	3	4	5	6	7	8	9	10
主茎高/cm										
侧枝长/cm										
总分枝数/个										
结果枝数/个										
单株结果数/个										

续上表

取样点	1	2	3	4	5	6	7	8	9	10
百果重/g										
百仁重/g										
千克果数/个										
千克仁数/个										
饱果率/%										
单株生产力/g										
生育期/d										
亩产量/kg										

注意事项

花生田间测产和产量构成因素调查选取的大田或取样点要具有代表性且分布均匀。

参考文献

唐湘如. 作物栽培学［M］. 广州：广东高等教育出版社，2014.

实验 3－5　大豆产量及产量构成因素调查

实验目的

学习和掌握大豆田间测产及产量构成因素调查的方法。

实验器材

1. 实验材料

不同产量水平或不同栽培条件下的大豆植株。

2. 实验器具

分析天平（0.01 g）、钢卷尺、皮卷尺、瓷盘、剪刀等。

方法与步骤

1. 大豆田间测产

方法同实验 3－4 花生田间测产。

2. 大豆产量构成因素调查

计算公式：

$$产量（kg/hm^2）=\frac{每公顷株数 \times 每株荚数 \times 每荚粒数 \times 百粒重（g）}{1\ 000（g）\times 100}$$

注意事项

大豆田间测产和产量构成因素调查选取的大田或取样点要具有代表性且分布均匀。

参考文献

刁操铨. 作物栽培学各论：南方本［M］. 北京：中国农业出版社，1994.

第四章　作物产品品质测定

实验 4-1　稻米品质测定

实验目的

学习稻米品质的鉴定方法与技术。

器材与试剂

1. 实验材料

稻谷。

2. 实验器具

砻谷机、检验型碾米机、磨粉机、分光光度计、电热鼓风干燥箱、水浴锅、分析天平（0.000 1 g）等。

3. 实验试剂

（1）95% 乙醇（分析纯）。

（2）0.20 mol · L $^{-1}$ KOH 溶液。称取 1.13 g KOH，用蒸馏水溶解并定容至 100 mL。

（3）0.025% 百里酚蓝指示剂。称取 25.0 mg 百里酚蓝（分析纯），用 95% 乙醇（分析纯）溶解并定容至 100 mL。

（4）1.00 mol · L $^{-1}$ NaOH 溶液。称取 4.00 g NaOH，用蒸馏水溶解并定容至 100 mL。

（5）0.09 mol · L $^{-1}$ NaOH 溶液。取 90 mL 1.00 mol · L $^{-1}$ 氢氧化钠溶液，用蒸馏水定容至 1 000 mL；

（6）碘液称量 2.00 g 碘（分析纯）和 20.00 g 碘化钾（分析纯）混合，用蒸馏水溶解后，定容至 1 000 mL。

（7）1.00 mol · L $^{-1}$ 乙酸溶液。量取 57.8 mL 冰乙酸（分析纯），用蒸馏水定容至1 000 mL。

方法与步骤

稻谷收获干燥，储藏 3 个月后测定其品质性状，包括碾米品质（糙米率、精米率、整精米率），稻米外观品质（垩白粒率、垩白面积、垩白度、长宽比），蒸煮和食用品质（胶稠度和直链淀粉含量），蛋白质含量等。

1. 碾米品质的测定

准确称取洁净稻谷试样 100 g，用砻谷机脱壳后除去残余的少量颖壳，称重计算糙米率。称取 50 g 糙米，再用检验型碾米机碾磨糙米 60 s 去掉种皮，然后用 1.0 mm 圆孔筛筛去糠层，待精米冷却至室温后称重并计算精米率。通过将精米通过孔径为 1.8 mm 和 2.0 mm 圆孔筛与人工筛选相结合的方法去除碎米，称重并计算整精米率。重复测定 1 次，求出两次的平均值。糙米率和精米率的两次测定结果相对相差应不超过 1.0%，整精米率的两次测定相对相差应不超过 2.0%。计算公式如下：

$$糙米率（\%）=\frac{糙米重（g）}{试样谷重（g）-未脱壳谷重（g）}\times 100\%$$

$$精米率（\%）=\frac{精米重（g）}{糙米重（g）}\times 100\%$$

$$整精米率（\%）=\frac{整精米重（g）\times 糙米率}{糙米重（g）}$$

2. 稻米外观品质的测定

（1）垩白粒率。从整精米试样中随机取出整精米 100 粒，置于垩白仪上，在聚光灯下逐粒目测，拣出试样中具有明显的白色不透明的垩白（包括心白、腹白、背白）米粒。重复测定 1 次，取两次测定结果的平均值，即为垩白粒率。计算公式如下：

$$垩白粒率（\%）=\frac{垩白米粒数}{总粒数}\times 100\%$$

（2）垩白面积。随机取试样垩白米 10 粒，在聚光灯下平放，逐粒目测垩白面积占整个籽粒面积的百分数，求出垩白面积的平均值。重复 1 次，两次测定结果的平均值即为垩白面积。

（3）垩白度。垩白粒率与垩白面积的乘积为垩白度。垩白度分为五个等级，其垩白度范围分别为小于 1%、1%～5%、6%～10%、11%～20% 和大于 20%。计算公式如下：

$$垩白度（\%）=垩白粒率\times 垩白面积\times 100\%$$

（4）长宽比。从整精米试样中随机取出整精米 10 粒，用游标卡尺测其长度和宽度，以 mm 为单位，读数精确至 0.1 mm。精米的长度指整精米两端间的最大距离，宽度指米粒最宽处的距离。重复测定 1 次，求得两次长宽比的平均值。两次相对相差应不大于 0.1。计算公式如下：

$$长宽比=\frac{米粒平均长度}{米粒平均宽度}$$

3. 蒸煮和食用品质的测定

（1）胶稠度的测定。

将精米试样通过粉碎机碾磨成细粉，过 0.15 mm 筛孔。准确称量过 0.15 mm 筛的精米米粉 0.1 g，加入玻璃试管［13 mm × 110 mm，内径（11.00 ± 0.2）mm］底部，加入 0.025% 百里酚蓝乙醇溶液 0.2 mL，轻摇试管以防淀粉结块，再加入 0.2 mol · L^{-1} KOH 溶液 2.0 mL，轻轻摇动试管，勿使米粉沉淀。将试管放入沸水浴中，用玻璃球盖上试管口，防止加热时蒸汽逸散，加热时沸腾米胶高度应该始终在试管长度的 2/3 左右。加热 8 min，取出室温下冷却 5～10 min，再置于 0 ℃冰水浴中冷却 20 min。然后取出试管放在铺有坐标纸的水平台上，室温控制在（23±2）℃，静置1 h后，测量米胶流动长度。米胶的长度以mm为单位。每个样品重复测定1次，超过误差范围则重测。

（2）直链淀粉含量。

①无损测定方法。称取精米40 g，采用近红外谷物分析仪（Infratec™ 1241）无损测定直链淀粉含量。

②分光光度法。

称取已知直链淀粉含量高、中、低的标准样品各0.1 g，置于100 mL容量瓶中。加入1.0 mL 95%乙醇，轻摇容量瓶，使样品湿润分散。再加入9.0 mL 1.00 $mol \cdot L^{-1}$ NaOH溶液，使碱液将黏附于瓶壁上的样品冲洗下去。将容量瓶置于沸水浴10 min后，取出冷却至室温后，加入蒸馏水定容至100 mL，摇匀。吸取5.0 mL样品溶液，加入已盛有半瓶蒸馏水的100 mL容量瓶中，再向容量瓶中分别加入1.0 mL 1.00 $mol \cdot L^{-1}$的乙酸溶液和1.50 mL碘液，充分摇匀，用蒸馏水定容，静置20 min。用5 mL 0.09 $mol \cdot L^{-1}$氢氧化钠溶液代替样品作为空白溶液，在波长620 nm下以空白溶液调零，测定标准品的吸光值，绘制标准曲线。待测样品的测定方法同标准曲线制作方法，根据标准曲线计算待测样品的直链淀粉含量。

注意事项

测定胶稠度时为使沸腾米胶高度始终在试管长度的2/3左右，需保证沸水浴一直处于沸腾状态，且加热均匀。

参考文献

米质测定方法：NY/T 83－2017［S］. 北京：中华人民共和国农业行业标准，2017.

实验4－2　玉米品质测定

实验目的

学习玉米品质的鉴定方法与技术。

器材与试剂

1. 实验材料

玉米。

2. 实验器具

谷物容重器（GHCS－1000）、分析天平、近红外谷物分析仪（Infratec™ 1241）、量筒、烧杯等。

3．实验试剂

仪器法无实验试剂，常规化学分析方法详见各实验。

方法与步骤

一、仪器法

（一）外观品质测定

1．籽粒容重测定

按照使用说明书对谷物容重器（GHCS－1000）进行安装、校准，将制备好的试样倒入谷物筒内（确保漏斗开关关闭），装满刮平。再将谷物筒套在中间筒上，打开漏斗开关，待试样全部落入中间筒后关闭漏斗开关。用手握住中间筒与容量筒的接合处，平稳地抽出插片，使试样随排气砣一同落入容量筒内，再将插片平稳地插入插口；取下谷物筒，拿起中间筒和容量筒，倒净插片上多余的试样，抽出插片，将装有试样的容量筒放在电子秤上称量。

2．籽粒物质密度测定

选取100粒正常籽粒称重，用排酒精溶液法测定其体积。重复三次。计算公式如下：

$$\text{籽粒密度}\ (\mathrm{g/cm^3}) = \frac{\text{籽粒重量}}{\text{籽粒体积}}$$

（二）蛋白质和直链淀粉含量的无损测定

蛋白质和直链淀粉含量测定采用近红外谷物分析仪（Infratec™ 1241）无损测定。

1．开机前准备

根据被检测批次样品的量确定测定模式：单个样品量在500 g以上时选择普通模式；单个样品量在500 g以下时选择STM模式，装上STM测定支架。

2．选择测量模型

插上电源插头，打开电源开关，进行仪器自检。仪器完成自检后，根据被测作物种类和单个样品量选择相应的测量模型。

3．样品检测

（1）将样品倒入漏斗（或将STM样品盒插入仪器测量窗口），按测量键，仪器开始检测分析相关指标。

（2）当运行中要求输入样品标识和用户标识时，输入被测样品编号按确认键进行分析，分析完毕自动显示结果。

（3）出现测定误差时仪器显示误差结果报告单，若有C、D类错误，应选择重测样品，无错误则将光标移至OK处并按确认键，显示各测定指标。

（4）清空仪器漏斗槽和样品盒，重复步骤（1）~（3）进行一个样品的测量。

（5）关机。

二、常规化学分析方法

（1）可溶性糖含量的测定参照实验 10－1 Ⅰ。

（2）籽粒淀粉含量的测定参照实验 10－2。

（3）蛋白质含量的测定参照实验 10－4。

（4）氨基酸总量的测定参照实验 10－6。

注意事项

（1）被测样品必须洁净，严禁测定表面有明显水分的潮湿样品。

（2）使用 STM 装置时应轻拿轻放，清洁表面灰尘时用软布或草纸，防止有机玻璃部分划伤、摔碎。

参考文献

FOSS 公司. Infratec™ 1241 近红外谷物品质分析说明书。

实验 4－3　甘蔗工艺成熟度测定

实验目的

掌握测定蔗汁锤度判断甘蔗工艺成熟度的方法。

器材与试剂

1. 实验材料

成熟期甘蔗植株。

2. 实验器具

手持锤度计、压汁钳、小毛巾等。

3. 实验试剂

蒸馏水等。

方法与步骤

1. 工艺成熟时形态观察

甘蔗工艺成熟时的外表特征如下：

（1）蔗叶。甘蔗达到工艺成熟时，蔗叶颜色变浅，为淡绿色或黄绿色；全株青叶数较少，一般为 5～6 片；茎中下部的叶片枯黄，叶鞘开始与茎分离；新出叶片变窄短，且叶姿较挺直；梢部节间逐渐缩短，叶距缩小而显簇生。

（2）蔗茎。甘蔗达到工艺成熟时，蔗茎颜色变深，茎为黄绿色的品种，茎色转变为黄色或黄褐色，茎为红色的品种，茎色转变为深红色或红褐色；中下部茎节间表面蜡粉脱落，变得较光滑；茎横切面髓部参差不齐，因薄壁细胞里的液泡充满蔗糖而呈现玻璃银光。

2. 田间蔗汁锤度的测定

蔗汁锤度是指蔗汁中所含的总固溶物的重量占蔗汁重量的百分比。

用压汁钳从蔗茎中压出蔗汁后，迅速滴在手持锤度计的棱镜上，合上棱镜盖板，轻轻按压后，立即读取明暗分界线的相对刻度，即为蔗汁锤度。

有关计算公式如下：

$$\text{蔗汁锤度（\%）}=\frac{\text{蔗汁中总固溶物的重量}}{\text{蔗汁重量}}\times 100\%$$

$$\text{蔗汁锤度比（\%）}=\frac{\text{上部节间锤度}}{\text{基部节间锤度}}\times 100\%$$

蔗汁锤度比介于0.9~0.95时，甘蔗处于初熟状态；介于0.95~1.0时，甘蔗全熟；大于1.0时，甘蔗过熟。

注意事项

（1）上部节间以最上的一片枯叶所包着的节间为准，基部节间以土面上的第一完整节间为准。

（2）手持锤度计在使用前须用蒸馏水校正零点。

（3）因受气温影响较大，重复应在短时间内完成。

（4）从蔗茎中钻出蔗汁后应迅速放在手持锤度计的棱镜上测量，以防水分蒸发。

实验4-4　花生品质评价

实验目的

学习花生品质的测定方法。

器材与试剂

1. 实验材料

花生种子。

2. 实验器具

烤箱、纸盘等。

3. 实验试剂

蒸馏水、温开水。

方法与步骤

一、感官品质测定

感官品质评价包括外观品质评价和口味品质的品尝。

1. 外观品质评价

（1）花生荚果评价，主要包括以下 3 项指标。

①果型。大花生普通型，有蜂腰，果腰、果嘴明显；小花生蚕茧型或兰娜型、多粒型。

②网纹。大花生网纹明显、粗浅；小花生网目清晰，纹粗，深度适中。

③色泽。浅黄，颜色亮。

（2）花生籽仁评价，主要包括以下 3 项指标。

①粒型。大花生椭圆形，小花生桃圆形。

②色泽。色泽鲜艳均匀的粉红、浅红、深红或其他亮丽色泽。

2. 口味品质的品尝

口味品质的品尝包括生食和焙烤。

（1）生食品尝，主要包括以下 5 项指标。

①甜度。口感甜。

②香味。口感香。花生具有一股特殊的浓香味。

③柔嫩度。口感柔嫩。柔嫩度是表述咀嚼绵软与费力程度的指标。

④细腻度。口感细腻。口感细腻，咀嚼后残渣颗粒小而少；口感粗糙，咀嚼后残渣颗粒较多。

⑤异味。口感无异味。

（2）焙烤品尝。除了包括生食品尝的 5 项指标外，还多了脆度一项。选取生食口味表现比较有代表性的品种，取适量饱满度一致的荚果，清洗干净，放在烤炉中烤至象牙色，冷却后品尝。

脆度。口感脆。在食用花生时，第一次嚼碎时的口感，称为脆度。一般口感柔嫩、细腻的花生品种，其脆度较好。

二、加工品质评价

花生的加工利用以榨油和食用为主。花生油酸/亚油酸比值（O/L）是花生油质稳定性及加工制品耐贮藏性的指标。O/L 比值越高，油质越稳定，花生加工制品越耐贮藏，但 O/L 比值过高，亚油酸含量偏低，营养品质下降。综合考虑耐贮性和营养品质，一般大花生的 O/L 比值在 1.4 以上、小花生的 O/L 比值在 1.0 以上为佳。

三、商业品质评价

花生的商业品质评价主要分为油用、食用和出口三类。

（1）油用。NY/T 1068—2006 规定花生果杂质≤1.5%，不完善果≤12.0%，纯仁率

≥65.0%，花生仁杂质≤1.0%，不完善仁≤10.0%。

（2）食用。NY/T 1067—2006 规定花生果杂质≤1.0%，不完善果≤5.0%，纯仁率≥67.0%，花生仁杂质≤0.5%，不完善仁≤4.0%。

（3）出口。GB 1532—2008 规定花生果的纯仁率质量标准分为≥63%、≥65%、≥67%、≥69%、≥71% 5 个等级，杂质≤1.5%，水分≤10.0%，色泽和气味正常；花生仁的纯质率分为≥88%、≥90%、≥92%、≥94%、≥96% 5 个等级，杂质≤1.0%，水分≤9.0%，整半粒限度≤10%，色泽和气味正常。

四、理化营养品质评价

（1）油用。NY/T 1068—2006 规定花生仁水分≤8.0%，含油率分为一级（>51%）、二级（48.0%～51.0%）和三级（<48.0%）。

（2）食用。NY/T 1067—2006 规定花生仁水分≤8.0%，蛋白质含量分为一级（>26.0%）、二级（23.0～26.0%）和三级（<23.0%）。

（3）出口。GB 1532—2008 除规定花生果和花生仁水分含量外，还规定黄曲霉素 B_1 限量标准为 20 $\mu g \cdot kg^{-1}$。

注意事项

口味品质品尝评价时，每品尝 1 个样品后，需用 25 ℃左右的温开水漱口。

参考文献

唐湘如. 作物栽培学［M］. 广州：广东高等教育出版社，2014.

实验 4－5 烟叶外观品质鉴定

实验目的

熟悉烟草鲜叶经济性状测定方法；初步了解烤烟干叶分级标准及其方法；识别烤坏烟叶叶片的症状及其原因；练习烤烟干叶“级指”和“产指”的计算方法。

器材与试剂

1. 实验材料

当地 1～2 个主推烟草品种植株鲜叶；烤烟干叶分级标本及相当数量烘烤后未经分级的干叶；几种烤坏烟叶标本。

2. 实验器具

求积仪、叶面积测定仪、游标卡尺（或螺旋测微尺）、计量器、钢卷尺、剪刀、直尺等。

3. 实验试剂

蒸馏水。

方法与步骤

1. 鲜叶经济性状测定

通常在开花初期（或打顶后）取中部叶 10 片，用蒸馏水洗净后，对下述鲜叶经济性状进行测定，测定结果记录在表 4-5-1 中。

（1）叶片大小

测定叶片大小有三种方式：

①长 × 宽。

②长 × 宽 ×0.65（折算指数因品种而异）。

③称重法。用一片已测知叶面积的叶片称出干重，与全部测定叶干重之比计算全部测定叶面积。

（2）叶重：用单位面积重量表示，计算公式如下。

$$叶重（g \cdot cm^{-2}）=\frac{单叶重（g）}{单叶面积（cm^2）}$$

（3）叶厚：将大小相似的叶片重叠，用游标卡尺或螺旋测微尺在主脉附近的基部、中部、顶部测量叶肉厚度，以平均值表示。

（4）主脉粗细：一般分为粗、中、细三级，以粗细适中为好。

（5）主脉占叶重比（%）$=\frac{主脉重}{叶重}\times 100\%$。

（6）叶色：鲜重叶色为深绿、绿色、浅绿和黄绿等，以浅绿和绿色为生长正常。

（7）叶肉组织分粗糙、中等、细致三级。

表 4-5-1　烟叶经济性状记录表

品种	叶片号	叶片大小/cm^2	单叶面积/cm^2	叶重/($g \cdot cm^{-2}$)	叶厚/cm	主脉占叶比重	主脉粗细	叶色	叶肉组织

2. 烤烟干叶分级

我国现行烤烟分级国家标准选用能反映烟叶内在质量的成熟度、叶片结构、身份、油分、色度、长度为品质因素；残伤为控制因素，把同一组的烟叶划分为不同等级，共 42 级，如表 4-5-2 所示。

表4－5－2　烤烟烟叶等级的品质规定

项目	组别	级别	代号	成熟度	叶片结构	身份	油分	色度	长度/cm	残伤/%
下部（X）	柠檬黄（L）	1	X1L	成熟	疏松	稍薄	有	强	40	15
		2	X2L	成熟	疏松	薄	稍有	中	35	25
		3	X3L	成熟	疏松	薄	稍有	弱	30	30
		4	X4L	假熟	疏松	薄	少	淡	25	35
	橘黄（F）	1	X1F	成熟	疏松	稍薄	有	强	40	15
		2	X2F	成熟	疏松	稍薄	稍有	中	35	25
		3	X3F	成熟	疏松	稍薄	稍有	弱	30	30
		4	X4F	假熟	疏松	薄	少	淡	25	35
中部（C）	柠檬黄（L）	1	C1L	成熟	疏松	中等	多	浓	45	10
		2	C2L	成熟	疏松	中等	有	强	40	15
		3	C3L	成熟	疏松	稍薄	有	中	35	25
		4	C4L	成熟	疏松	稍薄	稍有	中	35	30
	橘黄（F）	1	C1F	成熟	疏松	中等	多	浓	45	10
		2	C2F	成熟	疏松	中等	有	强	40	15
		3	C3F	成熟	疏松	中等	有	中	35	25
		4	C4F	成熟	疏松	稍薄	稍有	中	35	30
上部（B）	柠檬黄（L）	1	B1L	成熟	尚疏松	中等	多	浓	45	15
		2	B2L	成熟	稍密	中等	有	强	40	20
		3	B3L	成熟	稍密	中等	稍有	中	35	30
		4	B4L	成熟	紧密	稍厚	稍有	弱	30	35
	橘黄（F）	1	B1F	成熟	尚疏松	稍厚	多	浓	45	15
		2	B2F	成熟	尚疏松	稍厚	有	强	40	20
		3	B3F	成熟	稍密	稍厚	有	中	35	30
		4	B4F	成熟	稍密	厚	稍有	弱	30	35
	红棕（R）	1	B1R	成熟	尚疏松	稍厚	有	浓	45	15
		2	B2R	成熟	稍密	稍厚	有	强	40	25
		3	B3R	成熟	稍密	厚	稍有	中	35	35

续上表

项目	组别	级别	代号	成熟度	叶片结构	身份	油分	色度	长度/cm	残伤/%
完熟叶（H）		1	H1F	完熟	疏松	中等	稍有	强	40	20
		2	H2F	完熟	疏松	中等	稍有	中	35	35
杂色（K）	中下部（CX）	1	CX1K	尚熟	疏松	稍薄	有	—	35	20
		2	CX2K	欠熟	尚疏松	薄	少	—	25	25
	上部（B）	1	B1K	尚熟	稍密	稍厚	有	—	35	20
		2	B2K	欠熟	紧密	厚	稍有	—	30	30
		3	B3K	欠熟	紧密	厚	少	—	25	35
光滑叶（S）		1	S1	欠熟	紧密	稍薄、稍厚	有	—	35	10
		2	S2	欠熟	紧密	—	少	—	30	20
微带青（V）	下二棚（X）	2	X2V	尚熟	疏松	稍薄	稍有	中	35	15
	中部（C）	3	C3V	尚熟	疏松	中等	有	强	40	10
	上部（B）	2	B2V	尚熟	稍密	稍厚	有	强	40	10
		3	B3V	尚熟	稍密	稍厚	稍有	中	35	10
青黄色（GY）		1	GY1	尚熟	尚疏松至稍密	稍薄、稍厚	有	—	35	10
		2	GY2	欠熟	稍密至紧密	稍薄、稍厚	稍有	—	30	20

3. 烤坏烟叶的识别

烤房设备和烤制技术及叶片的成熟程度等对烤出烟叶的品质优劣有很大关系。由于烤制不当而造成烟叶品质下降，主要表现为：

（1）青烟：由于温湿度控制不当，或采摘叶片过生，影响叶绿素的分散和其他物质变化，叶没有正常变黄，完全是青色，烟味较差、不会变黄的烟叶称为“死青”，有些烤成青黄色，以后虽能变黄，但品质不如金黄或赤黄好。

（2）挂灰：指烟叶上有灰褐色或黑色的斑块。挂灰严重的烟叶，烟味强烈，香气减少，杂气较重。主要原因是挂竿过多，变黄期温度太低，水汽不能及时排出，集结在叶面而发生挂灰。

（3）火红：在干筋阶段，温度过高，引起叶片发生一点点红色小点，成为“火红”，烟叶弹性和吸收性降低。

（4）青筋、黑筋和活筋：烘烤时升温过急易出现青筋，升温过慢易出现黑筋，烟筋未完全干燥成为活筋，贮存中容易使烟叶霉烂。

（5）蒸片：烤后烟叶出现棕色或褐黑色斑块，缺乏油分、弹性、易破碎，没有香气，刺激性重，经回潮也不易变软。其原因是烟杆太密，温气不能均匀流动，又没有及时排温，把叶片蒸坏。

(6) 阴片：烟叶沿主筋有一条黑斑，因为干燥期间温度忽然降低，主筋里的水分流出到叶片上，温度升高后，这一部分水分又很快被烤干，成为黑色。

(7) 糊片：烟叶颜色呈褐色，烟重量减轻、香气减少，刺激性少，缺乏烟味，原因是变黄期排气不足或加温较慢，使叶片不能及时定色、干片，反而继续变色，变成红色甚至褐色。

4. 级指和产指计算

(1) 品级指数：将各级烟按价换算成同一单位的商品价格指数，简称级指。级指越高，表示品质越好。

计算方法：

①将分级后各等级烟叶产量分别依照等级列表登记。

②求产量百分率，计算公式如下：

$$\text{某级烟叶产量（\%）}=\frac{\text{某级烟叶产量}}{\text{试验小区产量}}\times 100\%$$

③求级指，计算公式如下：

$$\text{级指}=\frac{\text{某级烟叶 100 kg 的价格}}{\text{一级烟叶 100 kg 的价格}}$$

(2) 产量指数：衡量单位面积经济效益大小的指标，是级指与每亩产量的乘积，简称产指。产指越高，表示总收益越大。

$$\text{产指}=\text{级指}\times\text{每亩产量}$$

(3) 根据下列给出条件计算级指和产指结果（各级烟可根据当地市场价格计算）。

表 4-5-3　级指和产指结果记录表

烤烟收购等级		每 100 kg 烤烟价格/元	各等级产量/kg
中下部黄色	一级		2
	二级		19
	三级		32
	四级		27
	五级		9
	六级		15
上部黄色	一级		29
	二级		19
	三级		15
	四级		9
	五级		11

续上表

烤烟收购等级		每 100 kg 烤烟价格/元	各等级产量/kg
青黄色	一级		10
	二级		7
	三级		8
末级	—		5

注意事项

烤烟的成熟度、叶片结构、身份、油分、色度和长度都达到某级规定，残伤不超过某级限度时，才定为某级。

参考文献

［1］李广才．烟叶生产与管理［M］．北京：中国科学技术出版社，2002.
［2］GB 2635—1992，烤烟．北京：中华人民共和国国家标准，1992.

实验 4－6　大豆外观品质鉴定

实验目的

学习和掌握大豆外观品质的鉴定方法。

器材与试剂

1．实验材料

当地大豆品种。

2．实验器具

粉碎机、电热鼓风干燥箱、分析天平（0.000 1 g）、镊子、筛子、纸盘等。

3．实验试剂

蒸馏水等。

方法与步骤

（一）外观品质鉴定

1．大豆类型

根据大豆的种皮颜色分为以下五类：

（1）黄大豆：种皮为黄色、淡黄色，脐为黄褐、淡褐或深褐色的籽粒不低于95%的大豆。

（2）青大豆：种皮为青色的籽粒不低于95%的大豆。按其子叶的颜色，可分为青皮青仁大豆和青皮黄仁大豆。

（3）黑大豆：种皮为黑色。按其子叶的颜色，可分为黑皮青仁大豆和黑皮黄仁大豆。

（4）其他大豆：种皮为褐色、棕色、赤色等单一颜色的大豆及双色大豆。

（5）混合大豆：不符合上述4种规定的大豆。

2．完整粒率、损伤粒率、热损伤粒率

称取经过风选过的大豆大样500 g（W_1），按GB/T 5494规定的方法分两次筛选，然后拣筛上大型杂质和筛下物合并称重（W_2），从筛选过的大样中称取小样100 g（W_3），倒入分析盘中，分别拣出杂质、损伤粒、未熟粒和破碎粒并称重（W_4、W_5、W_6），单独拣出热损伤粒（必要时剥开皮层，观察子叶是否发生了颜色变化），称重（W_7）。

$$完整粒率 = \left(1 - \frac{W_2}{W_1}\right) \times \frac{W_3 - W_4 - W_5 - W_6}{W_3} \times 100\%$$

$$损伤粒率 = \left(1 - \frac{W_2}{W_1}\right) \times \frac{W_5}{W_3} \times 100\%$$

$$热损伤粒率 = \left(1 - \frac{W_2}{W_1}\right) \times \frac{W_7}{W_3} \times 100\%$$

式中：W_1——大样质量（g）；

W_2——大样杂质质量（g）；

W_3——小样质量（g）；

W_4——小样杂质质量（g）；

W_5——损伤粒（含热损伤粒）质量（g）；

W_6——未熟粒和破碎粒质量（g）；

W_7——热损伤粒质量（g）。

3．杂质、不完善粒

不完善粒主要包括未熟粒、虫食粒、病斑粒、破碎粒、霉变粒、冻伤粒、生芽和涨大粒等，称重（W_8）。

$$大样杂质含量（C_1） = \frac{W_2}{W_1} \times 100\%$$

$$小样杂质含量（C_2） = （100 - C_1） \times \frac{W_4}{W_3}$$

$$不完善粒含量（C_3） = （100 - C_1） \times \frac{W_8}{W_3}$$

4．水分

将大豆样品缩分至200 g，粉碎至2.0 mm后装入密封容器。取空铝盒用蒸馏水洗净，置电热鼓风干燥箱105 ℃条件下烘至恒重（约2 h），于干燥器内冷却后称重（W_0）。用已恒重的空铝盒称取适量大豆样品（精确至0.000 1 g）（W_{T1}），在130 ℃下烘干40 min，于干燥器内冷却后称重（W_{T2}）。

$$水分含量(\%) = \frac{W_{T1} - W_{T2}}{W_{T1} - W_0} \times 100\%$$

式中：W_0——铝盒质量（g）；

W_{T1}——烘前试样和铝盒质量（g）；

W_{T2}——烘后试样和铝盒质量（g）。

5. 异色粒

在检验不完善粒的同时，拣出混有的异色粒，称取其质量（m_9）。

$$异色粒率（\%）= \frac{W_9}{W_1} \times 100\%$$

6. 色泽、气味

（1）色泽鉴定。

分取 20 ~ 50 g 大豆样品，放在手掌中均匀地摊平，在散射光线下仔细观察其整体颜色和光泽。对色泽不易鉴定的大豆样品，取 100 ~ 150 g，在黑色平板上均匀地摊成 15 cm × 20 cm 的薄层，在散射光下仔细观察其整体颜色和光泽。

（2）气味鉴定。

分取 20 ~ 50 g 大豆样品，放在手掌中用哈气或摩擦的方法，提高样品的温度后，立即嗅其气味。对色泽不易鉴定的大豆样品，分取 20 g 放入广口瓶，置于 60 ~ 70 ℃的水浴锅中，盖上瓶塞，颗粒状样品保温 8 ~ 10 min，粉末状样品保温 3 ~ 50 min，开盖嗅辨气味。

（二）质量等级评价

普通大豆质量指标应符合表 4 – 6 – 1 规定。高油大豆质量指标粗脂肪含量分为 ≥20.0%、≥21.0%、≥22.0% 三级，完整粒率 ≥85%，损伤粒率 ≤3.0%（其中热损伤粒率 ≤0.5%）；高蛋白质大豆质量指标粗蛋白质含量分为 ≥40.0%、≥42.0%、≥44.0% 三级，完整粒率 ≥90%，损伤粒率 ≤2.0%（其中热损伤粒率 ≤0.2%）；其他指标同普通大豆。

表 4 – 6 – 1　大豆质量指标

等级	完整粒率/%	损伤粒率/%		杂质含量/%	水分含量/%	色泽、气味
		合计	其中：热损伤粒			
1	≥95.0	≤1.0	≤0.2	≤1.0	≤13.0	正常
2	≥90.0	≤2.0	≤0.2			
3	≥85.0	≤3.0	≤0.5			
4	≥80.0	≤5.0	≤1.0			
5	≥75.0	≤8.0	≤3.0			

注意事项

进行大豆色泽和气味鉴定时，应多人同时多次鉴定，减小结果误差。

参考文献

[1] 大豆：GB 1352—2009 [S]. 北京：中华人民共和国国家标准，2009.

[2] 粮油检验粮食、油料的杂质、不完善粒检验：GB/T 5494—2008 [S]. 北京：中华人民共和国国家标准，2008.

[3] 粮食、油料检验水分测定法：GB/T 5497—1985 [S]. 北京：中华人民共和国国家标准，1985.

[4] 粮油检验类型及胡混检验：GB/T 5493—2008 [S]. 北京：中华人民共和国国家标准，2008.

[5] 粮油检验粮食、油料的色泽、气味、口味鉴定：GB/T 5492—2008 [S]. 北京：中华人民共和国国家标准，2008.

第五章　作物生长调查分析

实验5－1　干物质质量的测定

实验目的

掌握作物干物质质量的测定方法。

器材与试剂

1．实验材料

作物植株。

2．实验器具

电热鼓风干燥箱、分析天平（0.000 1 g）、剪刀、信封等。

3．实验试剂

自来水。

方法与步骤

1．取样

根据作物生长田块的形状和大小、作物种类及其生长均匀程度定点若干，每点选择有代表性的样株5株（蔸），全田10～20株（蔸），洗去泥沙，带回实验室待测。

2．烘干与称重

将样品器官分解并分别剪成适宜长度，用自来水洗净后分别装在牛皮信封中，于电热鼓风干燥箱105 ℃杀青30 min，然后80 ℃烘干至恒重，取出冷却至室温，用分析天平称重，即为样品干物质质量。

注意事项

（1）粗大的样品均宜切细。

（2）从电热鼓风干燥箱中取出的样品应一次放入干燥器中，并在较恒定的温度条件下称重。

（3）大样品两次称重的误差在1%内就算恒重，以最后两次重量的平均值进行计算。

参考文献

刘建丰，袁隆平，邓启云，等. 超高产杂交稻的光合特性研究［J］. 中国农业科学，2005，38（2）：258－264.

实验 5－2　种子发芽特性观察

实验目的

了解作物种子的发芽特性及其与外界环境条件（温度、水分等）的关系。

器材与试剂

1. 实验材料

籼、粳型水稻等作物种子。

2. 实验器具

恒温箱、培养皿、定性滤纸、玻璃水缸（或烧杯）、温度计和镊子等。

3. 实验试剂

蒸馏水。

方法与步骤

具有发芽能力的水稻种子在一定水分、温度和氧气条件下，即能萌发生长。种子吸收水分以后，在 30～35 ℃条件下发芽较快，但根芽生长受氧气供应程度的影响较大。氧气充足时，先长根，而水分充足氧气缺乏时，则芽鞘先伸长。

本实验将设置不同温度、水分和氧气条件，以观察水稻种子的发芽特性。

1. 不同温度条件下水稻种子发芽情况观察

将选种后的种子先浸种 2～3 d，让其充分吸收水分。实验时，数籼、粳种子各 4 份，每份 100 粒，放入 8 个垫有 3 层吸水纸的培养皿中，分别置于 10 ℃、25 ℃、35 ℃、45 ℃（或 10 ℃、20 ℃、30 ℃、40 ℃）的恒温箱中，以后每天观察记录一次发芽粒数，计算发芽率。发芽结束后，测量不同温度处理下的发芽种子的根、芽长度，求其平均值，并填写表 5－2－1。

表 5-2-1 不同温度条件下水稻种子发芽情况调查表

处理			1	2	3	4	5	6	7	8	9	10	平均值
籼稻	10 ℃	芽/cm											
		根/cm											
	25 ℃	芽/cm											
		根/cm											
	35 ℃	芽/cm											
		根/cm											
	45 ℃	芽/cm											
		根/cm											
粳稻	10 ℃	芽/cm											
		根/cm											
	25 ℃	芽/cm											
		根/cm											
	35 ℃	芽/cm											
		根/cm											
	45 ℃	芽/cm											
		根/cm											

2. 不同水分和氧气条件对根、芽生长的影响

将籼、粳种子事先破胸，取上述种子各 100 粒，分别置于烧杯内，灌蒸馏水 8 ~ 10 cm 深。另取籼、粳破胸谷各 100 粒，放入垫有 3 层吸水纸的培养皿中，加蒸馏水保持湿润。将上述处理的种子一同置入 30 ℃或 35 ℃的恒温箱中发芽，2 d 后观察根、芽生长情况，4 d 后取各种处理的稻谷各 10 粒，分别量其根、芽长度，求出平均数，并填写表 5-2-2。

表 5-2-2 不同水分和氧气条件下根、芽生长情况调查表

处理			1	2	3	4	5	6	7	8	9	10	平均值
籼稻	烧杯	芽/cm											
		根/cm											
	培养皿	芽/cm											
		根/cm											
粳稻	烧杯	芽/cm											
		根/cm											
	培养皿	芽/cm											
		根/cm											

注意事项

在进行发芽实验前要做好前期种子的处理，包括晒种、选种等。

参考文献

[1] 长江大学农学院作物栽培与耕作学教研室．作物栽培学实验指导书［M］．2005.

[2] 钱春荣，王俊河，冯延江，等．不同浸种时间对水稻种子发芽势和发芽率的影响［J］．中国农学通报，2008，24（9）：183－185.

实验 5－3 茎秆抗倒伏能力的测定

实验目的

学习作物茎秆抗倒伏能力指标的测定方法。

器材与试剂

1．实验材料

水稻、玉米、高粱、烟草等植株。

2．实验器具

茎秆强度仪（YYD－1）、分析天平（0.000 1 g），直尺、剪刀、游标卡尺等。

3．实验试剂

蒸馏水。

方法与步骤

1．选取植株

根据作物种类及生育期确定取样时间和若干取样点，每样点选取有代表性的植株 10 株，用水洗净，带回实验室以蒸馏水养根待测。

2．倒伏指标

通常植株茎秆倾斜 45°以上即为倒伏，常用倒伏率表示，即倒伏株树占总株树的百分比。作物倒伏主要由茎秆特性决定，包括株高、秆长、重心高度、基部节间长度、茎粗、茎壁厚度和茎秆干重等。取待测植株主茎，测量其倒伏指标，以平均值表示。

（1）株高（cm）。植株主茎根颈部到主茎（主穗）顶部之间的长度。

（2）秆长（cm）。植株主茎基部至穗基部之间的长度。

（3）重心高度（cm）。植株主茎地上部分重心平衡位置至地面的高度。

（4）穗位高（cm）。植株主茎最上部果穗着生节位至地面的高度。

（5）基部节间长度（cm）。植株主茎基部相邻两节之间的长度。

（6）茎粗（cm）。植株主茎被测节间中部的最大直径与最小直径的平均值。

（7）茎壁厚度（mm）。植株主茎被测节间中部同一截面不同部位茎壁厚度平均值。

（8）茎秆干重（g）。植株主茎节间基部至穗顶的干重。

3. 抗倒伏能力

作物抗倒伏性能主要通过弯曲力矩、倒伏指数、抗折力进行评价。倒伏指数主要由弯曲力矩和折断弯矩决定。倒伏指数越大，茎秆倒伏性越强，即抗倒伏能力越差。

取测量完株高、秆长、重心高度、基部节间长度的主茎10根，用直尺测量节间基部至穗顶的长度，并用分析天平称其鲜重。剥去叶鞘，将被测节间置于茎秆强度仪（YYD-1）下端，使节间中点与测定器中点对应，支点间距为5 cm，推动手柄匀速下压，茎秆折断时显示读数即为茎秆抗折力。然后将弯折的茎秆中部剪断，用游标卡尺测定基部节间的茎粗和茎壁厚度，按照公式计算作物抗倒伏指标。

$$弯曲力矩\ WP\ (cm \cdot g) = SL \times FW$$

式中：SL——节间基部至穗顶的长度（cm）；

FW——节间基部至穗顶的鲜重（g）。

$$折断弯矩\ M\ (g \cdot cm) = F \times L/4$$

式中：F——抗折力，即被测节间被折断时所施加的力（g）；

L——两支点间的距离（cm）。

$$倒伏指数\ LI = WP/M \times 100\%$$

注意事项

（1）选择长势一致、具代表性的单茎，保证重复测量数，以减小误差。

（2）取样过程中，注意防止茎秆折断。

（3）若选用水稻植株做实验材料，常以主茎第二伸长节间作为考察对象。

参考文献

[1] OOKAWA T, ISHIHARA K. Varietal difference of physical characteristics of the culm related to Lodging resistance in paddy rice [J]. Japanese journal of crop science, 1992, 61 (3): 419-425.

[2] 郭玉华，朱四光，张龙步，等. 不同栽培条件对水稻茎秆材料学特性的影响 [J]. 沈阳农业大学学报，2003，34（1）：4-7.

[3] 程慧煌，易振波，曾勇军，等. 超级杂交稻抗倒伏能力及其对施肥量的响应 [J]. 核农学报，2018，32（8）：1603-1610.

实验5－4 根系性状的测定

实验目的

掌握利用WinRHIZO软件测定作物根长、根表面积、根体积、根尖数和平均直径等根系性状的方法。

器材与试剂

1. 实验材料

水稻等作物植株。

2. 实验器具

WinRHIZO软件、剪刀、镊子、无色透明塑料盘等。

3. 实验试剂

去离子水。

方法与步骤

1. 根系培养

可采用水培或大田栽培。若采用大田栽培，则需移栽时设定取样植株，利用网袋装泥套根培养。

2. 洗根、摆根

把待测植株的根系带回实验室洗净，将不定根从节上剪下，放入盛有去离子水的无色透明塑料盘，用镊子调整根的位置以免交叉重叠。

3. 根系性状测定

（1）插好密钥启动WinRHIZO，在WinRHIZO文件夹下双击图标进入程序。

（2）点击图标，使用扫描仪获得图像，并保存。

（3）点击图标从文件夹获取图片，用鼠标选择分析区域，点击自动分析图标，即可对图像进行分析。

（4）分析过程结束后，直接保存分析过程文件。

注意事项

（1）选择灰度扫描时系统默认为透射光。透射光适合扫描根、种子、针叶等厚的材料，可以消除阴影，界限清楚。以透射光扫描时，要揭去白色塑料片，最大只能扫描15 cm宽的材料。

（2）分析整个图像时，点击鼠标后不要移动鼠标。

（3）在设定分析区域时，要选择长方形或自由型工具。

（4）若使用其他扫描仪或数码相机的图像，需进行像素校正。

参考文献

[1] WinRHIZO根系分析系统说明书.

[2] 高志红，陈晓远. 聚乙二醇造成的水分胁迫对水稻根系生长的影响［J］. 华北农学报，2009，24（2）：128－133.

[3] 顾东祥，汤亮，曹卫星，等. 基于图像分析方法的水稻根系形态特征指标的定量分析［J］. 作物学报，2010，36（5）：810－817.

实验5－5　秧苗素质调查

实验目的

观察和了解秧苗的生长特性，掌握秧苗质量考察的方法。

器材与试剂

1. 实验材料

秧苗（包括不同品种、不同播期、不同育秧方式等）。

2. 实验器具

叶绿素含量测定仪SPAD－502、电热鼓风干燥箱、分析天平（0.000 1 g）、扭力天平；红油漆、小网筛、镊子、剪刀、刀片、米尺、牛皮纸袋等。

3. 实验试剂

自来水。

方法与步骤

1. 成秧率调查

水稻成秧率调查宜在移栽前1～2 d进行。若秧厢（畦）秧苗生长较一致，可采用三点或五点取样方法取样；若秧厢（畦）间生长差异大，则可按生长情况，将秧厢（畦）分上、中、下三等，算出各占秧田面积的比例，再在各等秧厢（畦）中取样2～3点，每个取样点的面积为15 cm×6 cm或15cm×15 cm。

取样时将秧苗及表层土壤一齐取出，装在网筛内，用水洗去泥土，分别统计大苗（即成秧）、小苗（小于大苗高度1/2）及未出苗种谷的数量（注意清洗时要轻巧，以免种谷壳与秧苗分离，不要把秧苗上脱落的种谷壳算成未发芽出苗的种谷），记录调查结果并计算成秧率（见表5－5－1）。

表 5-5-1 成秧率调查表

处理	1	2	3	4	5	6	7	8	9	10	平均
大苗数/苗											
小苗数/苗											
未出苗种谷数/粒											
成秧率/%											

2. 秧苗素质调查

从成秧率调查样品中任选成秧秧苗50株，或移栽前1 d在调查秧田中采用五点取样，每点选择有代表性的秧苗20株，五点共取100株，洗净根部泥土，带回室内，对下列各项指标进行调查并记录结果（见表5-5-2）。

（1）叶龄以完全展开叶为整数，未展开心叶以小数表示。假设心叶的长度为n，其下一叶的长度为M，则心叶叶龄可按如下标准计算：

①心叶露尖卷曲如筒状，即$n<1/3M$时，记为0.1～0.2叶龄。

②心叶顶端开始展开，即$1/3M\leqslant n<1/2M$时，记为0.3～0.4叶龄。

③心叶长度等于或超过其下一叶长度的一半，即$1/2M\leqslant n<3/4M$时，记为0.5～0.6叶龄。

④心叶与下一叶几近等长，即$3/4M\leqslant n\leqslant M$时，记为0.7～0.8叶龄。

⑤心叶长度超过下一叶长而尚未完全抽出，即$n>M$时，记为0.9叶龄。

最后，计算出单株平均叶龄。

（2）株高（cm）。从秧苗基部到最高叶尖端的距离。

（3）单株绿叶数（片）。计算包括分蘖的、已展开新叶的绿叶数，求其单株平均值。

（4）茎基宽（cm）。随机取秧苗20株，每10株平放在桌上紧靠在一起，量茎鞘基部最宽处的宽度（不包括分蘖），求平均值。

（5）叶长和叶宽（cm）。随机取秧苗20～100株，量取最长叶片的长度（从叶枕到叶尖）和叶片宽度（叶片中部最宽处），求出单株平均值。

（6）叶面积（cm^2）。随机取秧苗10株，将所有绿叶剪下扫描，算得叶面积；同时称量并记录鲜重（分地上部和地下部），将扫描叶片烘干称重，计算出单位干重的叶面积。

（7）地上部干重（g）。取秧苗100株，剪去根系，放至电热鼓风干燥箱中105 ℃杀青30 min，然后在80 ℃下烘至恒重后称重。

（8）总根数和白根数（条）。随机取秧苗10株，记录总根数及半寸（1寸≈3.33 cm）以内的新白根数。

（9）叶绿素含量。用叶绿素含量仪测叶片中部的SPAD值，测定三次，取平均值。

表5-5-2　水稻秧苗素质调查表

处理	1	2	3	4	5	6	7	8	9	10	平均
叶龄											
株高/cm											
单株绿叶数/片											
茎基宽/cm											
叶长/cm											
叶宽/cm											
叶面积/cm^2											
地上部干重/g											
总根数/条											
白根数/条											
叶绿素含量											

实验作业

（1）根据成秧率调查结果，分析影响成秧率高低的原因。

（2）根据秧苗素质调查结果，分析影响秧苗质量的原因。

注意事项

在使用SPAD－502测定秧苗叶绿素含量时，应适当扩大样本数量。

参考文献

唐湘如. 作物栽培学［M］. 广州：广东高等教育出版社，2014.

实验 5 – 6　叶面积的测定

Ⅰ　叶面积仪测定法

实验目的

掌握叶面积仪测定作物叶面积的方法。

器材与试剂

1. 实验材料

新鲜的作物叶片。

2. 实验器具

叶面积仪 CI – 202。

3. 实验试剂

自来水。

方法与步骤

1. 取样

试验田中随机取样或五点取样，选择有代表性的植株。将植株洗净，确保绿叶不受损伤，以水养根，使叶片不卷，带回实验室测定。

2. 测定

连接仪器，打开仪器电源开关，然后按“Function”键循环显示仪器的多个功能。当“Measure”在显示屏上出现，仪器就准备进行测量。把叶片平铺在扫描板两引导轨中央（实际扫描区域是两引导轨中部上下 100 mm 部分），用扫描板上的透明塑料片覆盖，将扫描器放在扫描板顶部，按住扫描器左边绿色按键，向下缓慢拉动扫描器，使叶片通过扫描区域，直到完全通过扫描区域后松开绿色按键，完成扫描，记录显示屏结果。

3. 关机

实验完成后，关闭仪器电源，断开连接，清洁仪器，并将其放回仪器箱中。

注意事项

（1）最大扫描速度是 400 $mm \cdot s^{-1}$，更快的速度可能会产生不正确的测量结果。

（2）如有需要，白色表面也可以代替扫描板。

Ⅱ　长宽系数法

实验目的

掌握长宽系数法测定植物叶面积的方法。

器材与试剂

1. 实验材料

新鲜的叶片。

2. 实验器具

叶面积仪 CI－202、直尺等。

3. 实验试剂

自来水。

方法与步骤

1. 取样

同叶面积仪测定法。

2. 测定

用直尺测量从叶枕到叶尖的长度（L）与叶片最宽处（即垂直于叶柄至叶尖的直线）的宽度（W）（见图5－6－1），二者相乘之积再乘以系数（K），即得所求的叶面积（S）。

$$S = L \times W \times K$$

式中：S——叶面积（cm^2）；

L——叶长（cm）；

W——叶宽（cm）；

K——系数。

3. 计算

计算校正系数，一般将大量叶片以叶面积仪法测出实际叶面积，然后再除以相应的长宽乘积，逐叶求出其 K 值，进而求出 K 值的平均值（见图5－6－1）。

$$K = \frac{\sum V}{N}$$

式中：N——大量叶片样本数；

V——叶面积仪法测得叶面积与长宽乘积的比值；

$\sum V$——N 片叶的每片叶的叶面积与长宽乘积之比值的总和。

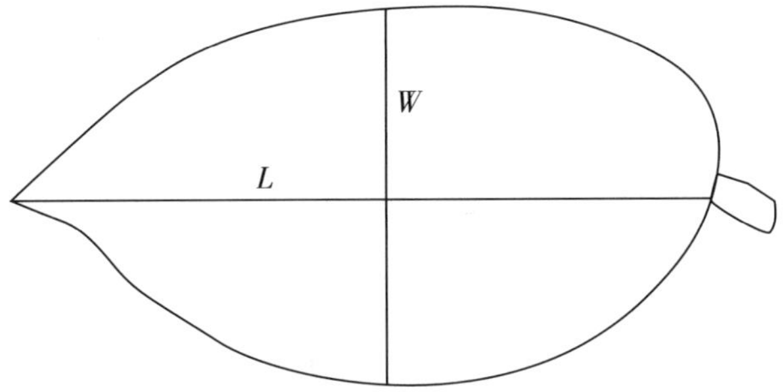

图 5－6－1 长宽系数法测量叶面积示意图

注意事项

采用长宽系数法，需先求出所测作物叶面积的 K 值。

参考文献

［1］叶面积仪 CI－202 操作手册.

［2］李险峰，吴慧媛，任文千，等. 用长宽系数法测定大豆叶面积［J］. 农业科技通讯，1978（11）：13.

实验 5－7 叶面积指数的测定

Ⅰ 长宽系数法

实验目的

掌握长宽系数法测定作物叶面积指数（*LAI*）的方法。

实验器材

1. 实验材料

新鲜的作物叶片。

2. 实验器具

叶面积仪 CI－202、直尺等。

方法与步骤

1. 取样

在每个地块中，随机布设样点，数出每个样点内的作物株数，得到单个样点处株数 N。

2. 测定

在每个样点范围内随机选取 10 株植株，按照图 5-6-1 所示分别测出植株上各叶片的叶长（L）和叶宽（W），并记录下来。

3. 计算

按实验 5-6 Ⅱ 长宽系数法计算出单个叶片面积和单株叶面积。10 株总面积平均，得到单株植株平均叶面积（S_A）。

$$S_A = \frac{\sum 单株叶面积}{10}$$

4. 叶面积指数（*LAI*）计算

按以下公式计算每个样点的 *LAI*，各样点 *LAI* 平均值即为实验田的 *LAI*。

$$LAI = \frac{N \times S_A}{S}$$

式中：S——样点的面积；

N——样点处的植株数（株）；

S_A——单株植株平均叶面积。

注意事项

1. 需要对作物叶片进行收集，所以会对植株具有一定的破坏性。
2. 需要对每片叶片进行精确测量，比较耗时、费力，且受人为因素影响较大。
3. 主要用于小面积试验 *LAI* 精确测量，其在大面积试验 *LAI* 测量上具有局限性。

Ⅱ　SunScan 冠层分析仪法

实验目的

掌握 SunScan 冠层分析仪法测定作物 *LAI* 的方法。

实验器材

1. 实验材料

大田作物。

2. 实验器具

SunScan 冠层分析仪。

方法与步骤

1. *LAI* 测量

用 SunScan 冠层分析仪对每个样点的 *LAI* 进行测量时，在冠层顶部探头朝上挡光测量，冠层底部探头朝下。每个样点进行四个方向形如“米”字形的测量（见图5－7－1），即顺着行测量一次，垂直测量一次，倾斜（与行成45°）测量两次。四次测量数据平均，即为该样点处的*LAI*。

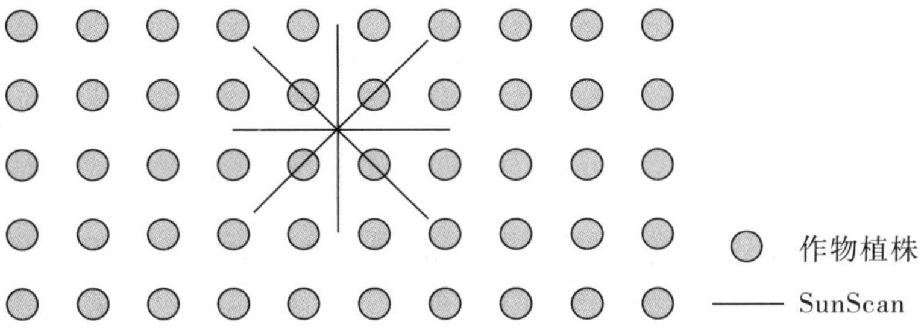

图5－7－1　SunScan测量示意图

2. 结果计算

入射到冠层顶部的太阳辐射（称为入射辐射），由于植被叶片的吸收、反射等作用，到达冠层底部的太阳辐射（称为投射辐射）衰减，衰减的速率与植被的LAI、冠层结构存在定量关系，因此可以通过测量冠层顶部的入射辐射和到达冠层底部的透射辐射来反推作物LAI。计算公式如下：

$$\tau = f_b \cdot e^{-K(x,\theta)[1-g_{dir}\cdot(1-a)L]} + (1+f_b)e^{-L_a} + A(x)L_a^{3}a^{-B(x)L_a^{C(x)}}$$

$$K(x,\theta) = \sqrt{\frac{x^2 + \tan(\theta)^2}{x + 1.702(x+1.12)^{-0.708}}}$$

$$L_a = L \cdot [1 - g(1-a)]$$

式中：T——冠层透过率；

L_α——黑叶模型叶面积指数；

L——冠层LAI；

K——消光系数；

A——*PAR*（光合有效辐射）波段的吸收系数（SunScan默认为0.85）；

f_b——直射光占入射光的比例；

x——椭球体叶倾角分布参数（ELADP）；

θ——太阳光入射天顶角；

g，A，B，C——x的函数。

在冠层透过率可求的情况下，通过迭代计算出L值。

注意事项

（1）SunScan测量必须在天气晴朗并且光照稳定的条件下进行，一般在9：00—15：00之间进行测量。

（2）SunScan冠层分析仪法适合作物生长中后期LAI的测量，此时作物冠层结构比较均匀，测量精度较为理想。

参考文献

[1] 陈智芳，王景雷，宋妮. GIS 空间分析技术在棉花叶面积测定中的应用 [J]. 中国农学通报，2012，28 (9)：145 - 149.

[2] 程武学，潘开志，杨存建. 叶面积指数（LAI）测定方法研究进展 [J]. 四川林业科技，2010，31 (3)：51 - 54，78.

[3] 王秀珍，黄敬峰，李云梅，等. 水稻叶面积指数的高光谱遥感估算模型 [J]. 遥感学报，2004，8 (1)：81 - 88.

[4] 张荣霞. 不同作物多种叶面积指数获取方法对比研究 [D]. 武汉：华中农业大学，2013.

[5] 刘刚，谢云，高晓飞，等. SunScan 冠层分析仪在测量大豆叶面积指数中的应用 [J]. 生态学杂志，2008，27 (5)：862 - 866.

[6] 刘镕源，王纪华，杨贵军，等. 冬小麦叶面积指数地面测量方法的比较 [J]. 农业工程学报，2011，27 (3)：220 - 224.

[7] WILHELM W W，RUWE K，SCHLEMMER M R. Comparison of three leaf area index meters in a corn canopy. Crop science，2000，40 (4)：1 179 - 1 183.

实验 5 - 8　作物材料及文献资料的拍摄技术

实验目的

掌握一般数码相机拍摄基本原理及其使用的要点和基本方法，学习掌握植物材料不同部位及文献图表的摄影技术及技巧。

实验器材

1. 实验材料

水稻等作物植株。

2. 实验器具

数码单反相机、标准变焦镜头、100 mm 微距镜头、滤光镜、偏振镜、遮光罩、外接闪光灯、快门线、测光表、三脚架、拍摄台、翻拍架、数码影室灯、柔光箱、柔光伞、反光板、测光板、背景支架、背景布、背景纸、刻度尺等。

方法与步骤

1. 花序拍摄

(1) 拍摄时期：开花期。

（2）拍摄地点与时间：田间，9：00—11：00。

（3）拍摄部位：花序。

（4）拍摄前准备：从田间取盛花时的主穗一个，手持稻穗，用微距镜头拍摄部分花序，拍摄时应尽量保持稻穗直立不晃动。（注：最好选择无风的时候拍摄）

（5）拍摄背景：田间自然环境，将背景虚化。

（6）拍摄技术要求：

①分辨率：1 600 ×1 200 以上；

②光线：光线充足的多云天气；

③拍摄角度：顺光或侧光平摄，垂直构图；

④拍摄模式：P 模式；

⑤白平衡：自动；

⑥物距：70 cm；

⑦曝光补偿：0 EV；

⑧相机固定方式：手持。

（7）花序示例照片如图 5 –8 –1 所示。

图 5 –8 –1　花序示例照片

2. 穗拍摄

（1）拍摄时期：成熟期。

（2）拍摄地点与时间：室内摄影棚，全天均可拍摄。

（3）拍摄部位：主穗。

（4）拍摄前准备：取主穗 3 个，整齐摆放于拍摄台，穗颈节与直尺对齐，并附上标签。

（5）拍摄背景：浅蓝色或中灰色背景纸。

（6）拍摄技术要求：

①分辨率：1 600 ×1 200 以上；

②光线：150 W 日光型太阳灯加柔光箱；

③拍摄角度：垂直向下，垂直构图；

④拍摄模式：P 模式；

⑤白平衡：自定义；

⑥物距：50 cm；

⑦曝光补偿：0 EV；

⑧相机固定方式：翻拍架。

（7）穗示例照片如图 5 –8 –2 所示。

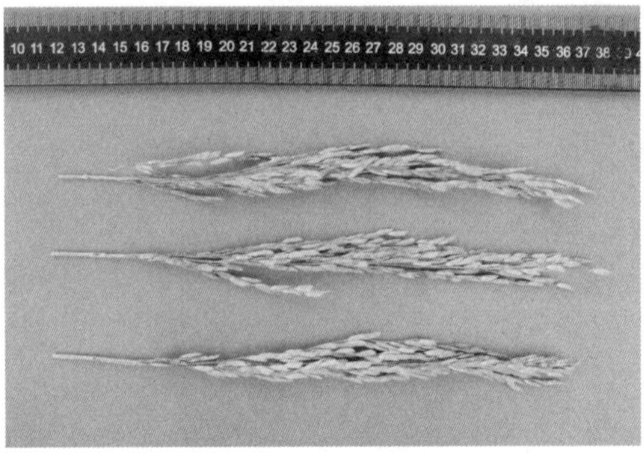

图 5 –8 –2　穗示例照片

3. 植株拍摄

（1）拍摄时期：成熟期。

（2）拍摄地点与时间：室内摄影棚，全天均可拍摄。

（3）拍摄部位：单株水稻。

（4）拍摄前准备：将整株水稻带土挖起，种植于盆钵内，摆放在背景布前，并放置刻度明显的直尺和标签。

（5）拍摄背景：蓝色或灰色背景布。

（6）拍摄技术要求：

①分辨率：1 600 ×1 200 以上；

②光线：数码影室灯加柔光箱；

③拍摄角度：正面平摄，垂直构图；

④拍摄模式：P 模式；

⑤白平衡：自定义；

⑥物距：150 cm；

⑦曝光补偿：0 EV；

⑧相机固定方式：三脚架。

（7）植株示例照片如图 5 –8 –3 所示。

图 5 –8 –3　植株示例照片

注意事项

（1）摄影构图上，一般采用横拍（横向构图）方式，但茎秆长度、叶片长度、穗长等性状以竖拍（垂直构图）为宜。

（2）照片中应包括拍摄主体（水稻性状部位）、品种标签、刻度尺和背景等几部分，拍摄取样部位如附图所示。品种标签可以是打印纸制标签、手写标签或电脑修饰制作标签，标签内容为品种编号，标签原则上放置于拍摄主体的下部。打印或电脑修饰制作的标签，要求字体为宋体加粗。一张照片中标签及字体大小要求统一，且与拍摄主体的比例协调。

（3）照片存储格式一律采用 JPEG 格式，提交使用的测试报告照片必须冲印成 5 寸①（3R）彩色无边照片。

参考文献

余汉勇，魏兴华. 水稻新品种测试原理与方法［M］. 杭州：浙江科学技术出版社，2010.

① 此指英寸，1 英寸 =2. 54 厘米。

第二部分

作物生理实验

第六章 水分生理

实验6－1 植物组织含水量的测定

实验目的

学习和掌握植物组织含水量的测定方法。

实验原理

植物水分状况可用鲜重含水量、干重含水量和相对含水量等指标表示。根据水遇热蒸发的原理，采用烘干法来测定植物组织水分含量。通常将植物材料于105 ℃下处理15 min，然后于80 ℃烘至恒重，鲜重与恒重之差即为植物材料中水分的绝对含量。水分绝对含量相对于植物材料鲜重的百分比为鲜重含水量，相对于植物材料干重的百分比为干重含水量，相对于植物材料饱和含水量的百分比为相对含水量，植物材料的鲜重与干重之差与其面积的比值为面积含水量。

器材与试剂

1．实验材料

植物叶片或其他组织。

2．实验器具

电热鼓风干燥箱、分析天平（0.000 1 g）、真空泵、称量瓶、干燥器、坩埚钳、烧杯、剪刀、镊子、滤纸、吸水纸等。

3．实验试剂

蒸馏水等。

方法与步骤

1．标定称量瓶质量

将洗净的称量瓶编号，开盖于105 ℃电热鼓风干燥箱内烘1 h，用坩埚钳取出放入干燥器，冷却至室温后称重。如此反复烘烤至恒重，记录称量瓶质量，用W_1表示。

2. 样品称重

剪取植物材料，迅速放入称量瓶，盖上盖子称重（精确到0.001 g），减去称量瓶质量即为植物材料自然鲜重（W_f）；将称量瓶开盖，放入电热鼓风干燥箱105 ℃下杀青15 min，然后于80 ℃下烘干至恒重，取出放入干燥器冷却至室温后，称得植物材料干重（W_d）。

3. 测定相对含水量

将称量的植物鲜样浸入装有蒸馏水的烧杯中，放入真空干燥器内，减压（0.5负压）渗入0.5~1 h，使组织吸水达到饱和状态，取出，用吸水纸吸去表面的水分，立即放入称量瓶称重。如此重复数次，至恒重，减去称量瓶质量，即为植物组织饱和鲜重（W_t）。然后烘干，称出干重（W_d）。

4. 结果计算

将上述结果分别代入下列公式中，计算鲜重含水量、干重含水量、相对含水量以及面积含水量。

$$鲜重含水量（\%）=\frac{(W_f-W_d)\times 100\%}{W_f}$$

$$干重含水量（\%）=\frac{(W_f-W_d)\times 100\%}{W_d}$$

$$相对含水量（\%）=\frac{(W_f-W_d)\times 100\%}{(W_t-W_d)}$$

$$面积含水量（mg\cdot dm^{-2}）=\frac{(W_f-W_d)}{S}$$

式中：W_f——植物材料自然鲜重（mg）；
W_d——植物材料干重（mg）；
W_t——植物组织饱和鲜重（mg）；
S——植物材料面积（dm^2）。

注意事项

（1）取材要均匀一致，以便于多指标的同时测定。

（2）称量要迅速准确，不要让材料在空气中暴露时间过长，以免水分散失。

（3）注意材料保存，防止水分散失，一般应将材料置于铺有湿滤纸的培养皿加盖短时间保存。

参考文献

[1] 郝建军，康宗利，于洋．植物生理学实验技术［M］．北京：化学工业出版社，2007.

[2] 汤绍虎，罗充．植物生理学实验教程［M］．重庆：西南师范大学出版社，2012.

[3] 侯福林．植物生理学实验教程［M］．2版．北京：科学出版社，2010.

[4] 李玲．植物生理学模块实验指导［M］．北京：科学出版社，2009.

实验6-2 植物组织自由水与束缚水含量的测定

实验目的

了解植物组织中水分存在的状态与植物生命活动的关系，掌握自由水与束缚水含量的测定原理及方法。

实验原理

植物组织中的水分以束缚水和自由移动的自由水两种状态存在。自由水与束缚水含量的高低与植物的生长及抗性有着密切的关系。自由水与束缚水比值较高时，植物组织或器官的代谢活动一般比较旺盛，生长也较快；反之则较慢，但抗性常较强。因此，自由水与束缚水的相对含量可作为衡量植物组织代谢活动及抗逆性强弱的重要生理指标。

植物组织在与高浓度的糖液接触时，束缚水因被原生质胶体颗粒吸附而留在组织中；自由水则因未被原生质胶体颗粒吸附而顺着水势梯度外渗到糖液中，使糖液的浓度降低。所以，根据糖液浓度降低的情况可算出组织中自由水含量；束缚水含量则可通过烘干植物组织计算出总含水量，再减去自由水含量求得。

器材与试剂

1. 实验材料

田间生长的植物。

2. 实验器具

阿贝折射仪、分析天平（0.000 1 g）、电热鼓风干燥箱、干燥器、恒温水浴锅、称量瓶、打孔器（直径0.5 cm）、移液器、烧杯、量筒等。

3. 实验试剂

质量浓度为60% ~65%的蔗糖溶液：称取蔗糖60 ~ 65 g于烧杯中，加蒸馏水35 ~ 40 g，使溶液总质量为100 g，水浴加热溶解后备用。

方法与步骤

（1）取称量瓶6个，洗净、烘干、称重后备用。

（2）选取田间生长一致、具有代表性的植株，剪取部位、长势、叶龄一致的叶片5 ~ 10片。

（3）用直径为0.5 cm的打孔器在叶片主脉两侧迅速分别打取小圆片150片，共300片，每个称量瓶随机装入50片，立即盖紧，并称取被测样品鲜重（W_f）。

（4）取其中3个称量瓶放入电热鼓风干燥箱，于105 ℃下杀青15 min，然后于80 ℃

下烘干至恒重，并称取样品干重（W_d）。

（5）另外3个称量瓶加入60%～65%的蔗糖溶液5 mL，加盖后称重，算出各瓶蔗糖溶液质量（W_B）。轻轻摇动瓶中溶液，使与样品混匀，放置暗处4～5 h，其间经常摇动，保持叶片浸没在蔗糖溶液中。到预定时间后，充分摇匀溶液。

（6）将阿贝折射仪与恒温水浴锅相连，温度调节到20 ℃，分别测定蔗糖溶液浸泡样品前后的质量分数，分别为B_1（浸泡前）和B_2（浸泡后）。

（7）结果计算：

$$鲜重含水量（\%）=\frac{(W_f-W_d)\times 100\%}{W_f}$$

$$自由水含量（\%）=\frac{W_B(B_1-B_2)}{B_2\times W_f}\times 100\%$$

束缚水含量（%）=鲜重含水量（%）－自由水含量（%）

式中：W_B——加入样品中的蔗糖溶液的质量（g）；

B_1——浸泡样品前蔗糖溶液的质量分数（%）；

B_2——浸泡样品后蔗糖溶液的质量分数（%）；

W_f——植物样品鲜重（g）。

其中，设W_A为样品中自由水质量，自由水含量的计算公式根据如下关系推导出：

加样后蔗糖溶液中自由水质量$=(W_A+W_B)\times(1-B_2)$；

原来蔗糖中自由水质量$=W_B(1-B_1)$；

则样品中自由水质量$W_A=(W_A+W_B)\times(1-B_2)-W_B(1-B_1)$；

化简得

$$W_A=\frac{W_B(B_1-B_2)}{B_2}$$

$$自由水含量(\%)=\frac{W_A}{W_f}=\frac{W_B(B_1-B_2)}{B_2\times W_f}\times 100\%$$

注意事项

（1）称重要快，盖子尽量密封以减少水分散失，保证测定的准确性。

（2）用于计算含水量的叶子圆片和用于测定的叶子圆片，必须在同一叶片的对称位置上取下。

（3）用阿贝折射仪测定蔗糖浓度时，恒温水的温度必须控制在20 ℃。

参考文献

[1] 张志良，瞿伟菁，李小方. 植物生理学实验指导［M］. 4版. 北京：高等教育出版社，2009.

[2] 郝建军，康宗利，于洋. 植物生理学实验技术［M］. 北京：化学工业出版社，2007.

[3] 汤绍虎，罗充. 植物生理学实验教程［M］. 重庆：西南师范大学出版

社，2012.

[4] 史树德，孙亚卿，魏磊．植物生理学实验指导［M］．北京：中国林业出版社，2011.

[5] 刘萍，李明军．植物生理学实验技术［M］．北京：科学出版社，2007.

[6] 路文静，李奕松．植物生理学实验教程［M］．北京：中国林业出版社，2012.

实验 6-3 植物组织水势的测定

植物组织的水分状况可用水势（Ψ）表示。水势代表水的能量水平，水总是从水势高处流向低处。植物体细胞间、组织间以及植物体和环境间的水分移动都由水势差决定。当植物组织与一系列已知浓度溶液接触，如植物组织水势大于（或小于）溶液水势，则组织失水（或吸水），溶液浓度变低（或变高），密度变小（或变大）。如植物组织水势等于溶液水势，则二者水分保持动态平衡。根据组织吸水和失水后溶液浓度、相对密度和电导率等参数的变化，可确定与植物组织等水势的溶液。

目前，植物组织水势的测定主要有压力室法、露点法、热电偶湿度计法等。压力室法较适于测定枝条或叶柄导管的水势；露点法和热电偶湿度计法较适宜测定柔软叶片的水势，且精确度高。

Ⅰ 压力室法

实验目的

学习和掌握压力室法测定植物组织水势的原理和方法。

实验原理

植物叶片通过蒸腾作用产生蒸腾拉力，承受一定的张力或负压，使导管中的水分连贯地向上运输。当叶片或枝条被切断时，木质部中的液流由于张力解除迅速缩回木质部。将叶片装入压力室钢筒，叶柄切口朝外，逐渐加压，直到导管中的液流恰好在切口处显露时，所施加的压力正好抵偿了完整植株导管中的原始负压。这时所施加的压力值（通常称为“平衡压”，P）将叶片中的水势提高到相当于开放大气导管中的液体渗透势水平。由于通过导管周围完整活细胞半透膜进入木质部导管汁液的渗透势（Ψ_s）常接近于零，因此将所测得的平衡压标以负号就等于待测叶片原来的水势。

$$即\ P+\Psi_w=\Psi_s\approx0，则\ \Psi_w=-P$$

式中：P——平衡压（MPa）；

Ψ_w——叶片或枝条的水势（MPa）；

Ψ_s——进入木质部导管汁液的渗透势（MPa，接近于0）。

实验器材

1. 实验材料

植物叶片或带叶片的小枝。

2. 实验器具

压力室、充满压缩氮气（含量95%）钢瓶、剪刀、双面刀片、放大镜、塑料袋、纱布等。

方法与步骤

1. 仪器准备

将压力室高压软管末端与钢瓶的出气口对接。压力室主阀旋转到“关闭”位置。顺时针方向旋紧计量阀。取下压力室的压帽，逆时针旋转压帽上的固定样品螺栓，将压帽竖放在样品处理板的凹槽内。打开高压气瓶的气封阀。在钢筒内侧粘贴一层湿润滤纸，以减少水分蒸发导致的水势下降。

2. 取样

选取一定叶位叶片（或小枝条），从叶柄处切断，切口要平（若室外取样，可将叶片放入塑料袋中，同时放一块潮湿纱布，迅速带回，防止失水）。

3. 测定

将叶片迅速装入夹样器的中央孔中，切口露出垫圈3～5 mm，旋紧螺旋环套。将夹样器迅速放入钢筒内，顺时针方向旋转锁定夹样器。旋转调压三通阀到“加压”位置，打开调节阀，以0.05 $MPa \cdot s^{-1}$的速度加压。左手持放大镜从侧面仔细观察叶片切口处的变化，当切口出现水膜时，迅速关闭调压三通阀，记录压力表读数，即平衡压。旋转三通阀排气，使压力表读数降低0.1～0.2 MPa，再重新测定平衡压。两次测定平均值表示样品水势。

4. 减压

把调压三通阀旋转至“排气”位置，放气，压力表指针退回零位。将夹样器逆时针方向旋转，去除夹样器，再进行第二次样品测定。

注意事项

（1）装样时螺旋环套不要拧得太紧，以免压伤植物组织。

（2）加压速度不能太快，接近叶片水势时加压速度要放慢，以免影响测量精度。

（3）压力室盖一定要关闭到位，测量完成后要排放完压力室内气体，方可打开室盖更换样品。

（4）钢瓶搬运按规则进行，操作时切忌将手和脸放在压力室上方，避免因压力室盖未盖好或材料未固定好滑出，造成伤害。

Ⅱ 露点法

实验目的

学习和掌握露点法测定植物组织水势的原理和方法。

实验原理

植物组织含有水分并具有一定水势，将其放入密封样品室内，水分会从植物组织蒸发到样品室内，经一定时间后，样品室中气体水势（用蒸汽压表示）与植物组织水势相等。因此只要测出样品室内空气的蒸汽压，便可知道植物组织的水势。而空气的蒸汽压与其露点温度具有严格的定量关系，通过测定样品室内空气的露点温度即可得知其蒸汽压。

测量时，首先给仪器样品室热电偶施加反向电流，使热电偶结点降温，当温度降至露点温度时，水蒸气会在结点表面凝结成露，此时切断反向电流，根据热电偶的输出电位记录结点温度变化。开始时，结点温度因热交换平衡而很快上升，随后因结点表面水分蒸发带走热量而使温度保持在露点，呈现短暂的稳定状态，待结点表面水分完全蒸发后，温度再次上升，直至恢复原来的稳定平衡。记录下稳定状态的温度，便可将其换算成待测样品的水势或渗透势。

实验器材

1. 实验材料

新鲜植物叶片。

2. 实验器具

美国 PSYPRO 露点水势仪、刀片、镊子等。

方法与步骤

（1）PSYPRO 露点水势仪与电脑连接。

（2）安装 PSYPRO 露点水势测量系统操作软件。

（3）通过 PSYPRO 露点水势仪上的 8 通道接口连接 L－51 原位叶片探头或 C－52 样品室。

（4）打开 PSYPRO 露点水势仪上的开关按钮，从电脑上通过软件操作界面与 PSYPRO 露点水势仪建立联系。

（5）设置日期和时间，以及 PSYPRO 露点水势仪测试参数（多数为默认值）。

（6）点击软件界面上的 Logging On 按钮，PSYPRO 露点水势测量系统开始测量、记录。

（7）点击操作界面上的“Save PSYPRO Data”从 PSYPRO 露点水势仪下载数据到电

脑，Data File 以 Microsoft Excel 显示。

（8）结果与分析。

①L－51 原位叶片探头、C－52 样品室分别测定某一植物在不同土壤水分条件下的叶片水势，每种叶片水势以 3～5 次稳衡状态水势的平均值为计算结果（单位：MPa），对数据进行比较分析。

②分析用 L－51 原位叶片探头、C－52 样品室分别测定同一叶片水势差异的原因。

注意事项

（1）平衡时间因样品水势而异，样品水势越低，平衡时间越长。平衡时间过短，不能测出正确结果；平衡时间过长，会造成实验误差。

（2）使用 C－52 样品室时，切勿让样品高出或大于样品室小槽。测定完毕后，一定要将样品室顶部的旋钮旋起足够高后才可将样品室的拉杆拉出，否则将损伤热电偶。

Ⅲ　热电偶湿度计法

实验目的

学习和掌握热电偶湿度计法测定植物组织水势的原理和方法。

实验原理

在装有待测样品的密闭室中，插入热电偶湿度计，滴加蒸馏水于热电偶环上。由于样品水势低于纯水，导致热电偶环上水分丧失，经过一段时间后样品室达到平衡状态。热电偶环上水分丧失导致温度略有降低，这种温度变化可转化为电压变化，因而可在纳伏计上读出数字变化，然后据此换算成水势值。

器材与试剂

1. 实验材料

植物叶片、种子等。

2. 实验器具

SC－10A 热电偶湿度计、NT－3 纳伏计、分析天平（0.000 1 g）、移液器、滤纸、烧杯等。

3. 实验试剂

0.05 $mol \cdot L^{-1}$、0.10 $mol \cdot L^{-1}$、0.30 $mol \cdot L^{-1}$、0.50 $mol \cdot L^{-1}$、0.70 $mol \cdot L^{-1}$、0.90 $mol \cdot L^{-1}$、1.00 $mol \cdot L^{-1}$ NaCl（或 KCl）标准溶液。

方法与步骤

1. 仪器检查与连接

打开 NT-3 纳伏计电源开关，将温控指示开关置于“heat”或“cool”位置，当读数低于 -600 nV 时，须更换电池。然后将纳伏计与 SC-10A 热电偶湿度计连接，当纳伏计温控指示开关在“read”位置时，若读数接近零，说明仪器连接正确。

2. 标准曲线制作

（1）转动热电偶湿度计的“选择旋钮”分别位于 1~9 位，用位于下部的升降器取出各个样品杯，在每个样品杯内壁环绕一张已剪好的 45 mm×12 mm（长×宽）左右的滤纸条。用移液器将配置好的系列浓度的 NaCl（或 KCl）标准溶液依次分别加入 1~7 号杯中，加盖，迅速放入样品室 1~7 位。加入的标准液量应以完全湿润滤纸条且盖住杯底为宜。

（2）转动“选择旋钮”到 0 位，用升降器取出上有一个小孔的塑料小杯（大小同样品杯），在上面的小孔内加入蒸馏水后放回原位，同时转动“选择旋钮”使热电偶位于空样杯之上（8 或 9 位）。

（3）经过 15~20 min，热电偶湿度计内部达到热平衡后，转动“选择旋钮”使 0 位在“read”位，用位于热电偶湿度计下部的提升杠杆抬高 0 位的塑料小杯到顶，以湿润热电偶环，迅速归位后转动 1 位到“read”位（对应的标准溶液浓度为 0.05 $mol \cdot L^{-1}$）。同样抬高样品杯到顶以形成一密闭小室，且持续 2 min 左右，当读数稳定后在纳伏计上分别读取电压值及温度值，重新回到 0 位湿润热电偶环后，同样按上述步骤分别读取 2~7 位标准溶液的电压值及温度值。

（4）表 6-3-1 列出不同浓度 NaCl 和 KCl 溶液在 20 ℃（293K）下的水势，可换算成测定温度（T）下的水势 Ψ_T，公式如下：

$$\Psi_T = \Psi_{293} \cdot T/293$$

式中：Ψ_T——测定温度为 T 时的水势（MPa）；

T——测定时的温度（以热力学温度表示，K）。

以水势为横坐标，以相应的纳伏计读数为纵坐标，即可制作水势与电压之间的标准曲线。

表 6-3-1 不同浓度 NaCl 和 KCl 溶液在 20 ℃（293K）下的水势

水势/MPa	浓度/($mol \cdot L^{-1}$)		水势/MPa	浓度/($mol \cdot L^{-1}$)	
	NaCl	KCl		NaCl	KCl
0.05	-0.232	-0.232	0.60	-2.699	-2.622
0.10	-0.454	-0.452	0.70	-3.159	-3.061
0.20	-0.901	-0.888	0.80	-3.618	-3.501
0.30	-1.349	-1.326	0.90	-4.037	-3.931
0.40	-1.793	-1.760	1.00	-4.558	-4.372
0.50	-2.242	-2.190			

3. 样品测定

（1）将不同处理的叶片、种子等加入不同的样品杯内。植物叶片应切成滤纸条大小且环绕内壁，以免污染电偶。

（2）在0位塑料杯加入蒸馏水。

（3）按标准曲线的制作方法进行样品测定，平衡时间应延长至30 min，同时记录电压值及温度值。

（4）如样品测定时的温度与制作标准曲线时的温度相同，则直接在标准曲线上读出水势值；如温度不同，则按下式计算水势。

$$\Psi = \Psi_m\ (1-0.025)\ (T_m - T_c)$$

式中：Ψ——样品实际水势（MPa）；

Ψ_m——标准曲线上读取的水势（MPa）；

T_m——样品测定时的温度（K）；

T_c——标准曲线制作时的温度（K）。

注意事项

（1）虽然SC－10A热电偶湿度计的铝制外壳能保证测定的恒温条件，但测定仍应尽量在温度变化小的环境下进行，且避免直接接触外壳。

（2）测定一般样品时，纳伏计读数开关应在200 μV挡。

（3）校正或测定时，热电偶环应放在空样品室上，否则水分会凝结在热电偶室内而影响读数。

（4）应小心地抬高或降低升降器或提升杠杆，以免污染热电偶而影响测定精度。

（5）加入样品或标准液后，应小心擦净样品室边缘，以免污染热电偶室而影响测定精度。

参考文献

[1] 路文静，李奕松. 植物生理学实验教程［M］. 北京：中国林业出版社，2012.

[2] 刘萍，李明军. 植物生理学实验技术［M］. 北京：科学出版社，2007.

[3] 郝建军，康宗利，于洋. 植物生理学实验技术［M］. 北京：化学工业出版社，2007.

[4] 史树德，孙亚卿，魏磊. 植物生理学实验指导［M］. 北京：中国林业出版社，2011.

[5] 张蜀秋. 植物生理学实验技术教程［M］. 北京：科学出版社，2011.

[6] 侯福林. 植物生理学实验教程［M］. 2版. 北京：科学出版社，2010.

[7] 汤绍虎，罗充. 植物生理学实验教程［M］. 重庆：西南师范大学出版社，2012.

实验 6－4 植物组织渗透势的测定

植物细胞的渗透势主要取决于细胞液的溶质浓度，又称溶质势。渗透势与植物水分代谢、生长及抗性等关系密切。一些植物在干旱、盐渍等条件下，常在细胞内主动积累溶质，以降低其渗透势，增加吸水能力，而在一定程度上维持膨压，保障细胞的生长和气孔的开放，这种现象叫作渗透调节作用。渗透调节能力的大小可用逆境条件下细胞渗透势的降低值来表示。常用测定方法有质壁分离法、冰点下降法等。

Ⅰ 质壁分离法

实验目的

观察植物组织在不同浓度溶液中细胞质壁分离产生过程，了解利用质壁分离法测定植物组织渗透势的原理和方法。

实验原理

植物组织细胞核周围溶液组成一个渗透系统，当细胞放入低水势的溶液中，液泡的水分则向外渗出，原生质体的体积缩小，产生质壁分离现象。当细胞与外界溶液达到渗透平衡时刚好处于临界质壁分离状态，细胞的压力势等于零，细胞的水势等于其渗透势，并与外界溶液渗透势相等，该浓度即为该组织的等渗浓度。

将植物组织投入某一系列浓度梯度溶液中，观察细胞质壁分离现象，细胞处于初始质壁分离状态的等渗浓度将介于引起明显质壁分离（50% 细胞发生质壁分离）的最低浓度和尚不能引起质壁分离的最高浓度之间，将细胞的等渗浓度代入公式即可计算出该植物组织的渗透势。

器材与试剂

1. 实验材料

洋葱鳞茎，紫鸭跖草叶片等。

2. 实验器具

显微镜、移液器、载玻片与盖玻片、温度计、尖头镊子、刀片、培养皿（直径 5 cm）、试剂瓶、小烧杯、容量瓶、量筒、吸水纸、滴管等。

3. 实验试剂

1 mol · L^{-1}蔗糖溶液：称取预先在 60 ~ 80 ℃烘干的蔗糖 34.23 g，溶于蒸馏水中，定容至 100 mL。

实验步骤

1. 系列浓度蔗糖溶液配制

取9套培养皿，用1 mol·L^{-1}蔗糖溶液按表6－4－1所示配制0.10 mol·L^{-1}、0.15 mol·L^{-1}、0.20 mol·L^{-1}、0.25 mol·L^{-1}、0.30 mol·L^{-1}、0.35 mol·L^{-1}、0.40 mol·L^{-1}、0.45 mol·L^{-1}、0.50 mol·L^{-1}蔗糖梯度溶液各10 mL。充分摇匀，盖上培养皿盖备用。

表6－4－1　蔗糖梯度溶液

试剂	培养皿编号								
	1	2	3	4	5	6	7	8	9
1 mol·L^{-1}蔗糖溶液/mL	0.10	0.15	0.20	0.25	0.30	0.35	0.40	0.45	0.50
蒸馏水/mL	9.90	9.85	9.80	9.75	9.70	9.65	9.60	9.55	9.50
蔗糖浓度/mol·L^{-1}	0.10	0.15	0.20	0.25	0.30	0.35	0.40	0.45	0.50

2. 样品处理

用镊子撕取供试材料下表皮（每片约0.50 cm^2），迅速投入不同浓度蔗糖溶液中，每种浓度放4～5片，加盖浸泡5～10 min，同时记录室温。

3. 样品观察

从高到低浓度依次取出材料放在滴有同样溶液的载玻片上，盖上盖玻片，于低倍显微镜下观察确定细胞处于临界质壁分离的外界溶液浓度（即细胞的等渗浓度）。如果所有细胞都产生质壁分离现象，则取低浓度溶液中的材料制片做同样观察。

如果在相邻浓度的材料中，一个未发生质壁分离或质壁分离不足50%，该浓度为未引起细胞发生质壁分离的最高浓度；另一个发生质壁分离的细胞数超过50%，则该浓度为引起细胞明显质壁分离的最低浓度。以上两种浓度的平均值即为该材料细胞的等渗浓度。

4. 结果计算

根据所测得的等渗浓度和室温，计算出等渗溶液的渗透势即为细胞的渗透势。

$$\Psi_w = \Psi_s = -icRT$$

式中：Ψ_w——植物组织细胞渗透势（MPa）；

Ψ_s——溶液的渗透势（MPa）；

i——解离系数（蔗糖＝1）；

c——等渗蔗糖溶液浓度（mol·L^{-1}）；

R——摩尔气体常数（0.008 3 L·MPa·mol^{-1}·K^{-1}）；

T——热力学温度［K，即（273＋t）℃］。

注意事项

（1）表皮组织应全部浸没在蔗糖溶液中。

（2）洋葱鳞茎以紫色的最易于观察质壁分离，其他材料如紫鸭跖草叶片也可代替。

Ⅱ 冰点下降法

实验目的

学习和掌握冰点下降法测定植物组织渗透势的原理和方法。

实验原理

冰点下降法指通过压榨或人工粉碎直接获取细胞汁液（非冰冻损伤获取细胞汁液）并测定其冰点，是测定植物组织渗透势的一种经典方法。根据拉乌尔（Raoult）冰点下降原理，任何溶液，如果其单位体积中溶解的溶质颗粒（分子和离子）总数相同，则引起冰点下降的数值也相同。1 mol 的任何非电解质溶解于 1 000 g 水中，使水的冰点由 0 ℃ 下降至 -1.857 ℃；而 1 mol 的电解质溶解于 1 000 g 水中，其冰点下降值为解离的离子与不解离的分子的总物质的量与 1.857 的乘积，即冰点下降值与溶质的总颗粒数有关。因此，欲求某一溶液的溶质颗粒数，可先测其冰点下降值，按下式计算出结果：

$$Os = \frac{\Delta t}{1.857}$$

式中：Os 为 1 000 g 水中所溶解的溶质颗粒数，即质量摩尔渗透浓度（$mol \cdot kg^{-1}$），也就是总颗粒浓度 ic 值；Δt 为冰点下降值（℃）；1.857 为水的摩尔冰点下降常数（$℃ \cdot kg \cdot mol^{-1}$）。

冰点渗透压计的测量原理是以冰点下降值与溶液的质量摩尔渗透浓度成比例关系为基础，采用高灵敏度的感温原件热敏电阻测量溶液的冰点下降值，并转换为毫渗透压摩尔浓度。

实验器材

1. 实验材料

新鲜植物材料。

2. 实验器具

冰点渗透压计、离心机、液氮罐、移液器、剪刀、注射器、离心管、纱布、吸水纸、锡箔纸等。

方法与步骤

（1）取 1 ~2 g 新鲜植物材料，用湿纱布轻轻擦去表面灰尘，将材料放入洁净的锡箔纸中，立即放入液氮中 5 min，将细胞杀死，也可放入低温冰箱中杀死细胞。

（2）取出材料用剪刀剪碎，放入注射器内，然后加压将细胞液挤出，存于离心管中，放入冰箱冷冻保存，待测。

（3）待测液中若含有较多残破细胞壁、淀粉粒或叶绿体等，可用台式离心机于

5 000 $r \cdot min^{-1}$ 离心 2 min，取上清液测定。

（4）打开冰点渗透压计的电源，按照仪器使用说明用标准液对仪器进行校正。

（5）取 20 μL 待测液加入测定管，放入制冷槽内，按下探头，按“cool”键制冷，约 70 s 后，测定管内发出强振声，同时数字显示器显示数字，待数字稳定后记录读数。提起探头，用吸水纸擦拭干净，在制冷槽内放入另一样品继续测定。

（6）冰点渗透压计已直接将冰点下降值换算成毫渗透压摩尔浓度，根据下式即可计算出溶液或植物细胞的渗透势。

$$\Psi_w = \Psi_s = -CRT$$

式中：Ψ_w——植物组织细胞渗透势（MPa）；

Ψ_s——溶液的渗透势（MPa）；

C——溶液的质量摩尔渗透浓度（$mol \cdot kg^{-1}$），C = 1 000 M，M 为毫渗透压摩尔浓度；

R——摩尔气体常数（0.008 3 $L \cdot MPa \cdot mol^{-1} \cdot K^{-1}$）；

T——热力学温度（K，即 273 + t ℃）。

注意事项

（1）若仪器长期不使用，需校正后再使用。

（2）加样时测定管中不允许有气泡，否则会发生不冻现象。

（3）测量探头的热敏电阻比较容易损坏，在移动测量探头时一定要注意保护。

实验 6－5 叶片气孔密度和面积的测定

实验目的

学习植物叶片气孔密度和气孔面积的测定方法，了解叶片背腹面气孔数量、气孔面积占叶面积的比例。

实验原理

植物蒸腾作用过程中，气孔蒸腾占着极重要的地位，而气孔在叶面上的数目及孔度的大小与气孔蒸腾的强度有密切的关系。可先用显微镜数得每一视野中气孔的数目，而后用物镜测微尺量得视野的直径，求得视野面积，由此计算单位叶面积上气孔的数目。气孔面积的测量借助于显微镜描绘器，在毫米坐标纸上绘图后求得。

器材与试剂

1. 实验材料

新鲜植物叶片。

2. 实验器具

显微镜、物镜测微尺、显微镜描绘器（或绘图仪）、载玻片、盖玻片、坐标纸等。

3. 实验试剂

火棉胶（如有需要）。

方法与步骤

1. 测定气孔数目及密度

将新鲜叶片上（或下）表皮制片，置于显微镜下计算视野中气孔的数目（用低倍镜还是用高倍镜，取决于表皮上气孔的数目）。移动制片，在表皮的不同部位进行 5～6 次计数，求其平均值。随后用物镜测微尺量得视野的直径，算出半径，按圆面积公式即可计算视野面积。用视野中气孔的平均数除以视野面积，即可求出气孔密度，以每平方毫米气孔数表示。

2. 测量气孔面积

测量单位叶面积上气孔的总面积，只要测得一个气孔的平均面积就可以了，因为已求得气孔的密度。

3. 作图

用图钉将坐标纸固定在显微镜右面的桌面上，调节描绘器上的反光镜，使成 45°倾斜，然后调节光线亮度，使气孔与坐标纸的形象在显微镜视野中重合，用铅笔在坐标纸上绘若干个气孔图，这样放大后的气孔面积即可从坐标纸上计算得知。设绘在坐标纸上的气孔面积为 S_1，要求出气孔的实际面积 S_0，还必须知道显微镜的放大倍数。为此，取物镜测微尺置于显微镜下，如前法绘若干测微尺的刻度于坐标纸上，以确定测微尺放大后每一小格刻度的长度。由于物镜测微尺每一小格刻度的实际长度（l）为 10 μm 是已知的，所以显微镜的放大倍数即可求得。例如，测微尺放大后每一小格刻度相当于坐标纸上的 5 mm，那么显微镜的放大倍数即为 500。

确定了测微尺每一小格长度的放大倍数 N 后，还需要算出其面积的放大倍数，然后用比例法即可求得气孔的实际面积。

$$S_0 = \frac{S_1 S_2}{S_3} = \frac{S_1 l^2}{(NL)^2} \times 10^6 = \frac{S_1}{N^2} \times 10^6$$

式中：S_0——气孔的实际面积（μm^2）；

S_1——坐标纸上的气孔面积（mm^2）；

S_2——物镜测微尺上每一小格的实际面积（μm^2）；

S_3——物镜测微尺上每一小格放大后的面积（mm^2）。

注意事项

表皮不易撕开的叶片，可用火棉胶制取叶片表面模型，然后进行测定。

参考文献

[1] 张志良，瞿伟菁，李小方. 植物生理学实验指导 [M]. 4 版. 北京：高等教育出版社，2009.

[2] 汤绍虎，罗充. 植物生理学实验教程 [M]. 重庆：西南师范大学出版社，2012.

实验 6-6　K^+ 对气孔开度的影响

实验目的

观察 K^+ 是怎样影响气孔开关的，以加深对“气孔运动 - K^+ 积累学说”的理解。

实验原理

保卫细胞的渗透系统受 K^+ 调节。光照条件下保卫细胞中的叶绿体通过光合磷酸化生成三磷酸腺苷（ATP），ATP 驱动质膜上的 K^+ - H^+ 泵，使保卫细胞能逆浓度梯度从周围表皮细胞吸收 K^+，或从外界溶液中吸收 K^+，从而降低其渗透势，使气孔开放。

器材与试剂

1. 实验材料

新鲜蚕豆叶片。

2. 实验器具

显微镜、尖头镊子、碘钨灯、培养皿、载玻片、盖玻片等。

3. 实验试剂

0.5% KNO_3 溶液、0.5% $NaNO_3$ 溶液。

方法与步骤

（1）实验前 1 h，用 2 只 1 000 W 碘钨灯对盆栽蚕豆进行照光处理，其间随时用水喷洒叶片，以保持叶片湿润，促进气孔开放。

（2）取同一蚕豆叶片表皮若干，放入分别盛有 15 mL 0.5% KNO_3 溶液、15 mL 0.5% $NaNO_3$ 溶液与 15 mL 蒸馏水的 3 个培养皿中，然后在 1 000 W 碘钨灯下照光 1 ~ 1.5 h。

（3）分别取出叶表皮放在载玻片上，加盖玻片，在显微镜下观察气孔的开度。

注意事项

（1）实验前应给材料预照光，促使气孔适度开放，这样可缩短实验时间，提高处理效应。

（2）室温低时，将照光培养皿放置得离光源稍近一些，使培养皿中溶液温度能上升至 30 ~ 35 ℃。

参考文献

郝建军，康宗利，于洋. 植物生理学实验技术［M］. 北京：化学工业出版社，2007.

实验 6－7 植物水分利用效率的测定

Ⅰ 单叶水分利用效率的测定

实验目的

学习和了解单叶水分利用效率（*WUE*）的测定方法。

实验原理

单叶水分利用效率又称瞬时水分利用效率，用单叶净光合速率 P_n 和蒸腾速率 T_r 之比 P_n/T_r 表示；也可用单叶净光合速率 P_n 与气孔导度 C_s 之比 P_n/C_s（内在水分利用效率）来表示，即 $WUE = P_n/T_r$ 或 $WUE = P_n/C_s$。

实验器材

1. 实验材料

田间或盆栽生长健壮的植物叶片。

2. 实验器具

LI－6400XT 光合作用仪。

方法与步骤

人工或自然光照条件下，用 LI－6400XT 光合作用仪同时测定植株同一叶片的净光合速率 P_n 和蒸腾速率 T_r 或气孔导度 C_s，然后计算单叶水分利用效率。

Ⅱ 个体或群体水分利用效率的测定（碳同位素法）

实验目的

学习和了解利用碳同位素测定个体或群体水分利用效率的方法。

实验原理

自然条件下有两种稳定碳同位素，即^{12}C（98.89%）和^{13}C（1.11%）。不同植物对两种碳同位素辨别率（Δ）不同。已知单叶水分利用效率 $WUE = P_n/T_r = (c_a - c_i)/1.6W$，而 C_3 植物 $\Delta = [0.44\% + (-2.26\%)]\ c_i/c_a$。

式中：P_n——净光合速率（$\mu moL\ CO_2 \cdot m^{-2} \cdot s^{-1}$）；

T_r——蒸腾速率（$mmoL\ H_2O \cdot m^{-2} \cdot s^{-1}$）；

c_a——空气 CO_2浓度（$\mu moL\ CO_2 \cdot moL^{-1}$）；

c_i——叶肉细胞间隙 CO_2浓度（$\mu moL\ CO_2 \cdot moL^{-1}$）；

W——空气和叶肉细胞间水蒸气浓度差（$mmoL\ H_2O \cdot moL^{-1}$）。

由于Δ与c_i的关系及c_i与 *WUE* 的关系，Δ也能表示植物水分利用效率的高低。Δ与群体 *WUE* 间呈显著负相关，且在不同植物物种、品种、生长条件下皆存在，因此可作为植物水分利用特征指标。另外，Δ是 c_i 在时间和空间上的积分，与植物生长力之间有很强的相关性，所以可避免测定单叶 WUE 方法的不足。

器材与试剂

1. 实验材料

田间或盆栽生长健壮的植物叶片。

2. 实验器具

同位素比质谱仪、电热鼓风干燥箱、粉碎机、分析天平（0.000 1 g）、剪刀、样品瓶、100 目筛、玻璃管等。

3. 实验试剂

混合氧化剂、液氮等。

方法与步骤

1. 样品采集

将植物叶片放在电热鼓风干燥箱 80 ℃下烘干 48 h，研磨并过 100 目筛后，装样品瓶备用。

2. 样品制备

称取 1～20 mg 过筛样品，装于玻璃管内，充氧，加混合氧化剂（$CuO : MnO_2 : CuCl_2 = 5:1:1$，质量比），密封后于 800 ℃下氧化。生成的 CO_2气体在真空系统中以开管器启封，于液氮下收集，以除去多余 O_2，进一步去水纯化后，存于密封样品管并置液氮中待测。

3. $^{13}C/^{12}C$ 分析

用同位素比质谱仪分析样品及样品生长地的空气 CO_2中的$^{13}C/^{12}C$ 比值，以 PDB 化石的$^{13}C/^{12}C$比值为标准，按公式$\delta^{13}C/\delta^{12}C = [(R_s - R_{st})/R_{st}] \times 1\,000$，分别计算空气及样品中的$^{13}C/^{12}C$比值。其中，$R_s$为样品或空气中45/44同位素绝对量之比；$R_{st}$为PDB中45/44同位素绝对量之比。若为负值，则表示样品中的^{13}C少于PDB中的^{13}C。

4. 同位素辨别率计算

$$\Delta = \frac{(\delta^{13}C_a - \delta^{13}C_s)}{1 + (\delta^{13}C_a/1\,000)}$$

注意事项

（1）农学上的水分利用率指的是蒸腾蒸发效率，是生物产量或籽粒产量与同期蒸腾蒸发量之比，与文中所说的水分利用效率不同。前者更接近田间实际情况，后者更好地反映植物本身的性能。

（2）单叶水分利用效率仅反映测定时的植物本身性能，而群体水分利用效率则是一段时间内植物适应其生长环境的反映，与最终生产力关系更密切。

参考文献

汤绍虎，罗充. 植物生理学实验教程［M］. 重庆：西南师范大学出版社，2012.

第七章 营养生理

实验 7－1 植物氮、磷、钾含量的测定

氮、磷、钾（N、P、K）被称为植物体的“生命元素”，其代谢在植物新陈代谢中占主导地位。植物体中的 N、P、K 通过硫酸－过氧化氢（$H_2SO_4-H_2O_2$）消化，均转变成可测的离子态（NH_4^+、PO_4^{3-}、K^+），然后采用相应方法分别测定其含量。

Ⅰ 全氮含量测定（凯氏定氮法）

实验目的

掌握 $H_2SO_4-H_2O_2$ 消煮法测定植物全氮含量的方法及凯氏定氮仪操作方法。

实验原理

植物组织中的含氮化合物与浓硫酸一起加热消化，有机氮转变成无机铵盐，经过碱化蒸馏转化为氨，被过量硼酸吸收，最后以甲基红－溴甲酚绿做指示剂，使用标准盐酸溶液滴定，滴定消耗的标准盐酸的量即为氨的量，通过计算得出样品含氮量。消化过程可加入 H_2O_2 加速有机物质分解。反应如下：

$$(NH_4)_2SO_4+2NaOH=2NH_3+2H_2O+Na_2SO_4$$

$$2NH_3+4H_3BO_3=(NH_4)_2B_4O_7+5H_2O$$

$$(NH_4)_2B_4O_7+2HCl+5H_2O=2NH_4Cl+4H_3BO_3$$

器材与试剂

1. 实验材料

待测植物样品。

2. 实验器具

FOSS Kjeltec™ 2300 全自动凯氏定氮仪、分析天平（0.000 1 g）、100 目筛、消化炉、消化管、移液管、容量瓶、烧杯等。

3. 实验试剂

（1）浓硫酸。

（2）30% H_2O_2。

（3）0.1 mol · L^{-1}HCl 标准溶液。

（4）10 mol · L^{-1} NaOH 溶液：称取 NaOH 400 g 于玻璃烧杯中，加入 500 mL 无 CO_2 蒸馏水溶解，冷却后，用无 CO_2蒸馏水定容至 1 000 mL，贮于塑料瓶中备用（储存期间避免与大气 CO_2接触）。

（5）混合指示剂：称取 0.099 g 溴甲酚绿和 0.066 g 甲基红溶于 100 mL 95% 乙醇中。

（6）硼酸 - 混合指示剂：称取硼酸 20 g 于 950 mL 热蒸馏水中，冷却后，加入 20 mL 混合指示剂，充分混匀后，小心滴加 0.1 mol · L^{-1} NaOH 溶液，直至溶液呈紫红色（pH≈4.5），最后加蒸馏水定容至 1 000 mL，将溶液充分混匀后，贮于塑料瓶中备用。若滴定时酸的浓度大于 0.01 mol · L^{-1}，亦可用另一硼酸 - 混合指示剂。配制方法同上，只是改用 5 mL 另一浓度的混合指示剂（0.5 g 溴甲酚绿和 0.1 g 甲基红溶于 100 mL 95% 乙醇）中。

方法与步骤

1. 样品消化

准确称取风干后并过 100 目筛的样品粉末 0.200 0 g，装入 100 mL 消化管，加 5 mL 浓 H_2SO_4并摇匀，放置约 30 min，然后加入 3 滴 H_2O_2，消化炉上消煮 20 min，将消化管取出，冷却后再加 2 滴 H_2O_2，摇匀后再消煮 20 min，消煮至样品呈白色或灰白色，消煮液呈透明无色或淡蓝色为止。若样品液体仍未完全褪色，可取下消化管冷却后，再补加 1 ~2 滴 H_2O_2，继续消煮。消煮完毕后，冷却，将消化液稀释后过滤转入 100 mL 容量瓶，用蒸馏水多次洗涤消化管，逐次过滤转入容量瓶，用蒸馏水定容至 100 mL 后转移至塑料瓶中备用（H_2SO_4 - H_2O_2 法消化后的澄清液），此即待测液。空白管除不加样品外，其他步骤同上。

2. 样品测定

准确吸取 10 mL 待测液至 100 mL 消化管中，利用 FOSS Kjeltec™ 2300 全自动凯氏定氮仪测定全氮含量（%），通过稀释倍数换算可得植物样品全氮含量（%）。

注意事项

（1）样品应放入消化管底部，若样品黏附在管颈或管壁上，用少量蒸馏水冲下，以免样品消化不完全，导致测定结果偏低。

（2）消化过程中保持轻轻沸腾，火力集中在消化管底部，以免附在管壁的蛋白质在无硫酸存在的情况下不能彻底消化，使氮有所损失。

（3）H_2O_2 的用量应视消化液颜色深浅而定，切记不可过量，以免反应剧烈引起喷溅而造成氮的损失。

（4）混合指示剂最好在使用时才与硼酸溶液混合，其 pH 应调至 4.5（变色点），如混合过久则可能有指示终点不灵敏的现象发生。

Ⅱ　全磷含量测定（钼锑抗比色法）

实验目的

掌握植物全磷含量的测定方法。

实验原理

高温条件下，植物中的有机磷化合物与高沸点的硫酸和强氧化剂过氧化氢作用，完全分解后全部转化为正磷酸盐而进入溶液，然后用钼锑抗比色法测定全磷含量。在酸性环境中，正磷酸根和钼酸铵反应生成磷钼杂多酸络合物［$H_3P(Mo_3O_{10})_4$］，在锑剂存在下，用抗坏血酸将其还原生成蓝色的络合物再进行比色。

器材与试剂

1. 实验材料

待测植物样品。

2. 实验器具

分光光度计、分析天平（0.000 1 g）、移液管、容量瓶、烧杯等。

3. 实验试剂

（1）2，4－二硝基酚指示剂：称取0.25 g 2，4－二硝基酚加蒸馏水溶解后，定容至100 mL。

（2）4 $mol \cdot L^{-1}$ Na_2CO_3溶液：称取42.4 g Na_2CO_3加蒸馏水溶解后，定容至100 mL。

（3）0.5%酒石酸氧锑钾溶液：称取0.5 g酒石酸氧锑钾加蒸馏水溶解后，定容至100 mL。

（4）钼锑贮存液：量取浓H_2SO_4 153 mL，缓缓倒入约400 mL蒸馏水中，同时搅拌，放置冷却。另称钼酸铵10 g溶于300 mL 60℃的蒸馏水中，放置冷却。将配好的硫酸溶液缓缓倒入钼酸铵溶液中，同时搅拌。随后加入0.5%酒石酸氧锑钾溶液100 mL，最后用蒸馏水定容至1 000 mL，充分摇匀，避光贮存。

（5）钼锑抗显色剂：称取1.50 g左旋抗坏血酸溶于100 mL钼锑贮存液中，充分摇匀。此液须现配现用，有效期为24 h。

（6）磷标准溶液：准确称取在电热鼓风干燥箱中105 ℃烘干的分析纯磷酸二氢钾0.219 5 g溶于400 mL水中，加浓H_2SO_4 5 mL，移入1 000 mL容量瓶中，加水至刻度。此溶液为50 $mg \cdot L^{-1}$磷标准溶液。吸取上述磷标准溶液25 mL，稀释至250 mL，即为5 $mg \cdot L^{-1}$磷标准溶液。

方法与步骤

1. 样品消化

同本实验Ⅰ全氮含量测定（凯氏定氮法）。

2. 标准曲线制作

分别吸取 5 $mg \cdot L^{-1}$磷标准溶液 0、0.5、1、2、3、4、5 mL 至 25 mL 容量瓶中，加水至约 10 mL，然后加入空白试验定容后的消煮液 5 mL 和钼锑抗显色剂 2.5 mL，用蒸馏水定容至 25 mL，摇匀。各瓶比色液磷浓度分别为 0 $mg \cdot L^{-1}$、0.1 $mg \cdot L^{-1}$、0.2 $mg \cdot L^{-1}$、0.4 $mg \cdot L^{-1}$、0.6 $mg \cdot L^{-1}$、0.8 $mg \cdot L^{-1}$、1.0 $mg \cdot L^{-1}$。30 min 后在分光光度计 700 nm 处比色，读出吸光度值，并绘制磷标准曲线。

3. 样品测定

吸取待测液 5 mL 至 25 mL 容量瓶中，用水稀释至 15 mL 左右，加 2，4－二硝基酚指示剂 2 滴，滴加 4 $mol \cdot L^{-1}$ Na_2CO_3溶液直至溶液转为微黄色，然后加入钼锑抗显色剂 2.5 mL，用蒸馏水定容至 25 mL，摇匀，在室温高于 15 ℃下静置 30 min 后，用分光光度计在波长 700 nm 处比色。以空白试验溶液为参比调零，读取吸光度值。

4. 结果计算

$$\omega(P) = \frac{\rho \times V \times ts \times 10^{-6}}{m} \times 100\%$$

式中：$\omega(P)$——烘干植物样品中全磷的质量分数（%）；

ρ——从标准曲线查得显色液中磷的浓度（$mg \cdot L^{-1}$）；

V——显色液的体积（mL）；

ts——分取倍数，原待测液总体积与吸取的待测液体积之比；

m——烘干植物样品的质量（g）；

10^{-6}——将 mg 换算成 g 及将 mL 换算成 L 的系数。

注意事项

（1）滴加 Na_2CO_3溶液至刚好转为微黄色即可，边滴边轻轻摇匀，以便充分混合并显色。显色不完全或不显色，均会影响测定结果。

（2）显色时间不宜过长，以免蓝色褪去，导致实验失败。

（3）钼锑抗比色法要求显色温度为 15～60 ℃，如果室温低于 15 ℃，可将其放置电热鼓风干燥箱中 30～40 ℃保温 30 min，取出冷却后比色。

Ⅲ 全钾含量测定（火焰光度法）

实验目的

掌握植物全钾含量的测定方法及原子吸收分光光度计的操作方法。

实验原理

含钾溶液雾化后与可燃气体混合燃烧，其中钾离子（基态）接受能量后，外层电子发生能级跃迁，呈激发态，由激发态变成基态过程中发射出特定波长的光线（称特征谱线）。用单色器或滤光片将该光线分离出来，并通过光电检测器测出其数值。该数值与火焰中含有的钾离子数量成比例关系，据此可计算出钾的含量。

器材与试剂

1. 实验材料

待测植物样品。

2. 实验器具

原子吸收分光光度计、移液器、容量瓶、塑料瓶、样品管、烧杯等。

3. 实验试剂

100 mg · L^{-1}钾标准溶液。

方法与步骤

1. 样品消化

同本实验Ⅰ全氮含量测定（凯氏定氮法）。

2. 标准曲线制作

以100 mg · L^{-1}钾标准溶液配制0、5 mg · L^{-1}、10 mg · L^{-1}、20 mg · L^{-1}、30 mg · L^{-1}、50 mg · L^{-1}、70 mg · L^{-1}系列浓度钾标准使用液各250 mL，贮于塑料瓶中备用。吸取上述已知浓度的钾标准使用液各10 mL，用原子吸收分光光度计进行测定，并绘制钾标准曲线。

3. 样品测定

吸取待测液2 mL到10 mL样品管中，然后加8 mL蒸馏水摇匀，10 min后用原子吸收分光光度计进行测定。

4. 结果计算

$$\omega(\mathrm{K}) = \frac{\rho \times V \times ts \times 10^{-6}}{m} \times 100\%$$

式中：$\omega(K)$——烘干植物样品中全钾的质量分数（%）；

ρ——从标准曲线查得的测定液中钾的浓度（$mg \cdot L^{-1}$）；

V——测定液的体积（mL）；

ts——分取倍数，原待测液总体积与吸取的待测液体积之比；

m——烘干植物样品的质量（g）；

10^{-6}——将 mg 换算成 g 及将 mL 换算成 L 的系数。

注意事项

（1）严格按照原子吸收分光光度计的操作手册操作，熟悉易燃易爆气体相关规定及注意事项，熟练操作仪器。

（2）在原子吸收分光光度计点火前，应再次核查燃气和助燃气压力是否正常。

参考文献

[1] 鲁如坤. 土壤农业化学分析方法 [M]. 北京：中国农业科技出版社，2000.

[2] 路文静，李奕松. 植物生理学实验教程 [M]. 北京：中国林业出版社，2012.

[3] 汤绍虎，罗充. 植物生理学实验教程 [M]. 重庆：西南师范大学出版社，2012.

实验 7-2　植物钙、镁、硫全量的测定

Ⅰ　植物钙、镁全量的测定

实验目的

学习和掌握植物组织中钙、镁全量的测定原理及方法。

实验原理

采用硝酸-高氯酸（HNO_3-HClO_4）消煮法消煮植物样品。由于 HNO_3 和 $HClO_4$ 具有强氧化性，样品消煮时其中的有机物很快被氧化分解，而钙、镁元素则转化为简单可测的离子态可溶性化合物，可用原子吸收分光光度计进行测定。测定时加入镧盐可消除硅、铝、磷酸根等的干扰。

器材与试剂

1. 实验材料

待测植物样品。

2. 实验器具

原子吸收分光光度计、消化炉、分析天平（0.000 1 g）、移液器、电热板、三角瓶、漏斗、移液管、容量瓶等。

3. 实验试剂

（1）浓 HNO_3。

（2）60% $HClO_4$。

（3）稀 HCl（1∶1）：浓 HCl 与蒸馏水按 1∶1 体积比混合。

（4）1 000 $mg \cdot L^{-1}$钙标准溶液：称取 2.497 g $CaCO_3$（分析纯，在 110 ℃烘 4 h）溶于少量 1 $moL \cdot L^{-1}$ HCl 溶液中，煮沸赶去 CO_2，用蒸馏水洗入 1 000 mL 容量瓶中后定容。或直接购买钙标准溶液。

（5）1 000 $mg \cdot L^{-1}$镁标准溶液：称取 1.000 0 g 金属镁（分析纯）溶于少量 6 $moL \cdot L^{-1}$ HCl 溶液中，用蒸馏水洗入 1 000 mL 容量瓶中后定容。或直接购买镁标准溶液。

（6）50 $g \cdot L^{-1}$氯化镧溶液：称取 13.40 g $LaCl_3 \cdot 7H_2O$ 加蒸馏水溶解，定容至 100 mL。

方法与步骤

1. 样品消化

称取烘干磨细的植物样品 0.500 0 g 于 150 mL 三角瓶中，加入 5 mL 浓 HNO_3充分浸泡，然后加入 1.5 mL 60% $HClO_4$，瓶口盖以小漏斗，在电热板上加热，待停止起泡沫后继续加热至浓 HNO_3几乎被蒸尽。如果发生碳化，冷却后再加入 5 mL 浓 HNO_3继续加热蒸发，直至冒白烟为止。冷却后加入 5 mL 稀 HCl（1∶1）溶解，转入 25 mL 容量瓶内，加水定容待测。同时做空白对照。

2. 标准曲线制作

首先把 1 000 $mg \cdot L^{-1}$ Ca 标准液稀释 10 倍，把 1 000 $mg \cdot L^{-1}$ Mg 标准液稀释 100 倍，然后吸取 100 $mg \cdot L^{-1}$ Ca 标准溶液 0 mL、0.5 mL、1、1.5 mL、2 mL、2.5 mL 和 10 $mg \cdot L^{-1}$ Mg 标准溶液 0 mL、0.5 mL、1 mL、1.5 mL、2 mL、2.5 mL，将上述相同体积的 Ca、Mg 标准溶液置于同一个 25 mL 容量瓶中，加入 5 mL 稀 HCl（1∶1）溶液，再加入镧溶液 0.5 mL，用蒸馏水定容，得到 0（0）$mg \cdot L^{-1}$、2（0.2）$mg \cdot L^{-1}$、4（0.4）$mg \cdot L^{-1}$、6（0.6）$mg \cdot L^{-1}$、8（0.8）$mg \cdot L^{-1}$、10（1.0）$mg \cdot L^{-1}$ Ca（Mg）混合标准系列溶液，用原子吸收分光光度计测定 Ca（422.7 nm）和 Mg（285.2 nm），并分别绘制 Ca、Mg 标准曲线。

3. 样品测定

吸取待测液 1.0 ~ 2.5 mL（含 Ca 0.1 ~ 0.5 mg，Mg 0.01 ~ 0.05 mg）于 25 mL 容量瓶中，加入氯化镧溶液 1 mL，用蒸馏水定容后即可用原子吸收分光光度计进行测定。

4. 结果计算

$$\omega(\mathrm{Ca})\text{ 或 }\omega(\mathrm{Mg}) = \frac{\rho \times V \times ts \times 10^{-6}}{m} \times 100\%$$

式中：$\omega(Ca)$ 或 $\omega(Mg)$ ——烘干植物样品中全钙或全镁的质量分数（%）；

ρ——从标准曲线查得的测定液中钙或镁的质量浓度（$mg \cdot L^{-1}$）；

V——测定液的体积（mL）；

ts——分取倍数，原待测液总体积与吸取的待测液体积之比；

m——烘干植物样品的质量（g）；

10^{-6}——将 mg 换算成 g 及将 mL 换算成 L 的系数。

注意事项

（1）若样品中所测元素的含量超出标准溶液的浓度范围，应适当稀释样品液或提高用于绘制标准曲线的标准溶液浓度。

（2）制作标准曲线的工作条件应与测定样品时完全相同。

Ⅱ 植物全硫含量的测定

实验目的

学习和掌握植物组织中全硫含量的测定原理及方法。

实验原理

采用 HNO_3-HClO_4 消煮法消煮植物样品。先以浓 HNO_3 在常温下长时间（过夜）消化植物样品，然后增温至 150 ℃继续消煮 1 h，最后加 $HClO_4$，再消煮 2 h，使样品充分分解，有机硫氧化成 SO_4^{2-} 存在于溶液中，加入 $BaCl_2 \cdot 2H_2O$ 细晶粒，产生 $BaSO_4$ 沉淀，于 440 nm 处用分光光度计进行比浊，测定溶液中硫的含量。

器材与试剂

1. 实验材料

待测植物样品。

2. 实验器具

消化炉、分光光度计、分析天平（0.000 1 g）、电磁搅拌器、移液器、消煮管、容量瓶、烧杯、漏斗等。

3. 实验试剂

（1）浓 HNO_3。

（2）60% $HClO_4$。

（3）浓 HCl。

（4）20% HCl。

（5）缓冲盐溶液：40 g $MgCl_2 \cdot 6H_2O$、4.1 g NaAc、0.83 g KNO_3 和 28 mL 95% 乙醇，

用蒸馏水溶解后定容至 1 L。

（6）$BaCl_2 \cdot 2H_2O$ 细晶粒：筛取 0. 25 ~0. 5mm 的晶粒。

（7）50 mg · L^{-1}硫标准溶液：称取 0. 271 8 g K_2SO_4于烧杯中，加蒸馏水溶解并定容至 1 L。

方法与步骤

1. 样品消化

称取过 0. 5 mm 筛的植物样品 0. 300 0 ~ 0. 400 0 g 于消煮管中，加入 2 个玻璃珠和 3 mL 浓 HNO_3。管口加盖小漏斗，放置过夜。然后放入消化炉中加热 150 ℃消煮 1 h。通过小漏斗加入 2 mL $HClO_4$，慢慢加热至 235 ℃消煮 2 h。除去漏斗，加 1 mL HCl，在 150 ℃ 下加热 20 min。取下消煮管，冷却后加入 35 mL 蒸馏水和 10 mL 缓冲盐溶液，定容至 50 mL。同时做空白对照。

2. 标准曲线制作

分别吸取 50 mg · L^{-1}硫标准溶液 0、2、4、8、12、16、20 mL 于 50 mL 容量瓶中，稀释至 30 mL，加 10 mL 缓冲盐溶液和 2 mL 20% HCl 溶液，定容至 50 mL。倒入烧杯中，加 0. 3 g $BaCl_2 \cdot 2H_2O$ 细晶粒，于电磁搅拌器上搅拌 1 min。取下静置 1 min，用分光光度计在波长 440 nm 下，3 cm 比色槽比浊，并绘制硫标准曲线。

3. 样品测定

将待测液过滤至 150 mL 烧杯中（或取待测液 40 mL 至 150 mL 烧杯中，加 10 mL 缓冲盐溶液），加 0. 3 g $BaCl_2 \cdot 2H_2O$ 晶粒，于电磁搅拌器上搅拌 1 min。取下静置 1 min，同上法比浊。

4. 结果计算

$$\omega(S) = \frac{\rho \times V \times ts \times 10^{-6}}{m} \times 100\%$$

式中：$\omega(S)$ ——烘干植物样品中全硫的质量分数（%）；

ρ——从标准曲线查得的测定液中硫的质量浓度（mg · L^{-1}）；

V——比浊液的体积（mL）；

ts——分取倍数，原待测液总体积与吸取的待测液体积之比；

m——烘干植物样品的质量（g）；

10^{-6}——将 mg 换算成 g 及将 mL 换算成 L 的系数。

注意事项

同本实验 I 植物钙、镁全量的测定。

参考文献

鲁如坤. 土壤农业化学分析方法［M］. 北京：中国农业科技出版社，2000.

实验 7－3 植物微量元素的测定

实验目的

学习和掌握植物组织微量元素的测定原理及方法。

实验原理

植物样品经 HNO_3-HClO_4 消煮后，可将样品中各种金属元素提取出来。根据所测定的金属元素选用相应的空心阴极灯，利用原子吸收分光光度计即可测出样品中锰、铁、铜、锌等金属元素的含量。

器材与试剂

1. 实验材料

待测植物样品。

2. 实验器具

同实验 7－2 Ⅰ植物钙、镁全量的测定。

3. 实验试剂

（1）10 mg·L^{-1}锰标准溶液：称取 0.274 9 g 无水硫酸锰（将 $MnSO_4 \cdot 7H_2O$ 于 150 ℃烘干，移入高温电炉中于 400 ℃灼烧 6 h）溶于水，加入 1 mL 浓 H_2SO_4 后移入 100 mL 容量瓶中，用蒸馏水定容后得 1 000 mg·L^{-1}锰贮备液，分取 1 mL 锰贮备液，用蒸馏水稀释至 100 mL，即得 10 mg·L^{-1}锰标准溶液。

（2）10 mg·L^{-1}铁标准溶液：称取 0.100 0 g 光谱纯铁丝，溶于 20 mL 0.6 mol·L^{-1} HCl 溶液，必要时加热使之熔解，移入 100 mL 容量瓶中，用蒸馏水定容得 1 000 mg·L^{-1}铁贮备液，分取 1 mL 锰贮备液；用蒸馏水稀释至 100 mL，即得 10 mg·L^{-1}铁标准溶液。

（3）10 mg·L^{-1}铜标准溶液：称取 0.392 8 g 五水硫酸铜（$CuSO_4 \cdot 5H_2O$）溶于 0.5 mol·L^{-1} H_2SO_4 溶液，移入 100 mL 容量瓶中，用蒸馏水定容得 1 000 mg·L^{-1}铜贮备液，分取 1 mL 铜贮备液，用蒸馏水稀释至 100 mL，即得 10 mg·L^{-1}铜标准溶液。

（4）10 mg·L^{-1}锌标准溶液：称取 0.100 0 g 金属锌溶于 50 mL 蒸馏水和 1 mL 浓 H_2SO_4 中，移入 100 mL 容量瓶中，加蒸馏水定容得 1 000 mg·L^{-1}锌贮备液，分取 1 mL 锌贮备液，用蒸馏水稀释至 100 mL，即得 10 mg·L^{-1}锌标准溶液。

其他试剂同实验 7－2 Ⅰ植物钙、镁全量的测定。

方法与步骤

1. 样品消化

同实验7-2 Ⅰ植物钙、镁全量的测定。

2. 标准曲线制作

（1）系列浓度锰标准使用液：分别吸取10 mg·L^{-1}锰标准溶液0 mL、2.5 mL、5.0 mL、10 mL、15 mL、20 mL至25 mL容量瓶中，各加入2 mL稀HCl（1∶1），用蒸馏水定容，即得0 mg·L^{-1}、1 mg·L^{-1}、2 mg·L^{-1}、4 mg·L^{-1}、6 mg·L^{-1}、8 mg·L^{-1}系列浓度锰标准使用液。

（2）系列浓度铁标准使用液：分别吸取10 mg·L^{-1}铁标准溶液1 mL、2 mL、4 mL、6 mL、8 mL、10 mL至25 mL容量瓶中，各加入2 mL稀HCl（1∶1），用蒸馏水定容，即得0.4 mg·L^{-1}、0.8 mg·L^{-1}、1.6 mg·L^{-1}、2.4 mg·L^{-1}、3.2 mg·L^{-1}、4.0 mg·L^{-1}系列浓度铁标准使用液。

（3）系列浓度铜标准使用液：分别吸取10 mg·L^{-1}铜标准溶液0.25 mL、1 mL、2 mL 、4 mL、6 mL、8 mL、10 mL至25 mL容量瓶中，各加入2 mL稀HCl（1∶1），用蒸馏水定容，即得0.1 mg·L^{-1}、0.4 mg·L^{-1}、0.8 mg·L^{-1}、1.6 mg·L^{-1}、2.4 mg·L^{-1}、3.2 mg·L^{-1}、4.0 mg·L^{-1}系列浓度铜标准使用液。

（4）系列浓度锌标准使用液：分别吸取10 mg·L^{-1}锌标准溶液0 mL、2 mL、4 mL、6 mL、8 mL、10 mL至25 mL容量瓶中，各加入2 mL稀HCl（1∶1），用蒸馏水定容，即得0 mg·L^{-1}、0.8 mg·L^{-1}、1.6 mg·L^{-1}、2.4 mg·L^{-1}、3.2 mg·L^{-1}、4.0 mg·L^{-1}系列浓度锌标准使用液。

分别吸取上述标准使用液10 mL于进样管中，在原子吸收分光光度计上测定锰（279.5 nm）、铁（248.3 nm）、铜（324.7 nm）、锌（213.8 nm）的吸光度值。以浓度为横坐标，吸光度值为纵坐标，绘制各元素标准曲线。

3. 样品测定

吸取待测液10 mL于进样管中，与标准曲线制作相同工作条件下，在原子吸收分光光度计上测定锰、铁、铜、锌的吸收值。

4. 结果计算

$$\omega(\mathrm{Mn})/\omega(\mathrm{Fe})/\omega(\mathrm{Cu})/\omega(\mathrm{Zn}) = \frac{\rho \times V \times ts \times 10^{-6}}{m} \times 100\%$$

式中：$\omega(\mathrm{Mn})/\omega(\mathrm{Fe})/\omega(\mathrm{Cu})/\omega(\mathrm{Zn})$——烘干植物样品中全锰（铁、铜、锌）的质量分数（%）；

ρ——从标准曲线查得的待测液中锰（铁、铜、锌）的质量浓度（mg·L^{-1}）；

V——待测液的体积（mL）；

ts——分取倍数，原待测液总体积与吸取的待测液体积之比；

m——烘干植物样品的质量（g）；

10^{-6}——将mg换算成g及将mL换成L的系数。

注意事项

同实验7－2 Ⅰ植物钙、镁全量的测定。

参考文献

鲁如坤. 土壤农业化学分析方法［M］. 北京：中国农业科技出版社，2000.

实验7－4 硝态氮与铵/胺态氮含量的测定

高等植物根系吸收氮素以无机氮（硝态氮和铵态氮）为主。硝态氮被吸收后必须还原成铵，方能被同化利用；铵态氮被吸收后，可直接同化为氨基酸。硝态氮是植物最主要的氮源，植物体内的硝态氮含量可反映土壤氮素供应情况。当蔬菜作物被摄入人体后，其所含的硝酸盐在一定条件下可转化为亚硝酸盐而危害人体健康。因此，测定植物体内硝态氮含量，不仅能反映植物氮素营养状况，还对蔬菜及其加工品品质鉴定具有重要意义。

Ⅰ 硝态氮含量测定（水杨酸法）

实验目的

熟悉植物体内硝态氮（NO_3^-—N）含量的测定原理和方法。

实验原理

强酸条件下，NO_3^-与水杨酸反应，生成硝基水杨酸。硝基水杨酸在碱性条件下（$pH > 12$）呈黄色，在410 nm波长处有最大吸收峰，其颜色深浅与含量成正比，可用分光光度计测定。

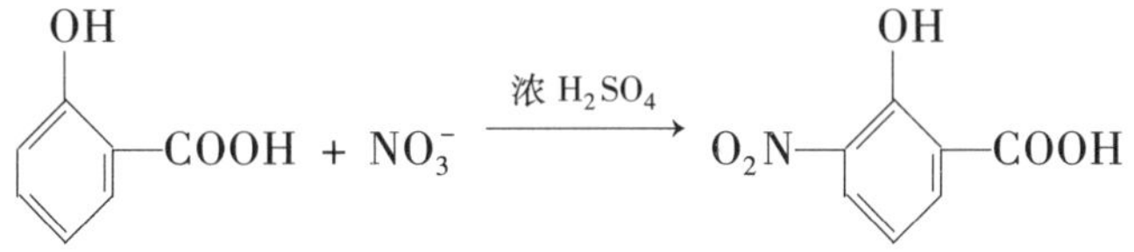

器材与试剂

1. 实验材料

植物叶片等。

2. 实验器具

分光光度计、分析天平（0.000 1 g）、移液器、水浴锅、刻度试管、剪刀、容量瓶、小漏斗、玻璃塞、定量滤纸等。

3. 实验试剂

(1) 10 $mg \cdot L^{-1}$ NO_3^- - N 标准溶液：精确称取烘至恒重的 KNO_3 0.144 4 g，溶于蒸馏水后定容至 200 mL，得 100 $mg \cdot L^{-1}$ NO_3^-—N 溶液，然后吸取该溶液 10 mL，加去离子水定容至 100 mL，即为 10 $mg \cdot L^{-1}$ NO_3^-—N 标准溶液。

(2) 5% 水杨酸 - 硫酸溶液：称取 5 g 水杨酸，加少量浓硫酸（密度为 1.84）溶解后，再加浓硫酸定容至 100 mL，摇匀后贮于棕色瓶中，置冰箱保存，一周有效。

(3) 80 $g \cdot L^{-1}$ NaOH 溶液：称取 20 g NaOH 溶于 250 mL 去离子水中。

方法与步骤

1. 样品提取

取一定量的植物叶片剪碎混匀，称取 2 ~ 3 g，分别放入 3 支 20 mL 刻度试管中，加入 10 mL 去离子水，用玻璃塞封口，置于沸水浴中提取 30 min，取出，用自来水冷却，将提取液过滤到 25 mL 容量瓶中，并用去离子水反复冲洗残渣，最后定容至刻度。

2. 标准曲线制作

取 6 支 10 mL 刻度试管，编号，按表 7 - 4 - 1 的顺序加入试剂，配制含量为 0 ~ 10 μg 的 NO_3^-—N 标准系列溶液，摇匀后室温静置 20 min，再加入 8.6 mL 80 $g \cdot L^{-1}$ NaOH 溶液，摇匀，使显色液总体积为 10 mL。待冷却至室温，以 0 号管做空白对照，测定 410 nm 波长处的吸光度值（OD 值）。以 NO_3^-—N 含量为横坐标，OD_{410} 值为纵坐标，绘制标准曲线。

表 7 - 4 - 1　NO_3^-—N 标准系列溶液的配制

试剂	试管编号					
	0	1	2	3	4	5
10 $mg \cdot L^{-1}$ NO_3^-—N 标准溶液/mL	0	0.2	0.4	0.6	0.8	1.0
去离子水/mL	1	0.8	0.6	0.4	0.2	0
5% 水杨酸 - 硫酸溶液/mL	0.4	0.4	0.4	0.4	0.4	0.4
每管 NO_3^-—N 含量/μg	0	2	4	6	8	10

3. 样品测定

分别吸取提取液 0.1 mL 至 10 mL 刻度试管中，加去离子水 0.9 mL、5% 水杨酸 - 硫酸溶液 0.4 mL，混匀后室温静置 20 min，再慢慢加入 8.6 mL 80 $g \cdot L^{-1}$ NaOH 溶液，摇匀，使显色液总体积为 10 mL。待冷却至室温，以标准曲线 0 号管做空白对照，测定 OD_{410} 值。

4. 结果计算

根据样品 OD_{410} 值，从标准曲线上查得 NO_3^-—N 含量，按下式计算植物材料中的 NO_3^-—N 含量（$\mu g \cdot g^{-1}$）。

$$植物组织 NO_3^-—N 含量 = \frac{C \times V_t}{W \times V_s}$$

式中：C——从标准曲线查得的 $^-NO_3$—N 含量（μg）；

W——样品鲜重（g）；

V_t——样品提取液总体积（mL）；

V_s——测定时提取液用量（mL）。

注意事项

（1）水杨酸与硝态氮的反应时间不能少于 20 min。

（2）注意不要将 5% 水杨酸－硫酸溅到桌面、衣物或皮肤上。

（3）加热煮沸时要小心，以免烫伤。

Ⅱ　铵/胺态氮含量测定（靛酚蓝比色法）

实验目的

熟悉植物体内铵/胺态氮含量的测定原理和方法。

实验原理

有机态的胺态氮（—NH_2）主要存在于氨基酸、酰胺和蛋白质分子中。植物样品中的含氮有机化合物在 $H_2SO_4-H_2O_2$ 消煮过程中水解为氨基酸，氨基酸又在硫酸的脱氨作用下还原成氨，氨与硫酸结合形成无机态硫酸铵，与样品本身存在的铵盐共同存在消煮液中。铵离子（NH_4^+）在碱性条件下与次氯酸盐和苯酚作用，生成可溶性有色物质靛酚蓝，在波长 625 nm 处有最大吸收峰，可比色测定其含量。

器材与试剂

1. 实验材料

植物组织烘干样品。

2. 实验器具

分光光度计、分析天平（0.000 1 g）、消化炉、消化管、移液器、剪刀、容量瓶等。

3. 实验试剂

（1）浓硫酸。

（2）30% H_2O_2。

（3）无氨水。

（4）0.1% 甲基红－EDTA 溶液。

（5）0.3 mol·L^{-1} NaOH 溶液。

(6) 苯酚溶液：称取 10 g 苯酚和 100 mg 硝基铁氰化钠 [$Na_2Fe(CN)_5NO \cdot 2H_2O$]，加无氨水溶解，定容至 1 000 mL，贮于棕色瓶中，4 ℃冰箱中保存。

(7) 5% 次氯酸钠溶液：称取 5.25 g 次氯酸钠（NaClO）溶于 100 mL 无氨水中。

(8) 次氯酸钠碱性溶液：称取 10 g NaOH、7.06 g 磷酸氢二钠（$Na_2HPO_4 \cdot 7H_2O$）、31.8 g 磷酸钠（$Na_3PO_4 \cdot 12H_2O$）和 10 mL 5% 次氯酸钠溶液，溶于无氨水中，定容至 1 000 mL，贮于棕色瓶中，4 ℃冰箱中保存。

(9) 5 $mg \cdot L^{-1}$ 铵态氮（NH_4^+—N）标准溶液：称取干燥硫酸铵 [$(NH_4)_2SO_4$] 0.471 7 g 溶于无氨水中，定容至 1 000 mL 得 100 $mg \cdot L^{-1}$ NH_4^+ – N 贮备液，使用前加无氨水稀释 20 倍即得 5 $mg \cdot L^{-1}$ NH_4^+—N 标准溶液。

方法与步骤

1. 样品消煮

称取植物烘干样品 0.500 0 g 置于消化管底部，加入浓硫酸 6 mL，混匀浸润，放置过夜。在消化炉上加热至冒白烟，控温稍冷，逐滴加入 30% H_2O_2 20 滴，加热微沸几分钟，冷却，再滴加 30% H_2O_2 数滴，如此反复多次，至消煮液完全透明为止，最后一次微沸 15 min，以除尽剩余 H_2O_2，冷却后加无氨水 10 mL，移入 50 mL 容量瓶中，定容。将消煮液转入塑料小瓶中，置于冰箱中保存。

2. 标准曲线制作

分别吸取 5 $mg \cdot L^{-1}$ NH_4^+—N 标准溶液 0 mL、0.5 mL、1.0 mL、2.0 mL、3.0 mL、4.0 mL、5.0 mL 至 50 mL 容量瓶中，加入 0.1% 甲基红 – EDTA 溶液 1 mL，用 0.3 $mol \cdot L^{-1}$ NaOH 溶液调至 pH 6 左右（甲基红由红色变为黄色），再依次加入 5 mL 苯酚和 5 mL 5% 次氯酸钠溶液，摇匀，用无氨水定容至 50 mL，放置 1 h 以上，得 0 mL、0.05 mL、0.1 mL、0.2 mL、0.3 mL、0.4 mL、0.5 $mg \cdot L^{-1}$ 系列浓度 NH_4^+—N 标准使用液。然后以 0 $g \cdot L^{-1}$ NH_4^+—N 为空白，于波长 625 nm 处测定 OD 值。以 NH_4^+—N 含量为横坐标，OD_{625} 值为纵坐标，绘制标准曲线。

3. 样品铵态氮（NH_4^+—N）总量测定

将样品消煮液用无氨水稀释 10 倍，吸取稀释液 0.5 mL 至 50 mL 容量瓶中，加入 0.1% 甲基红 – EDTA 溶液 1 mL，用 0.3 $mol \cdot L^{-1}$ NaOH 溶液调至 pH 6 左右，再依次加入 5 mL 苯酚和 5 mL 5% 次氯酸钠溶液，摇匀，用无氨水定容至 50 mL，放置 1 h 以上。同时以 0.5 mL 无样消煮液代替样品消煮液做空白实验。以标准曲线的空白管为空白，分别测定样品显色液和空白实验显色液的 OD_{625} 值。从标准曲线查得 NH_4^+—N 含量，然后按下式计算植物材料 NH_4^+—N 总含量（$mg \cdot g^{-1}$）。

$$NH_4^+\text{—N 总含量} = \frac{(C - C_0) \times V \times V_1}{m \times V_2} \times 10^{-3}$$

式中：C——样品显色液铵态氮含量（$mg \cdot L^{-1}$）；

C_0——空白值（$mg \cdot L^{-1}$）；

V——显色液的体积（mL）；

V_1——消煮液的定容体积（mL）；
V_2——消煮液的吸取体积（mL）；
m——样品质量（g）；
10^{-3}——将 mL 换算成 L 的系数。

4. 样品实际铵态氮（NH_4^+—N）含量测定

称取植物干样 0.500 0 g（或鲜样 1.000 0 g），加无氨水研磨制备成样品提取液，然后按照铵态氮总量测定方法测定样品实际 NH_4^+—N 含量。

5. 样品胺态氮（—NH_2）含量计算

样品胺态氮（—NH_2）含量 = 样品 NH_4^+—N 总含量 − 样品实际 NH_4^+—N 含量。

注意事项

（1）硝基铁氰化钠有剧毒，使用时应注意。
（2）消煮时要小心，以免烫伤。

参考文献

[1] 汤绍虎，罗充. 植物生理学实验教程 [M]. 重庆：西南师范大学出版社，2012.
[2] 郝建军，康宗利，于洋. 植物生理学实验技术 [M]. 北京：化学工业出版社，2007.
[3] 侯福林. 植物生理学实验教程 [M]. 2 版. 北京：科学出版社，2010.
[4] 邹琦. 植物生理学实验指导 [M]. 北京：中国农业出版社，2000.

实验 7-5 硝酸还原酶（NR）活性的测定

硝酸还原酶（NR）是植物氮素代谢作用中的关键酶，与作物吸收和利用氮肥有关，对作物的产量和品质有影响。因此，硝酸还原酶的活力可作为作物育种和营养诊断的生理生化指标。NR 测定分为活体法和离体法。活体法步骤简单，适合快速、多组测定。离体法复杂，但重复性较好。

Ⅰ 活体法

实验目的

掌握活体法测定植物体内硝酸还原酶活性的原理和方法。

实验原理

NR 催化植物体内的硝酸盐还原为亚硝酸盐。亚硝酸盐与4－氨基苯磺酸（或磺胺）及α－萘胺（或萘基乙烯二胺）在酸性条件下定量生成红色偶氮化合物。该化合物在波长540 nm 处有最大吸收峰，可用分光光度法测定。硝酸还原酶活性可由产生的亚硝态氮（NO_2^-—N）的量表示，一般以μg NO_2^-—N · g^{-1}FW · h^{-1}为单位。反应如下：

$$NO_3^- + NADH（还原型辅酶Ⅰ）+ H^+ \xrightarrow{NR} NO_2^- + NAD^+ + H_2O$$

$$4-氨基苯磺酸 + NO_2^- + 2H^+ \longrightarrow 重氮化合物 + 2H_2O$$

$$重氮化合物 + \alpha-萘胺 \longrightarrow 4-苯磺酸-偶氮-\alpha-萘胺$$

器材与试剂

1. 实验材料

植物叶片、茎、根、发芽的种子等。

2. 实验器具

分光光度计、分析天平（0.000 1 g）、恒温水浴锅、打孔器、具塞刻度试管、具塞三角瓶、移液管、真空泵、真空干燥器、容量瓶、小烧杯等。

3. 实验试剂

（1）1 mg · L^{-1} NO_2^-—N 标准溶液：精确称取1.000 0 g $NaNO_2$（分析纯），溶于蒸馏水后定容至1 000 mL，得200 mg · L^{-1} NO_2^-—N 溶液，然后吸取该溶液5 mL，加蒸馏水定容至1 000 mL，即为1 mg · L^{-1} NO_2^-—N 标准溶液。

（2）0.1 mol · L^{-1} pH 7.5 磷酸缓冲液：称取30.090 5 g $Na_2HPO_4 \cdot 12H_2O$ 与2.496 5 g $NaH_2PO_4 \cdot 2H_2O$，加蒸馏水溶解后定容至1 000 mL。

（3）0.2 mol · L^{-1} KNO_3磷酸溶液：称取 20.22 g KNO_3溶于1 000 mL 0.1 mol · L^{-1} pH 7.5 磷酸缓冲液。

（4）10 g · L^{-1}磺胺溶液：称取1.0 g 磺胺溶于100 mL 3 mol · L^{-1} HCl（25 mL 浓盐酸加蒸馏水定容至100 mL）。

（5）0.2 g · L^{-1}α－萘胺溶液：称取0.020 0 g α－萘胺溶于100 mL 蒸馏水，贮存于棕色瓶中。

方法与步骤

1. 取样

取回新鲜植物叶片水洗，用吸水纸吸干，用打孔器打取直径0.5～1.0 cm 的圆片，在蒸馏水中冲洗2～3 次，吸干水分后，迅速称取0.30～0.40 g 叶圆片4 份（或每份取50 个叶圆片），分别置于4 个50 mL 三角瓶中。

2. 标准曲线制作

取7 支15 mL 刻度试管，编号，按表7－5－1 的顺序加入试剂，配制含量为0～2.0 μg的 NO_2^-—N 标准系列溶液，摇匀后置于25 ℃水浴中保温30 min。冷却至室温，以0 号管为空白对照，在波长540 nm处测定吸光度值。以 NO_2^-—N 含量为横坐标，OD_{540}值为纵坐标，绘制标准曲线。

表7－5－1 NO_2^-—N标准系列溶液的配制

试剂	试管编号						
	0	1	2	3	4	5	6
1 mg·L^{-1} NO_2^-—N标准溶液/mL	0.0	0.2	0.4	0.8	1.2	1.6	2.0
蒸馏水/mL	2.0	1.8	1.6	1.2	0.8	0.4	0.0
10 g·L^{-1}磺胺/mL	4.0	4.0	4.0	4.0	4.0	4.0	4.0
0.2 g·L^{-1} α－萘胺/mL	4.0	4.0	4.0	4.0	4.0	4.0	4.0
每管 NO_2^-—N含量/μg	0.0	0.2	0.4	0.8	1.2	1.6	2.0

3. NO_2^-—N含量测定

在装有叶圆片的4个三角瓶中，按表7－5－2的顺序加入试剂，以1号瓶做对照，2～4号瓶用作酶活性测定。

表7－5－2 反应液的配制

溶液体积/mL	三角瓶编号			
	1	2	3	4
0.1 mol·L^{-1} pH 7.5磷酸缓冲液	5	5	5	5
0.2 mol·L^{-1} KNO_3	—	5	5	5
蒸馏水	5	—	—	—

将三角瓶放在真空干燥器中，接上真空泵抽气，使叶圆片沉于溶液中（如无真空泵，可用20 mL注射器代替，将反应液与叶圆片一起倒入注射器中，用手指堵住注射器出口，然后用力拉注射器使之成为真空，如此反复抽放气数次，即可抽除叶圆片中的空气，使叶圆片沉入溶液中）。将三角瓶置于30 ℃水浴中，避光保温30 min。保温结束后充分振荡三角瓶2 min，分别吸取反应液1 mL于4支试管中，加入10 g·L^{-1}磺胺溶液2 mL，混匀后再加入0.2 g·L^{-1}α－萘胺溶液2 mL，混匀后，于30 ℃水浴中避光保温30 min。冷却至室温后，用分光光度计在波长540 nm处比色，记录OD_{540}值。

4. 结果计算

根据样品OD_{540}值，从标准曲线查得 NO_2^-—N 含量，按下式计算酶活性，以单位时间鲜重样品产生的 NO_2^-—N 量（μg·g^{-1}·h^{-1}）表示。

$$\text{NR 活性} = \frac{x \cdot V_1/V_2}{m \cdot t}$$

式中：x——反应液酶催化产生的 NO_2^-—N 总量（μg）；

V_1——提取酶时加入的缓冲液体积（mL）；

V_2——酶反应时加入的粗酶液体积（mL）；

m——样品鲜重（g）；

t——反应时间（h）。

注意事项

（1）取样前让植株充分照光，或使用硝态氮肥，以增加硝酸还原酶活性。

（2）硝酸盐还原过程应在黑暗中进行，以防亚硝酸盐还原为氨。

（3）标准液与样品的测定应在相同条件下进行方可比较；显色到比色时间要一致，显色时间过长或过短都对颜色有影响。

Ⅱ　离体法

实验目的

掌握离体法测定植物体内硝酸还原酶活性的原理和方法。

实验原理

同活体法。

器材与试剂

1. 实验材料

同活体法。

2. 实验器具

高速冷冻离心机、分光光度计、冰箱、分析天平（0.000 1 g）、恒温水浴锅、移液器、具塞试管、离心管、容量瓶、烧杯、研钵、剪刀、吸水纸等。

3. 实验试剂

（1）1 $mg \cdot L^{-1}$ NO_2^-—N 标准溶液。

（2）10 $g \cdot L^{-1}$磺胺溶液。

（3）0.2 $g \cdot L^{-1}$$\alpha$－萘胺溶液。

（4）25 $mmol \cdot L^{-1}$ pH 8.7 磷酸缓冲液：称取 8.864 0 g $Na_2HPO_4 \cdot 12H_2O$ 与 0.057 0 g $K_2HPO_4 \cdot 3H_2O$，加蒸馏水溶解后定容至 1 000 mL。

（5）0.1 $mol \cdot L^{-1}$ pH 7.5 磷酸缓冲液。

（6）0.1 $mol \cdot L^{-1}$ KNO_3磷酸溶液：称取 10.11 g KNO_3溶于 1 000 mL 0.1 $mol \cdot L^{-1}$ pH 7.5 磷酸缓冲液。

（7）2 $g \cdot L^{-1}$ NADH 溶液：称取 2 mg NADH 溶于 1 mL 0.1 $mol \cdot L^{-1}$ pH 7.5 磷酸缓冲液（现配现用）。

（8）提取缓冲液：称取 0.121 1 g 半胱氨酸、0.037 2 g EDTA 溶于 100 mL 25 $mmol \cdot L^{-1}$ pH 8.7 磷酸缓冲液。

方法与步骤

1. **酶液提取**

将待测样品洗净，用吸水纸吸干后剪碎。称取 0. 50 g 鲜样于研钵中并置于冰箱冰冻 30 min，取出冰浴，加少量石英砂及 2 mL 提取缓冲液，研磨成匀浆，转移至离心管中，再加 2 mL 提取缓冲液清洗研钵，一并转移至离心管中，于 0 ~4 ℃、4 000 $r \cdot min^{-1}$下冷冻离心 20 min，上清液即为酶粗提液。

2. **标准曲线制作**

同活体法。

3. **NO_2^-—N 含量测定**

吸取酶粗提液 0. 2 mL 至试管中，加入 0. 5 mL 0. 1 $mol \cdot L^{-1}$ KNO_3磷酸溶液和 0. 3 mL 2 $g \cdot L^{-1}$ NADH 溶液，混匀后，于 25 ℃水浴中避光保温 30 min。空白对照以 0. 3 mL 0. 1 $mol \cdot L^{-1}$ pH 7. 5 磷酸缓冲液代替 NADH。保温结束后立即加入 2 mL 10 $g \cdot L^{-1}$磺胺溶液及 2 mL 0. 2 $g \cdot L^{-1}$$\alpha$ - 萘胺溶液，混匀后静置 15 min，用分光光度计在波长540 nm 处比色，记录 OD_{540}值。

4. **结果计算**

同活体法。

注意事项

离体法提取硝酸还原酶时，应在 4 ℃下迅速操作，以免酶失活。其他注意事项同活体法。

参考文献

[1] 张志良，瞿伟菁，李小方. 植物生理学实验指导 [M]. 4 版. 北京：高等教育出版社，2009.

[2] 郝建军，康宗利，于洋. 植物生理学实验技术 [M]. 北京：化学工业出版社，2007.

[3] 汤绍虎，罗充. 植物生理学实验教程 [M]. 重庆：西南师范大学出版社，2012.

[4] 路文静，李奕松. 植物生理学实验教程 [M]. 北京：中国林业出版社，2012.

[5] 刘萍，李明军. 植物生理学实验技术 [M]. 北京：科学出版社，2007.

实验 7-6　谷氨酰胺合成酶（GS）活性的测定

植物体内 95% 的氮是通过谷氨酰胺合成酶（GS）/谷氨酸合酶循环同化为谷氨酸，然后进一步转变为蛋白质、核酸等有机氮的。GS 是植物体内氨同化的关键酶，是无机氮转化为有机氮的枢纽。

实验目的

学习和了解测定植物体内 GS 活性的原理及方法。

实验原理

GS 在 ATP 和 Mg^{2+} 存在条件下，催化植物体内谷氨酸形成谷氨酰胺，谷氨酰胺转化为 γ-谷氨酰基异羟肟酸，酸性条件下与铁形成红色络合物，该络合物在波长 540 nm 处有最大吸收峰，可用分光光度计测定。GS 活性可用 γ-谷氨酰基异羟肟酸与铁络合物的生成量来表示，单位为 $\mu mol \cdot mg^{-1} protein \cdot h^{-1}$，或用 OD_{540} 值间接表示，单位为 $OD_{540} \cdot mg^{-1} protein \cdot h^{-1}$。

器材与试剂

1. 实验材料

水稻叶片。

2. 实验器具

高速冷冻离心机、分光光度计、分析天平（0.000 1 g）、pH 计、移液器、恒温水浴锅、研钵、离心管、容量瓶、剪刀等。

3. 实验试剂

（1）0.1 $mol \cdot L^{-1}$ HCl 溶液：量取 4.15 mL 浓 HCl，加蒸馏水定容至 500 mL。

（2）0.05 $mol \cdot L^{-1}$ HCl 溶液：量取 0.1 $mol \cdot L^{-1}$ HCl 溶液 250 mL，加蒸馏水定容至 500 mL。

（3）提取缓冲液：称取 1.529 5 g 三羟甲基氨基甲烷（Tris）、0.124 5 g 七水硫酸镁（$MgSO_4 \cdot 7H_2O$）、0.154 3 g 二硫苏糖醇（DTT）和 34.25 g 蔗糖，加去离子水溶解后，用 0.05 $mol \cdot L^{-1}$ HCl 调至 pH 8.0，然后定容至 250 mL。

（4）反应混合液 A：称取 3.059 0 g Tris、4.979 5 g $MgSO_4 \cdot 7H_2O$、0.862 8 g 谷氨酸钠盐、0.605 7 g 半胱氨酸和 0.192 0 g 乙二醇双（2-氨基乙醚）四乙酸（EGTA），加去离子水溶解后，用 0.1 $mol \cdot L^{-1}$ HCl 调至 pH 7.4，然后定容至 250 mL。

（5）反应混合液 B：反应混合液 A 中再加入 80 $mol \cdot L^{-1}$ 盐酸羟胺，调至 pH 7.4。

（6）显色剂：称取 3.317 6 g 三氯乙酸（TCA）和 10.102 1 g 六水三氯化铁（$FeCl_3 \cdot$

$6H_2O$)，加去离子水溶解，加 5 mL 浓盐酸，定容至 100 mL。

(7) 40 mmol·L^{-1} ATP 溶液：称取 0.121 0 g ATP 溶于 5 mL 去离子水中（现配现用）。

(8) 0.1 g·L^{-1}考马斯亮蓝 G－250 溶液：称取 0.1 g 考马斯亮蓝 G－250，溶于 50 mL 95% 乙醇，加入 100 mL 85% 磷酸，加蒸馏水定容至 1 000 mL，混匀后置于棕色瓶中备用。

方法与步骤

1. 酶液提取

称取 1.0 g 干净新鲜叶片于研钵中，加入 3 mL 提取缓冲液，冰浴研磨成匀浆，转移至离心管，于 4 ℃下 15 000 g 离心 20 min，上清液即为粗酶液。

2. 反应

吸取 1.6 mL 反应混合液 B 至 10 mL 离心管中，加入 0.7 mL 粗酶液和 0.7 mL 40 mmol·L^{-1} ATP 溶液，混匀，于 37 ℃水浴保温 30 min，加入显色剂 1 mL，摇匀并静置片刻后，于 4 ℃下 5 000 g 离心 10 min，取上清液测定波长 540 nm 处的吸光度。空白对照以 1.6 mL 反应混合液 A 代替反应混合液 B。

3. 粗酶液中可溶性蛋白质测定

取粗酶液 0.5 mL，用水定容至 100 mL，取其中 2 mL 用考马斯亮蓝染料法测定可溶性蛋白质（见实验 10－4 蛋白质含量的测定）。

4. 结果计算

可按下式计算 GS 活性，单位为 OD_{540}· mg^{-1}protein·h^{-1}。

$$\text{GS 活性} = OD_{540}/(P \cdot V \cdot t)$$

式中：OD_{540}——波长 540 nm 处的吸光度；

P——粗酶液中可溶性蛋白质含量（mg·mL^{-1}）；

V——反应体系中加入的粗酶液体积（mL）；

t——反应时间（h）。

注意事项

ATP 溶液易分解，须于临用前才进行配制并贮于棕色瓶中。

参考文献

汤绍虎，罗充．植物生理学实验教程［M］．重庆：西南师范大学出版社，2012.

实验 7-7　生物膜 H^+-ATPase 活性的测定

植物细胞质膜和液泡膜上存在两类 H^+-ATPase，主要作用是通过泵质子建立跨膜质子电动势梯度，进而驱动离子的跨膜运输。

Ⅰ　质膜 H^+-ATPase 活性测定

实验目的

了解测定植物细胞质膜 H^+-ATPase 活性的原理及方法。

实验原理

H^+-ATPase 水解 ATP，形成 ADP（二磷酸腺苷）和 Pi（无机磷酸），根据单位时间内单位蛋白质中 H^+-ATPase 水解 ATP 产生 Pi 的量，可计算 H^+-ATPase 活性。Pi 用钼蓝法比色测定。

器材与试剂

1. 实验材料

新鲜植株幼苗等。

2. 实验器具

高速冷冻离心机、超速冷冻离心机、分光光度计、超低温冰箱、pH 计、恒温水浴锅、移液器、离子交换柱、抽滤装置、离心管、研钵等。

3. 实验试剂

（1）研磨液：含 300 $mmol \cdot L^{-1}$蔗糖、50 $mmol \cdot L^{-1}$ pH 7.0 Hepes-Tris、8 $mmol \cdot L^{-1}$乙二胺四乙酸（EDTA）、2 $mmol \cdot L^{-1}$苯甲基磺酰氟（PMSF）、15 $g \cdot L^{-1}$交联聚乙烯吡咯烷酮（PVPP）、4 $mmol \cdot L^{-1}$ DTT 和 2 $g \cdot L^{-1}$牛血清白蛋白（BSA），DTT 和 BSA 临用前加入。

（2）悬浮液：含 300 $mmol \cdot L^{-1}$蔗糖、5 $mmol \cdot L^{-1}$ pH 7.0 磷酸钾缓冲液、5 $mmol \cdot L^{-1}$ KCl、0.1 $mmol \cdot L^{-1}$EDTA 和 1 $mmol \cdot L^{-1}$ DTT，DTT 用前加入。

（3）两相液：含 300 $mmol \cdot L^{-1}$蔗糖、5 $mmol \cdot L^{-1}$ pH 7.0 磷酸钾缓冲液、6.2% 葡聚糖（dextran T-500）、6.2% PEG 3350、5 $mmol \cdot L^{-1}$ KCl、0.1 $mmol \cdot L^{-1}$ EDTA 和 1 $mmol \cdot L^{-1}$ DTT。

（4）稀释液：含 300 $mmol \cdot L^{-1}$蔗糖、5 $mmol \cdot L^{-1}$ pH 7.0 Hepes-Tris 和 1 $mmol \cdot L^{-1}$ DTT。

（5）KH_2PO_4系列浓度标准溶液：用 KH_2PO_4配制 0 $\mu mol \cdot L^{-1}$、2.0 $\mu mol \cdot L^{-1}$、

4.0 μmol · L^{-1}、6.0 μmol · L^{-1}、8.0 μmol · L^{-1}、10.0 μmol · L^{-1}系列浓度标准溶液。

（6）反应液：含 200 μL 5 mmol · L^{-1} pH 6.5 Hepes – Tris、50 μL 20 mmol · L^{-1} $MgSO_4$、50 μL 500 mmol · $L^{-1}$$KNO_3$（抑制液泡膜 H^+ – ATPase 活性）、50 μL 5 mmol · L^{-1} NaN_3（抑制线粒体 ATPase 活性）和 50 μL 1 mmol · L^{-1}钼酸铵（抑制非特异性磷酸酶活性）。

（7）20 mmol · L^{-1} pH 7.5 ATP – Tris：称取 1.102 2 g ATP 钠盐，用蒸馏水溶解后，经阳离子交换树脂处理，抽滤，滤液即为酸性 ATP，用 Tris 将滤液调至 pH 7.5，然后定容至 100 mL。

（8）终止液：含 5% 钼酸铵，5 mmol · L^{-1} H_2SO_4，以钼酸铵：H_2SO_4：H_2O = 1：1：3 体积比混合配制。

（9）显色液：称 0.25 g 氨基苯磺酸，溶于 100 mL 15 g · L^{-1} Na_2SO_3溶液中，调 pH 至 5.5，然后加 0.5 g Na_2SO_4溶解，混匀。

（10）BSA 系列浓度标准溶液：用 BSA 配制 0 mg · L^{-1}、0.2 mg · L^{-1}、0.4 mg · L^{-1}、0.6 mg · L^{-1}、0.8 mg · L^{-1}、1.0 mg · L^{-1}系列浓度标准溶液。

（11）蛋白质试剂：含 0.1 g · L^{-1}考马斯亮蓝 G – 250、47 g · L^{-1}乙醇和 85 g · L^{-1}磷酸。

方法与步骤

1. 质膜微囊制备

取根尖 2 cm 段 10 g，加入研磨液 20 mL，冰浴研磨。匀浆经 10 000 g 离心 20 min，上清液以 50 000 g 离心 35 min 后弃上清液，沉淀用 1 mL 悬浮液悬浮。把悬浮好的匀浆小心地铺到两相液上，2 500 g 下离心 10 min，吸取上层溶液，并用稀释液稀释 5 倍，再在 80 000 g 下离心 40 min，沉淀用稀释液悬浮，即为质膜微囊制剂，置于超低温冰箱中保存。以上离心温度均保持在 4 ℃。

2. 无机磷标准曲线制作

分别吸取 50 μL KH_2PO_4系列浓度标准溶液，加入反应体系（0.5 mL 反应液、50 μL 20 mmol · L^{-1}pH 7.5 ATP – Tris），再加入 1 mL 终止液和 0.2 mL 显色液，摇匀，室温放置 40 min 后于波长 660 nm 处比色，绘制标准曲线。

3. 蛋白质标准曲线制作及样品蛋白质含量测定

分别取 50 μL BSA 系列浓度标准溶液至 6 支试管，加入 5 mL 蛋白质试剂，2 ~ 6 min 内在波长 595 nm 处比色，绘制标准曲线。

取 50 μL 质膜微囊制剂，加入 5 mL 蛋白质试剂，在波长 595 nm 处比色，从标准曲线查得样品中蛋白质含量。

4. 酶活性测定

取 0.5 mL 反应液和 50 μL 质膜微囊制剂，加入 50 μL 20 mmol · L^{-1} pH 7.5 ATP – Tris 启动反应。将反应试管置于 37 ℃水浴反应 20 min 后，再加入终止液 1 mL、显色液 0.2 mL，摇匀，室温放置 40 min 后于波长 660 nm 处比色。以反应前加入终止液试管做

空白对照。从无机磷标准曲线查得样品中无机磷含量。

5. 酶活性计算

根据无机磷含量、蛋白质含量及反应时间（20 min）计算酶活性，以 μmol Pi · mg^{-1}protein · h^{-1}表示。

注意事项

（1）膜提取应在 4 ℃下进行。

（2）ATP 钠盐经过处理后除去钠离子成酸性 ATP，应用 Tris 调节 pH 。

（3）酶活性测定时，膜的纯度对结果影响较大。

Ⅱ　液泡膜 H^+ – ATPase 活性测定

实验目的

了解植物细胞液泡膜 H^+ – ATPase 活性测定原理及方法。

实验原理

同本实验 I 质膜 H^+ – ATPase 活性测定。

器材与试剂

1. 实验材料

新鲜植株幼苗等。

2. 实验器具

高速冷冻离心机、超速冷冻离心机、分光光度计、超低温冰箱、pH 计、恒温水浴锅、移液器、离子交换柱、抽滤装置、离心管、研钵等。

3. 实验试剂

（1）研磨液：含 30 mmol · L^{-1} pH 7.4 Hepes – Tris、250 mmol · L^{-1}甘露醇、3 mmol · L^{-1} EGTA、1 mmol · L^{-1} PMSF、50 g · L^{-1} PVPP、1 mmol · L^{-1} DTT 和 1 g · L^{-1} BSA，DTT 和 BSA 临用前加入。

（2）悬浮液：含 2.5 mmol · L^{-1} pH 7.4 Hepes – Tris、250 mmol · L^{-1}甘露醇和 1 mmol · L^{-1} DTT，当天配制。

（3）60 g · L^{-1}葡聚糖溶液：dextran T – 70，用悬浮液配制。

（4）反应液：含 150 μL 100 mmol · L^{-1} pH 7.5 Hepes – Tris、50 μL 20 mmol · L^{-1} $MgSO_4$、50 μL 500 mmol · L^{-1} KCl、50 μL 5 mmol · L^{-1} NaN_3、50 μL 1 mmol · L^{-1}钼酸铵、50 μL 1 mmol · L^{-1}钒酸钠（抑制质膜 ATPase 活性）以及 50 μL 20 mmol · L^{-1} pH 7.5 ATP – Tris。

（5）KH_2PO_4 系列浓度标准溶液、20 mmol · L^{-1} pH 7.5 ATP – Tris、终止液、显色液、BSA 系列浓度标准溶液、蛋白质试剂，以上试剂的配制方法同本实验Ⅰ。

方法与步骤

1. 液泡膜微囊制备

取根尖2 cm段10 g，加入研磨液20 mL，冰浴研磨。匀浆经480 ×g离心20 min，上清液以60 000 g离心30 min后弃上清液，沉淀用1 mL悬浮液悬浮。把悬浮好的匀浆小心地铺到60 g · L^{-1}葡聚糖溶液上，70 000 ×g离心 2 h后，用尖头吸管慢慢地收集0 ~ 60 g · L^{-1}葡聚糖界面之间的部分，即为液泡膜微囊制剂，置于超低温冰箱中保存。以上离心温度均保持在4 ℃。

2. 无机磷标准曲线制作

同本实验Ⅰ。

3. 蛋白质标准曲线制作及样品蛋白质含量测定

蛋白质标准曲线制作同本实验Ⅰ。

取50 μL液泡膜微囊制剂，加入5 mL蛋白质试剂，在波长595 nm处比色，从标准曲线查得样品中蛋白质含量。

4. 酶活性测定

取0.5 mL反应液和50 μL液泡膜微囊制剂，加50 μL 20 mmol · L^{-1} pH 7.5 ATP – Tris启动反应。将反应试管置于37 ℃水浴反应20 min后，再加入终止液1 mL、显色液0.2 mL，摇匀，室温放置40 min后于波长660 nm处比色。以反应前加入终止液试管做空白对照。从无机磷标准曲线查得样品中无机磷含量。

5. 酶活性计算

同本实验Ⅰ。

注意事项

同本实验Ⅰ。

参考文献

［1］郝建军，康宗利，于洋. 植物生理学实验技术［M］. 北京：化学工业出版社，2007.

［2］汤绍虎，罗充. 植物生理学实验教程［M］. 重庆：西南师范大学出版社，2012.

［3］张志良，瞿伟菁，李小方. 植物生理学实验指导［M］. 4版. 北京：高等教育出版社，2009.

［4］刘萍，李明军. 植物生理学实验技术［M］. 北京：科学出版社，2007.

［5］张蜀秋. 植物生理学实验技术教程［M］. 北京：科学出版社，2011.

第八章　光合作用

实验 8-1　叶绿体色素的提取、分离及理化性质鉴定

实验目的

了解叶绿体色素提取分离的原理，以及叶绿体色素的光学特性在光合作用中的意义。

实验原理

植物叶绿体中含有叶绿素（叶绿素 a 和叶绿素 b）和类胡萝卜素（胡萝卜素和叶黄素）两大类。这两类色素均不溶于水，但溶于有机溶剂，故可用乙醇、丙酮等有机溶剂提取。提取液可用层析的原理加以分离。因吸附剂对不同物质的吸附力不同，当用适当的溶剂推动时，混合物中各成分在两相（流动相和固定相）间具有不同的分配系数，所以它们的移动速度不同，经过一定时间层析后，混合色素便可被分离。

叶绿素是一种双羧酸酯，可与碱发生皂化反应而生成醇（甲醇和叶绿醇）及叶绿酸的盐，产生的盐能溶于水，故可用此法将叶绿素与类胡萝卜素分开。叶绿素与类胡萝卜素都具有光学活性，表现出一定的吸收光谱，可用分光光度计精确测定。叶绿素吸收光量子而转变成激发态，激发态的叶绿素很不稳定，当它变回到基态时可发射出红光量子，因而产生荧光。叶绿素的化学性质很不稳定，容易受强光破坏，而类胡萝卜素则较稳定。叶绿素中的镁可被 H^+ 取代而成褐色的去镁叶绿素，后者遇铜则形成绿色的铜代叶绿素。铜代叶绿素很稳定，在光下不易被破坏。

器材与试剂

1. 实验材料

植物叶片。

2. 实验器具

电子天平、移液器、剪刀、研钵、漏斗、量筒、烧杯、滤纸、试管、试管架、三角瓶、毛细管、培养皿等。

3. 实验试剂

（1）80% 丙酮。（2）醋酸铜。（3）浓盐酸。（4）碳酸钙。（5）石英砂。

（6）苯溶液。（7）推动剂：按石油醚：丙酮：苯 =10：2：1 体积比配制。

（8）300 g · L^{-1}氢氧化钾甲醇溶液：取 30 g KOH 溶于 100 mL 甲醇，过滤后储于具橡皮塞的试剂瓶中。

方法与步骤

1. 色素提取

取干净新鲜植物叶片 5 g，去中脉后放入研钵中，加 5 mL 80% 丙酮、少许碳酸钙和石英砂，研磨成匀浆，再加 15 mL 80% 丙酮提取 3～5 min，将上清液过滤至三角瓶中。

2. 色素分离

（1）取圆形定性滤纸一张，中心戳一圆形小孔（直径约 3 mm）。另取一张滤纸剪成长约 5 cm、适当宽度（根据培养皿的高度而定）的纸条。用毛细管吸取色素提取液，沿纸条的长度方向点在纸条的一边，色素扩散宽度限制在 5 mm 以内，风干后，重复点样数次。然后将点好样品的纸条沿长度方向卷成纸捻，浸过色素提取液的一边恰在纸捻的一端。

（2）将带有色素的一端插入圆形滤纸的小孔中，与滤纸齐平（勿凸出）。

（3）在培养皿内放一微烧杯，杯内加入适量的推动剂，将插有纸捻的圆形滤纸平放在培养皿上，纸捻下端（无色素端）浸入推动剂中，迅速用同一直径的培养皿盖上。推动剂借毛细管作用顺纸捻扩散至圆形滤纸上，并推动叶绿体色素向四周扩散，不久即可形成各种色素的同心圆环，自边缘开始依次为胡萝卜素（橙黄色）、叶黄素（鲜黄色）、叶绿素 a（蓝绿色）和叶绿素 b（黄绿色）。

（4）当推动剂前沿接近滤纸边缘时，取出滤纸，风干，用铅笔在滤纸上标出各种色素的位置和名称。

3. 色素理化性质鉴定

（1）荧光现象观察。在反射光下可看到叶绿体色素提取液呈现暗红色，即为荧光现象。

（2）皂化作用。取叶绿体色素提取液 5 mL 于大试管中，加入 1.5 mL 300 g · L^{-1}氢氧化钾甲醇溶液，充分摇匀，片刻后加入 5 mL 苯溶液，摇匀，再沿试管壁慢慢加入0.5 mL 蒸馏水，轻轻混匀后于试管架上静置分层。下层是溶有皂化叶绿素 a 和叶绿素 b 的丙酮溶液，上层是溶有胡萝卜素和叶黄素的苯溶液。

（3）H^+和 Cu^{2+}对叶绿素分子中 Mg^{2+}的取代作用。取 2 支试管，分别加入叶绿体色素提取液 2 mL，再加入 1～2 滴浓盐酸，摇匀，观察溶液颜色变化。当溶液变褐色后，向一支试管加入少量醋酸铜粉末，微微加热，观察记录溶液的颜色变化，与未加醋酸铜的另一支试管比较，解释其颜色变化的原因。

（4）光对叶绿素的破坏作用。取 2 支试管，分别加入叶绿体色素提取液 2 mL，一管放在直射光下，另一管放在黑暗处，或将已分离色素的滤纸对半剪开，分别置于直射光下和黑暗处，约 1～2 h 后观察两试管或滤纸的颜色变化。

注意事项

（1）圆形滤纸中心所打的小孔周围必须整齐，否则分离的色素不是一个同心圆。

（2）在低温下发生皂化反应的叶绿体色素提取液，易乳化出现白色絮状物，溶液浑浊且不分层，此种情况下可剧烈摇匀，放在30～40 ℃水浴中加热，溶液很快分层，絮状物消失，溶液变得清澈透明。

（3）为避免叶绿素见光分解，研磨应迅速，且在弱光下操作。

参考文献

[1] 郝建军，康宗利，于洋. 植物生理学实验技术［M］. 北京：化学工业出版社，2007.

[2] 汤绍虎，罗充. 植物生理学实验教程［M］. 重庆：西南师范大学出版社，2012.

[3] 张志良，瞿伟菁，李小方. 植物生理学实验指导［M］. 4版. 北京：高等教育出版社，2009.

[4] 刘萍，李明军. 植物生理学实验技术［M］. 北京：科学出版社，2007.

[5] 路文静，李奕松. 植物生理学实验教程［M］. 北京：中国林业出版社，2012.

[6] 李玲. 植物生理学模块实验指导［M］. 北京：科学出版社，2009.

实验8－2　叶绿素含量的测定

Ⅰ　分光光度法

实验目的

掌握分光光度法测定叶绿素含量的基本原理和方法。

实验原理

叶绿素由叶绿素a和叶绿素b组成，不溶于水，但溶于有机溶剂，可用乙醇、丙酮等有机溶剂提取。叶绿素a、叶绿素b的丙酮溶液分别在波长663 nm和645 nm处有最大吸收峰，由于吸光度与其浓度成一定的比例关系，因此，测定特定波长下的吸光度，即可计算出叶绿素a、叶绿素b的含量及叶绿素总含量。

已知叶绿素a和叶绿素b在663 nm处的比吸收系数分别为82.04和9.27；在波长645 nm处的比吸收系数为16.75和45.60，根据Lambert-Beer定律，列出浓度c（$g \cdot L^{-1}$）与吸光度OD之间的关系式：

$$OD_{663} = 82.04\ C_a + 9.27\ c_b$$

$$OD_{645} = 16.75\ C_a + 45.60\ c_b$$

整理上述两式，并将浓度（c）单位由$g \cdot L^{-1}$转换为$mg \cdot L^{-1}$，得：

$$c_a = 12.71\ OD_{663} - 2.59\ OD_{645}$$

$$c_b = 22.88\ OD_{645} - 4.67\ OD_{663}$$

式中：c_a、c_b为叶绿素a、叶绿素b的浓度（$mg \cdot L^{-1}$）。

此外，由于叶绿素 a 和叶绿素 b 在波长 652 nm 处有相同的比吸收系数（均为34.5），故总叶绿素浓度也可通过测定叶绿素 a、叶绿素 b 的丙酮溶液在此波长处的吸光度求得。因此，总叶绿素浓度（c_T）有以下两种计算方法：

$$c_T = c_a + c_b = 20.29\ OD_{645} + 8.04\ OD_{663}$$

或

$$c_T = \frac{OD_{652} \times 1000}{34.5}$$

式中：c_T 为总叶绿素浓度（$mg \cdot L^{-1}$）。

器材与试剂

1. 实验材料

植物叶片。

2. 实验器具

分光光度计、分析天平（0.000 1 g）、刻度试管、剪刀等。

3. 实验试剂

80%丙酮等。

方法与步骤

1. 样品提取

取干净植物叶片，除去主脉后剪碎混匀，快速称取 0.20 g（视样品叶绿素含量高低增减用量），置于 25 mL 刻度试管中，加 10 mL 80%丙酮，加塞，室温下暗处浸提 24 h，至叶片全部褪绿为止，用 80%丙酮定容至刻度，即为叶绿素提取液。

2. 样品测定

将叶绿素提取液倒入 1 cm 比色杯，以 80%丙酮为空白对照，测定波长 645 nm、652 nm 和 663 nm 处的吸光度。

3. 结果计算

将测得的吸光度值代入上述公式，求得提取液中的叶绿素浓度 c_a、c_b、c_T，代入下列公式，计算样品中叶绿素含量（$mg \cdot g^{-1}$）。

$$叶绿素\ a\ 含量 = \frac{c_a \times V}{W \times 1\,000}$$

$$叶绿素\ b\ 含量 = \frac{c_b \times V}{W \times 1\,000}$$

$$叶绿素总含量 = \frac{c_T \times V}{W \times 1\,000}$$

式中：V——样品提取液总体积（mL）；

W——样品鲜重（g）；

1 000——将 L 换算成 mL 的系数。

注意事项

为避免叶绿素见光分解，操作应在弱光下进行。

Ⅱ 叶绿素仪法

实验目的

掌握叶绿素仪测定植物叶片叶绿素含量的原理与方法。

实验原理

叶绿素是吸收光线的主要物质，不同波长光线，叶片吸收量不同。叶绿素仪通过测量叶片在两种波长范围内的透光系数来确定叶片当前叶绿素的相对数量。

实验器材

1. 实验材料

活体植株叶片。

2. 实验器具

SPAD－502 或其他型号叶绿素仪。

方法与步骤

1. 安装电池

按照电池盒上的指示放入两节 5 号电池。

2. 校准

（1）打开电源开关到 ON 位置。

（2）不放样品，闭合样品夹，直到发出“滴”声，屏幕显示“N＝0”和“－－－”，放开样品夹，完成校准。

（3）如果发出连续“滴滴”声且屏幕显示“CAL”，表示没有正确完成校准（原因可能是在校准时样品夹没有完全关闭或者是在校准完成前就打开样品夹）。重复步骤（2），直到校准完成。

（4）如果发出连续“滴滴”声、屏幕显示“CAL”以及“EU”在屏幕顶端出现，则样品夹的发射窗口与接收窗口可能脏了。用镜头纸清洁后，重复进行步骤（2）。

3. 测量

放入样品，确保其完全覆盖接收窗后，关闭样品夹，直至听到“滴”一声，测量结果在屏幕上显示并自动储存。如听到连续蜂鸣，说明样品夹闭合不严，或者样品太厚或太薄。如显示结果出现小数点闪烁，说明测量结果大于 50.0；如显示结果没有小数点，则说明测量结果接近或大于 100.0。这些情况都说明结果的精确性不能保证。

4. 数据储存与处理

（1）SPAD－502 在测定完后会自动储存数据，存储空间为 30 个数据。当存储满了后，第一个数据将被删除，其余数据依次向前移动储存位置，而新的数据则存储在第 30 位。

（2）测量几个值或内存已满后，按“AVERAGE”键可计算出这些值的平均值，注意该平均值是内存中所有数值的平均值。

（3）按“DATA RECALL”键可显示以前的测量数据。

（4）按“1 DATA DELETE”键可删除当前显示的数据，按“ALL DATA CLEAR”键可删除所有已测量数据。

（5）如果关闭电源，内存中所有数据都将被删除。

5. 输入补偿值

SPAD－502 可以按照用户的意图在 －9.9～＋9.9 范围内设置补偿值，最终显示的数值＝测量值＋补偿值。

设定步骤：

（1）打开电源，同时按“AVERAGE”和“DATA RECALL”两个键，进入补偿值设定屏幕。

（2）“ALL DATA CLEAR”键每按动 1 次加 0.1，“1 DATA DELETE”键每按动 1 次减 0.1。

（3）按“AVERAGE”键，设定的补偿值将被保存，完成输入。

（4）关机，然后再开机，补偿值被启用，可以开始测量。

6. 读数校验

（1）打开电源，同时按动“1 DATA DELETE”和“DATA RECALL”两个键，进入读数校验模式，屏幕上出现“CH”并很快变成“CAL”。

（2）闭合样品夹，直到发出“滴”声并显示“－－－”，放开样品夹完成校准。

（3）将读数校验卡插入样品夹中并完全覆盖接收窗，闭合样品夹，然后重复进行测量。

（4）按“AVERAGE”键求取平均值，如果值不在范围内，可能是发射或者接收窗不干净，清洁后重复上述步骤。

（5）校验完毕后，关闭电源，重新打开电源进入测量模式。

注意事项

（1）读数校验卡只能在校验模式下使用，且仅限于室内，不能用在有直射光、温度和湿度过大的地方。

（2）不要触摸读数校验卡的玻璃表面，以防弄脏，弄脏后应用镜头纸擦干净。

（3）应把读数校验卡放入专用的盒子内储存，不要把它放在温、湿度较大的地方。

(4) 若读数校验卡上标定值与测量读数之间出现差异，不能用输入补偿值来修正。

(5) SPAD-502 为防水设计，可在雨中进行测量。操作完成后，可用柔软、干净的布擦干，但不能直接用水清洗。

(6) 避免日光直射仪器，以免影响测量。不测定过厚样品，例如叶脉，如果测定有较多叶脉的样品，需多次测量并求平均值。如果发射窗或接收窗脏了，将导致测量不准确，要先清洁。

参考文献

[1] 郝建军，康宗利，于洋. 植物生理学实验技术 [M]. 北京：化学工业出版社，2007.

[2] 张志良，瞿伟菁，李小方. 植物生理学实验指导 [M]. 4 版. 北京：高等教育出版社，2009.

[3] SPAD-502 叶绿素仪中文使用说明.

实验 8-3 光合速率的测定

实验目的

学习使用 LI-6400XT 光合作用仪测定植物叶片光合速率。

实验原理

LI-6400XT 光合作用仪测定采用差分法，即测量样品室和参比室之间 CO_2 的浓度差，从而计算植物叶片光合速率。

器材与试剂

1. 实验材料

活体植株叶片。

2. 实验器具

LI-6400XT 光合作用仪、缓冲瓶、直尺等。

3. 实验试剂

干燥剂、苏打等。

方法与步骤

1. 准备

检查化学药品，硬件连接（插入 CF 卡），安装 LED 光源和 CO_2 注入系统。

2. 开机

配置界面选择配置文件“Factory Default _6. 1. xmL”或“LED 2 × 3. xmL”，按“Enter”键确认。显示“Is the Chamber/IRGA connected?（Y/N）”，选择“Y”并确认，进入 LI－6400 Photosynthesis System Open 6. 1 主界面，预热 15 ~ 20 min。

3. 检查

按 F4 进入测量菜单，进行日常检查。①~⑤为预热前检查，⑥~⑩为预热后检查。

（1）检查温度。检查 h 行三个温度值“Tblock－℃”（冷却模块温度）、“Tair－℃”（叶室温度）和“Tleaf－℃”（叶温热电偶温度）是否合理，且彼此相差应该在 1 ℃以内。检查叶温热电偶的位置是否正确：直接测量叶片温度时，叶温热电偶的结点位置应高于叶室垫圈约 1 mm，确保夹叶片时能与叶片充分接触；如果使用能量平衡方法测量叶片温度，则叶温热电偶的结点位置应低于叶室垫圈 1 mm，确保夹叶片时，接触不到叶片。

（2）检查光源和光量子传感器。检查光源是否正常工作。检查 g 行“ParIn_ μm”（叶室内部光强）和“ParOut_ μm”（外部光强）两个传感器是否有响应。

（3）检查大气压传感器。检查 g 行“Prss_ kPa”大气压值是否合理。一般在海平面大气压值约 100 kPa，海拔 305 m 大气压值约 97 kPa，1 524 m 大气压值约 83 kPa，且随天气变化，大气压值可能会有 1 ~ 2 kPa 的变化。

（4）检查叶室混合扇。在测量菜单中，依次按 2、F1，按 O 关闭，或按 F 打开叶室混合扇，将分析器头部放到耳朵旁边，听分析器头部声音是否有变化，如果有变化，表示正常。

（5）检查是否存在气路堵塞。设定流速为 1 000，将 CO_2 管和 Dessicant（干燥剂）管调到完全“Bypass”位置，检查仪器实际流速能否达到 650 以上，然后将两管从完全“Bypass”调到完全“Scrub”，检查仪器实际流速能否达到 650 以上。如果都能达到，则说明气路没有堵塞；如果达不到，则首先检查 CO_2 管，再检查干燥剂管，方法都是将调解旋钮从一侧完全旋到另一侧，检查流速下降是否大于 10。如果大于 10，则存在堵塞。

（6）叶室漏气检查。先将 CO_2 管调到完全“Scrub”，干燥剂管调到完全“Bypass”，然后在叶室四周吹气。如果发现 a 行样品室 CO_2 的读数变化小于 2 $\mu mol \cdot moL^{-1}$，说明叶室不漏气；如果变化超过 2 $\mu mol \cdot moL^{-1}$，说明叶室可能漏气。

（7）IRGAs 零点检查。首先保证叶室完全闭合不漏气，然后在 CO_2 管完全“Bypass”下，等到“CO_2R_ μmL”（参比室 CO_2 浓度）和“CO_2S_ μmL”（样品室 CO_2 浓度）的读数稳定后，做一次“Match IRGA”，使二者读数在匹配模式下相等。将 CO_2 管调至完全“Scrub”，干燥剂管“Bypass”，等待大约 5 min，“CO_2R_ μmL”和“CO_2S_ μmL”的读数会降到 0 附近。如果均在 ±5 $\mu mol \cdot moL^{-1}$ 以内，说明零点正常，不需要校准；如果超过这个范围，再等大约 10 min，如果还不能达到要求，则需进入校准菜单，进行“IRGAs Zero”。之后两管调到“Bypass”。

（8）检查流速零点。关闭泵（在测量菜单中，依次按 2、F2、N），然后关闭叶室混合扇（依次按 2、F1、O）。检查 b 行“Flow_ μml”（样品室流速）是否在 ±2 $\mu mol \cdot s^{-1}$ 之间：如果在，表示正常；如果不在此范围，则需进入校准菜单，进行“Flow Meter Zero”。

（9）校准叶温热电偶零点。拔出紫色插头，检查 h 行“Tblock - ℃”和“Tleaf - ℃”的温度差值是否在 0.1 ℃以内，如果不在 0.1 - ℃以内，用一字形小螺丝刀对分析器底部的电位调节器进行温度校准，顺时针旋转“Tleaf - ℃”升高，反之降低，直到“Tleaf - ℃”基本等于“Tblock - ℃”。完成后将紫色插头重新插好。

（10）检查匹配阀。检查匹配阀是否工作。应该在每天开始测量前，进行一次匹配。当全天都在相同的 CO_2浓度下做实验，一般每 20 ~ 30 min 应匹配 1 次。如果做实验时，每次测量都要改变 CO_2浓度，那么每改变 1 次 CO_2浓度，就需要进行 1 次匹配。

4. 测定

（1）CO_2、光、叶温控制。将 CO_2 管调到完全“Scrub”，干燥剂管调到完全“Bypass”，按 2，再按 F3，设定所需 CO_2浓度。按 F5，选择“Quantum Flux XXX mol/m2/s”，按“Enter”键，输入所需光强，再按“Enter”键。按 2，再按 F4，选择“Block”温度，按 Enter 键，输入测定温度，按“Enter”键，回到测量界面。

（2）设置存储路径。在测量界面，依次按 1、F1、“Open LogFile”，选择将数据存入 CF 卡（默认为主机），建立一个文件，按 Enter 键。

（3）准备叶片。打开叶室，夹好待测植物叶片，使叶在叶室内的方向与其着生方向一致（用自动光源时则无此要求）。要求被测叶片面积小于 6 cm^2，依次按 3、F1，输入实际测量的叶片面积。如果无法现场测量，则应准备塑料袋采集新鲜样品，待野外测定完成后回室内测定叶面积，若来不及测定则可暂存冰箱内待测。

（4）添加“Remark”。在测量界面，按 F4，添加“Remark”，按“Enter”键。

（5）读数。待 a 行参数稳定，b 行“ΔCO_2_ μmL”［CO_2 浓度差异（样品 - 参比）］值波动小于 0.2 $\mu mol \cdot moL^{-1}$，“Photo”（净光合速率）稳定在小数点后一位；c 行参数在正常范围内（0 < Cond < 1、Ci > 0、Tr mmol > 0），按 F1 记录数据。更换叶片后，重复“测定”步骤的第（3）、（4）步，进行测量。至少每 30 min 进行一次匹配。

（6）保存文件。完成测量后，按 F3，保存数据文件。

（7）关机。按“Esc”键，退回主界面，关机。把两管旋至中间松弛状态，旋转叶室闭合螺丝，使叶室处于张开状态。

5. 数据导出

（1）CF 卡内数据可在仪器关机后，通过直接插入电脑读卡器导出。

（2）用 RS - 232 数据线连接电脑和 LI - 6400XT 光合作用仪，开机进入主界面，按 F5，按上下箭头选择“File Exchange Mode”；打开电脑上预先安装 SimFX 软件中的“LI6400FileEx”，点击“File”，选择“Prefs”，选择“Com”端口，按“Connect”，连接成功后，选择文件传输到指定位置。

注意事项

（1）实验人员应熟练掌握仪器操作技能，避免损坏仪器。

（2）用于测定的叶片应生长状况良好，无病虫害、损伤等。

（3）光合速率的最适测量时间为 9：00—11：00，测量前应对植物进行光适应，使其气孔处于开放状态。

（4）测定时，缓冲瓶应距离地面一定高度，并适当离开人群，以减少对缓冲瓶中CO_2的干扰。

（5）测量过程中如遇电池电量不足，应及时更换电池，以免仪器自动关机，丢失数据。

实验8－4　蒸腾速率的测定

Ⅰ　离体快速称重法

实验目的

了解离体快速称重法测定植物蒸腾速率的原理及方法。

实验原理

植物蒸腾失水，其重量减轻，因此可用称重法测定植物叶片在一定时间内一定叶面积所失水量，从而求出蒸腾速率。

实验器材

1．实验材料

植物枝条。

2．实验器具

电子分析天平（0.000 1 g）、干湿球温度计、叶面积仪（或透明方格板）；剪刀、镊子、计时器、白纸片等。

方法与步骤

1．蒸腾测定

在待测植株上选择生长正常的带叶枝条（约20 g），剪下立即称重，记录时间和重量并迅速放回原处（可用夹子将离体枝条夹在原母枝上），使其在原来环境条件下蒸腾3～5 min后，迅速取下重新称重，准确记录3～5 min内的蒸腾失水量（两次重量差值）。

2．叶面积测定

用叶面积仪或透明方格法测定枝条上的叶面积（cm^2）。

3．结果计算

$$蒸腾速率（g\cdot m^{-2}\cdot h^{-1}）=\frac{蒸腾失水量}{蒸腾叶面积\times 测定时间}$$

如果是针叶树之类的植物不便计算叶面积，可以用每单位重量鲜重（或干重）蒸腾组织在单位时间内蒸腾的水量来表示蒸腾速率（$mgH_2O\cdot g^{-1}\cdot h^{-1}$）。

$$蒸腾速率（mgH_2O \cdot g^{-1} \cdot h^{-1}）=\frac{蒸腾失水量}{组织鲜（干）重 \times 测定时间}$$

注意事项

该方法适合测定较小枝条的蒸腾速率。

Ⅱ　钴纸法

实验目的

了解钴纸法测定植物蒸腾速率的原理及方法。

实验原理

氯化钴在干燥时为蓝色，当吸收水分后转变为粉红色。根据变色所需时间的长短，按钴纸标准吸水量计算植物蒸腾速率。

器材与试剂

1. 实验材料

植物叶片。

2. 实验器具

电子分析天平（0.000 1 g）、电热鼓风干燥箱、光照培养箱、照度计；打孔器、具塞试管、干燥器、镊子、剪刀、玻璃板、载玻片、计时器、弹簧夹、橡皮等。

3. 实验试剂

5%氯化钴溶液：称取9.2 g $CoCl_2 \cdot 6H_2O$ 溶于100 mL蒸馏水中，滴几滴盐酸调成弱酸性。

方法与步骤

1. 氯化钴纸的制备

取滤纸，浸入5%氯化钴溶液中，待浸透后取出，用吸水纸吸去多余的溶液，将其平铺于干洁的玻璃板上，然后置于电热鼓风干燥箱中60～80 ℃烘干，选取颜色均一的钴纸，按需要用打孔器打成小圆片，再次烘干后贮于具塞试管中，置于干燥器（装有氯化钙）中备用。

2. 钴纸标准化

使用前，测出每钴纸小方块由蓝色转变成粉红色需吸收多少水量。将天平置于25 ℃、相对湿度53%的光照培养箱中，取1～2片钴纸圆片称重，并记录称重时间，每隔1 min记一次重量，当钴纸小方块全部由蓝色变为粉红色时，立即准确地记下重量和时间。如此重复数次，计算出钴纸小方块由蓝色变为粉红色时平均吸收多少水量（mg），作为钴纸标准吸水量，以 x 表示。

3. 蒸腾强度的测定

取两片载玻片，再取一小块薄橡皮，并在其中央开 1 cm^2 的小孔，用胶水将它固定在玻片当中，另准备一只弹簧夹。用镊子从干燥器中取出钴纸圆片，放在玻片上的橡皮小孔中，立即置于待测植物叶子的背面（或正面），将另一玻片放在叶子的正面（或背面）的相应位置上，用夹子夹紧，同时记下时间，注意观察钴纸的颜色变化，待钴纸全部变为粉红色时，记下时间。以时间的长短做相对比较，可用钴纸圆片的标准吸水量和圆片由蓝色变为粉红色所需的时间来计算所测定叶片表面的蒸腾速率，单位为 $mg \cdot cm^{-2} \cdot min^{-1}$。

4. 结果计算

$$蒸腾速率（mg \cdot cm^{-2} \cdot min^{-1}）= \frac{60 \times x}{t}$$

式中：x——钴纸标准吸水量（mg）；

t——钴纸由蓝色变为粉红色所需时间（s）。

注意事项

用镊子取出钴纸后应立即盖上瓶盖，以免湿空气进入瓶中使钴纸变色。

Ⅲ 干燥管吸湿法

实验目的

了解干燥管吸湿法测定植物蒸腾速率的原理及方法。

实验原理

用干燥管连接装有叶片的叶室，通过气泵将气室空气泵入干燥管，称取干燥剂单位时间增量并测定叶面积，可计算植物蒸腾速率。该法可测定活体植株的蒸腾速率。

器材与试剂

1. 实验材料

植物叶片。

2. 实验器具

吸湿装置一套［干燥管、大气采样室（含气泵和流量计）、叶室］、电子分析天平（0.000 1 g）、叶面积仪（或透明方格板）；剪刀、铁架台、塑料等。

3. 实验试剂

无水 $CaCl_2$ 做干燥剂。

方法与步骤

（1）取两支装有干燥剂的干燥管，编号，分别称重后，连同测定装置带入田间。

（2）在待测的植株旁，安置测定装置。

（3）叶室中先不放叶片，将 1 号干燥管装入测定装置中，开启大气采样器的气泵，定时抽气，5 min 后，将 1 号干燥管取下，放入塑料袋中保存。

（4）将 2 号干燥管装入测定装置，同时把要测定的叶片放入叶室，开启气泵以同样的流量定时抽气 5 min，然后将 2 号干燥管取下，放在塑料袋中保存。

（5）用叶面积仪（或透明方格板）测定放入叶室中的叶片面积，测定完毕后将干燥管及测定仪器带回实验室。

（6）用天平分别称取吸湿后两支干燥管的重量，并记录重量和吸湿时间。

（7）结果计算：

$$蒸腾速率(g \cdot m^{-2} \cdot h^{-1}) = \frac{(W_{2B} - W_{2A}) + (W_{1B} - W_{1A})}{A \times t}$$

式中：A——蔗糖速率（$g \cdot m^{-2} \cdot h^{-1}$）；

t——蔗糖时间（h），即为干燥管吸湿时间；

（$W_{1B} - W_{1A}$）——1 号干燥管吸湿水量（g），W_{1A} 为吸湿前的重量，W_{1B} 为吸湿后的重量；

（$W_{2B} - W_{2A}$）——2 号干燥管吸湿水量（g），W_{2A} 为吸湿前的重量，W_{2B} 为吸湿后的重量。

注意事项

（1）最好在光照条件好、田间湿度较低时测定蒸腾速率。

（2）叶面积小或蒸腾速率较低时，可通过延长抽气时间来增加吸湿量。

Ⅳ　恒态气孔计法

实验目的

了解恒态气孔计法测定植物蒸腾速率的原理及方法。

实验原理

LI－1600 恒态气孔计测定过程中不断向叶室补充干空气，利用湿度传感器反馈给流量自动控制器的信号，使干空气的流量恰好能使叶室中的湿度维持在开始测定时的设定值，从而实现了恒态测定；仪器借助于其中的微处理器和温度、湿度、流量等传感器，自动测出进入叶室的干、湿空气和流出叶室的空气温度、湿度、流量，以及叶片温度等参数，并对测得的各个参数进行运算，即可显示出蒸腾速率、气孔阻力（或气孔导度）等结果。

实验器材

1. 实验材料

植物叶片。

2. 实验器具

LI－1600 恒态气孔计。

方法与步骤

1. 测定前的准备

（1）在接通交流电源之前，务必将电压选择开关拨至 230 VAC（我国大部分地区电压为 220～230 V），并装配合适的保险丝。

（2）打开仪器开关之前必须将感应探头上的电线和软管线连接到读数控制台相应的插孔上。否则显示窗会显示“HELP”字样，易使仪器损坏。

（3）室内测定可直接用交流电，电源插头插在读数控制台“AC POWER”位置。田间测定则需要事先充电 16～24 h，一次充电可用 6～8 h。充电电池耗竭时，显示窗会出现断续小点闪烁，仪器自动关闭。

（4）测定前需向仪器输入当地大气压值。将读数控制旋钮转向“PRESS. SET”位，用小螺丝刀调节输入大气压电位计，直至显示窗显示当地大气压数值。

（5）测定前还需输入小孔帽面积（即所测叶面积值）。将读数控制旋钮转向“APER. SET”位，用小螺丝刀调节输入小孔面积电位计，直至显示窗显示小孔面积数值。该仪器可调范围为 0～12 cm^2，但小于 0.5 cm^2不能测定。

（6）每次测定前需用经过 175 ℃烘干 1 h 的硅胶干燥剂，更换探头和读数控制台两个干燥剂管中的干燥剂。注意，烘干的干燥剂必须先放凉后才能使用。

2. 测定

（1）将“ON－OFF”开关拨向“ON”位，接通电源，预热。

（2）输入零点 RH。第一次测定前，或关闭电源后再次接通电源，或环境 RH 变化较大时，均需输入零点 RH。先关闭零点调节阀，将读数控制旋钮转向“FLOW”位，显示窗显示零（即无干空气进入叶室）。再将旋钮转向“REL. HUM”位，打开叶夹，使叶室与周围环境平衡。平衡时间长短与环境 RH 波动大小有关，一般为几分钟，有时则需1 h。在显示窗中 RH 值稳定后，按“HUM. SET”开关 1 s，零位调节指示器指针位于中心位置，此时显示窗中数值为零点 RH。

如果需要零点 RH 低于环境 RH，长按“HUM. SET”开关 6 s 后，打开零点调节阀，RH 开始下降，当 RH 达到预想值时，放开“HUM. SET”开关，此 RH 为零点 RH。

如果需要零点 RH 高于环境 RH，关闭零点调节阀，夹住叶片，当 RH 高于环境 RH 并达到预想值时，压住“HUM. SET”开关 1 s，此 RH 为零点 RH。

（3）夹住欲测叶片。若显示窗 RH 显示高于零点 RH，即零点调节指示器指针向右偏离中心，则应逆时针方向旋转零点调节阀，增加干空气流入量；若显示窗 RH 显示低于零点 RH，即零点调节指示器指针向左偏离中心，则应顺时针方向旋转零点调节阀，减少干空气流入量。

如果零点调节指示器的指针处在标度范围内，RH 接近零点 RH，此时不需调节零点调节阀。因为微处理器可调节干空气气流，使 RH 达到零点 RH。如果指针移动很快，表示零点调节阀开得太大；如果指针移动太慢，还需加大零点调节阀。当零点调节指示器的指针稳定地指向中心，表示已达到稳态条件的零点 RH。假如指针稍偏离中心，而且是稳定的，实际上也达到了稳态条件。通常扩散阻力为 5 $s \cdot cm^{-1}$的叶片，达到稳态条件大致需 10 ~ 20 s。扩散阻力大时，需要时间较长。假如叶片的几个扩散阻力值变化不大，则不需要调节零点调节阀。

（4）当显示窗 RH 达到零点 RH，将“HOLD”开关压向左边，然后再读数。

（5）旋转读数控制转换旋钮到各个读数挡位，在显示窗中读出叶温、叶室温度、光量子密度、扩散阻力、蒸腾速率。

（6）读数完毕，将“HOLD”开关压向右边，进行另一叶片测定。

（7）测定结束后，关闭电源开关，并将探头的两根接线从读数控制台上卸下，装入箱中。

注意事项

（1）第一次使用此仪器，必须先阅读说明书，或请仪器管理者给予技术指导。

（2）该仪器不能在含二氧化硫等酸性环境和烟煤灰尘太多的地方使用；酸性环境中使用时，若露水或水滴落至湿敏电阻上，会损坏仪器。

（3）叶室内零点 RH 虽然可任意输入，但在 20% ~80% 范围内精度最高。

（4）在冷凉干燥和温暖潮湿环境中交替使用仪器时，叶室内会发生冷凝作用，冷凝以后需数小时后才能恢复正常。

（5）测定过程中物理振动可能造成某些植物的气孔关闭，影响测定准确性。

参考文献

［1］路文静，李奕松. 植物生理学实验教程［M］. 北京：中国林业出版社，2012.

［2］刘萍，李明军. 植物生理学实验技术［M］. 北京：科学出版社，2007.

实验 8 -5　叶绿素荧光的测定

实验目的

了解叶绿素荧光和光合作用能量转换的关系，初步掌握调制式叶绿素荧光仪的操作。

实验原理

调制式荧光仪的光源包括调制的测量光、非调制的光化光、饱和脉冲光及远红光，其信号检测采用选频放大或锁相放大技术。用于测定荧光的光源被调制，也就是使用以很高频率不断开关的光源。在这样的系统中，检测器选择性大，仅检测被调制光激发的荧光，即可在田间即使阳光存在的情况下测定相对的荧光产额。

实验器材

1. 实验材料

待测植株。

2. 实验器具

便携式调制叶绿素荧光仪 PAM－2500。

方法与步骤

（1）让待测植株的叶片经过一个充分的暗适应过程，一般 15～30 min，最好是经过一个黑夜。

（2）给经过充分暗适应的叶片照射测量光，荧光水平稳定后得到荧光参数 *F*o，接着，给一个饱和脉冲光，一个脉冲后关闭，得到荧光参数 *F*m，于是得到荧光参数 *F*v/*F*m，即光系统Ⅱ（PSⅡ）的潜在光化学效率。

（3）打开可以引起叶片光合作用的光化光，一般光量子通量密度（PPFD）为几百 $\mu mol \cdot m^{-2} \cdot s^{-1}$（因植物生长条件或实验目的不同而异），几十分钟后叶片光合作用达到稳态，得到稳态荧光 F_s。再给饱和脉冲光一个脉冲后关闭，得到荧光参数 *F*m′，于是可计算光化光存在时 PSⅡ 的实际量子效率 ΦPsⅡ和荧光的非光化学猝灭系数 NPQ。

（4）关闭光化光，立即打开远红光，几秒钟后关闭，这时得到荧光参数 *F*o′，于是可计算荧光的光化学猝灭系数 qP，即（Fm′－Fs）/（Fm′－Fo′）。

注意事项

（1）多数荧光仪的光源和光信号通过光缆传输，使用过程中须保护光缆，不能折放。

（2）光缆上的探头与叶片的距离不同会影响测量结果，故须将探头固定在叶片上。

（3）光强对测量结果有较大影响，故须保证叶片的受光强度和角度一致。

参考文献

［1］侯福林．植物生理学实验教程［M］．2 版．北京：科学出版社，2010.

［2］便携式调制叶绿素荧光仪 PAM－2500 操作手册.

实验 8－6 光呼吸的测定

Ⅰ 低氧抑制法

实验目的

了解低氧抑制法测定叶片光呼吸的原理，掌握 LI－6400XT 光合作用仪的使用方法。

实验原理

光呼吸受 CO_2 的促进，在 2% O_2 浓度条件下叶片光呼吸受抑制而提高了表观光合速率，与 21% O_2 浓度下的表观光合速率之差便可衡量光呼吸强度。缺点是低浓度 O_2 条件下减少了 O_2 对加氧酶（Rubisco）固定 CO_2 时的竞争性抑制作用，提高了 CO_2 的同化率，使测定值高于实际值。

实验器材

1．实验材料

植物叶片、N_2、CO_2。

2．实验仪器

LI－6400XT 光合作用仪、光源等。

方法与步骤

（1）LI－6400XT 光合作用仪、使用开放系统，开机预热 10 min，设置叶室温度为 25～28 ℃，光强为 1 200～1 500 μmol^{-2} · s^{-1}，气流速度为 0.5 L · min^{-1}，气体可先采用正常大气。使用足够长的橡皮管连接缓冲瓶，并将缓冲瓶放置远离操作环境、无空气污染的开阔处。

（2）待气体读数稳定后，小心地将叶片夹入叶室（不能漏气），进行一定时间的光合作用，读取其稳定的 CO_2 吸收速率，即表观光合速率（APS_{21}）。然后将 O_2 浓度设置为 2%，其他参数不变，读取稳定的表观光合速率（APS_2）。若没有气控附件，可用 N_2、CO_2 和空气配制含 2% O_2 和 330～340 μg · L^{-1} CO_2 的低氧气体。光呼吸的 CO_2 释放速率 = APS_2 − APS_{21}。

注意事项

（1）按照使用说明书使用 LI－6400XT 光合作用仪。

（2）一定要小心地将叶片放入叶室，避免因漏气而影响实验结果。

Ⅱ CO_2猝发法

实验目的

了解CO_2猝发法测定叶片光呼吸的原理，掌握LI－6400XT光合作用仪的使用方法。

实验原理

光下进行光合作用的叶片若突然断光，光合CO_2吸收会立即停止，但光呼吸释放CO_2的过程可依赖一定量的贮备底物而持续较短时间（一般小于1 min），随后稳定至暗呼吸CO_2释放速率。利用LI－6400XT光合作用仪直接读取CO_2释放速率的猝发峰，由此可算出光呼吸强度。方法简便快速，无须变换气体浓度，且不受CO_2内循环因素影响，但须有冷光源光控附件，否则不易掌控。由于是在CO_2释放速率下降过程中测定结果，结果可能会低于实际值。

实验器材

1．实验材料

植物叶片。

2．实验仪器

LI－6400XT光合作用仪、光源、冷光源光控附件等。

方法与步骤

（1）LI－6400 XT光合作用仪使用开放系统，开机预热10 min，设置温度为25～28 ℃，光强1 200～1 500 $\mu mol^{-2} \cdot s^{-1}$，气体可使用正常大气。使用足够长的橡皮管连接缓冲瓶，并将缓冲瓶放置在远离操作环境、无空气污染的开阔处。

（2）将叶片小心地夹入叶室（不能漏气），进行一定时间光合作用，待光合CO_2吸收速率稳定后，关闭光源（叶室应预先用黑布盖严），观测断光后1 min内CO_2的第一个猝发峰，根据猝发峰的高度可算出光呼吸的CO_2释放速率。

注意事项

一定要小心地将叶片放入叶室，避免因漏气而影响实验结果。

参考文献

［1］汤绍虎，罗充．植物生理学实验教程［M］．重庆：西南师范大学出版社，2012.

［2］中国科学院上海植物生理研究所，上海市植物生理学会．现代植物生理学实验指南［M］．北京：科学出版社，1999.

实验 8-7　光补偿点/光饱和点的测定

实验目的

掌握 LI-6400XT 光合作用仪测定植物光补偿点/光饱和点的原理和方法。

实验原理

将诱导达到稳态光合作用的叶片置于暗处，叶片呼吸作用会使光合测定系统内的 CO_2浓度升高。缓慢提高光强，由于光合作用叶片放出 CO_2减少，当系统内 CO_2浓度保持恒定时，光合作用吸收 CO_2的速率等于呼吸作用释放 CO_2的速率，这时的光强称为光补偿点。再逐级提高光强，叶片净光合速率由初始的线性增加变为缓慢增加。当进一步提高光强，光合不再增加，此时的光强称为光饱和点。通过 LI-6400XT 光合作用仪测定不同光强下的光合速率、植物光响应曲线，由此可测出植物的光补偿点/光饱和点。

实验器材

1. 实验材料

玉米（C_4植物）或菜豆（C_3植物）幼苗。

2. 实验器具

LI-6400XT 光合作用仪（配备 CO_2压缩气体钢瓶和 LED 光源）。

方法与步骤

1. 准备工作

绘制光响应曲线之前，要进行光诱导，即在估测的饱和光强下诱导叶片达到稳定的最大净光合速率（P_{max}）。此饱和光强不能太大，否则可能产生光抑制。确定最适宜诱导光强和诱导时间，大概 30 min。

2. 光响应曲线绘制

（1）硬件安装与连接：安装红蓝光源；装好化学药品；连接硬件（如果使用 CF 卡，则插入主机后面固定小槽内）。

（2）开机，配置界面选择红蓝光源，连接状态按“Y”，进入主菜单，预热约 20 min。

（3）按 F4 进入测量菜单，进行日常检查。

（4）在测量界面下，按 2，再按 F3（CO_2 Mixer），按上下箭头键选择 R）Ref CO_2 XXX μmol·mol^{-1}，按 Enter，设置 CO_2浓度为环境 CO_2浓度（约 400 μmol·mol^{-1}），按 Enter。(可选择)

（5）打开叶室，夹好叶片，闭合叶室。

（6）按“1”“F1（Open LogFile）”键，选择将数据存入的位置（主机或 CF 卡），建立一个文件，按 Enter，输入“remark”，按 enter。

（7）按“5”“F1（Auto prog）”，进入自动测量界面，按上下箭头键选择“LightCurve”，按 Enter 进入，命名文件，按 Enter，添加“remark”，按 Enter，出现“Desired lamp settings”，自高到低设定光强梯度如“1 500 1 200 1 000 800 600 400 200 150 100 50 20 0”（注意数值间一定要有间隔，上面数值仅供参考）。按 Enter 后，出现“Minimum wait time（secs）”，设定 120，按 Enter，出现“Maximum wait time（secs）”，设定 200，按 Enter，出现“Match if ｜ΔCO_2｜ less than（ppm）”，设定 20 或 15，按 Enter，按“Y”，进入自动测量，等待测量结束。

（8）按“1”“F3（Close file）”保存文件。

（9）更换叶片，重复步骤（4）~（8）。

（10）用 RS－232 数据线连接电脑和 LI－6400XT，按 Esc 退回主界面，按 F5（Utility Menu），按上下箭头选择“File Exchange Mode”，在电脑上预先安装 SimFX 软件，双击打开 LI6400FileEx，点击 File，选择 Prefs，选择 Com 端口，按 Connect，连接成功后，选择文件传输到指定位置（CF 卡内的数据也可在退出卡后，插入电脑读卡器来导出数据）。

（11）按 Esc，退回主界面，关闭电源。

（12）把化学管旋钮旋至中间松弛状态；旋转叶室固定螺丝，使叶室处于打开状态。

注意事项

（1）光强设定顺序应为从强光到弱光，若从弱光到强光，则叶片需要 10 min 以上才能达到最大光合速率。

（2）测定光强－光合曲线时，要求 CO_2 浓度、空气湿度和环境温度相对稳定。

参考文献

［1］LI－6400XT 光合作用仪 OPEN 6.1 简易使用手册.

［2］郝建军，康宗利，于洋. 植物生理学实验技术［M］. 北京：化学工业出版社，2007.

实验 8－8　CO_2 补偿点/CO_2 饱和点的测定

实验目的

掌握 LI－6400XT 光合作用仪测定植物 CO_2 补偿点/CO_2 饱和点的原理和方法。

实验原理

密闭系统中的植物叶片，在光照下进行光合作用吸收 CO_2，使系统中 CO_2 浓度逐渐降低，直至光合吸收 CO_2 的速率等于呼吸作用和光呼吸释放 CO_2 的速率，这时密闭系统中 CO_2 的浓度保持恒定，可用 LI－6400XT 光合作用仪测定，该 CO_2 浓度即为 CO_2 补偿点。CO_2 饱和点的测定是在密闭的系统中逐渐增加 CO_2 浓度，当植物叶片的光合速率不再随 CO_2 浓度增加而增加时，密闭系统中 CO_2 的浓度即为 CO_2 饱和点。

实验器材

1. 实验材料

玉米（C_4 植物）或菜豆（C_3 植物）幼苗。

2. 实验器具

LI－6400XT 光合作用仪（配备 CO_2 压缩气体钢瓶和 LED 光源）。

方法与步骤

1. 准备工作

测定 CO_2 响应曲线之前，要进行光诱导，即在饱和光强和预设的 CO_2 浓度的第 2 或第 3 梯度下诱导叶片至稳定的光合速率。确定最适宜的 CO_2 浓度和诱导时间（一般30 min）。

2. CO_2 响应曲线测定

（1）硬件安装与连接：安装红蓝光源；装好化学药品；连接硬件（如果使用 CF 卡，则插入主机后面固定小槽内）。

（2）开机，配置界面选择红蓝光源，连接状态按“Y”，进入主菜单，预热约 20 min。

（3）按“F4”进入测量菜单，进行日常检查。

（4）安装 CO_2 钢瓶（O 形圈），将苏打管调节旋钮拧到完全 Scrub 位置，干燥剂管调节旋钮拧到完全 Bypass 位置。

（5）CO_2 混合器校准。按 2，F3，按上下箭头键选择 R）Ref CO_2 XXX $\mu mol \cdot mol^{-1}$，按 Enter，设定 CO_2 浓度为环境 CO_2 浓度（约 400 $\mu mol \cdot mol^{-1}$），按 Enter（可选择）。将注入系统进行预热 1 min 左右。按 Escape，退回主菜单，按 F3 进入 Calib menu，选择 CO_2 Mixer calibrate，按 Enter，如果 CO_2 浓度高于 2 000 $\mu mol \cdot mol^{-1}$ 且达到稳定，按“Y”，自动进行 8 点校准，完成后提示“Implement this calibrate?”，按“Y”，然后按 Esc。

（6）按“2”“F5（Lamp）”，按上下箭头键选择 Q）Quantum Flux XXX mol/m2/s，按 Enter 进入，设定为饱和光强（根据光响应曲线确定），按 Enter。

（7）打开叶室，夹好叶片，闭合叶室。

（8）按“1”“F1（Open LogFile）”，选择将数据存入的位置（主机或 CF 卡），建立一个文件，按 Enter，输入一个 remark，按 Enter。

（9）按“5”“F1（Auto prog）”，进入自动测量界面，按上下箭头键选择 A－Ci Curve，按 Enter 进入，命名文件，按 Enter，添加“remark”，按 Enter，出现“Desired

CO_2 settings"，自高到低设定 CO_2 梯度如 "1 500 1200 1 000 800 600 400 200 150 120 100 80 50"（注意数值间一定要空出间隔，上述数值仅供参考）。按 Enter 后，出现 "Minimum wait time (secs)"，设定 60，按 Enter，出现 "Maximum wait time (secs)"，设定 300，按 Enter，出现 "Match if $|\Delta CO_2|$ less than (ppm)"，设定 20 或 15，按 Enter，按 "Y"，进入自动测量，等待测量结束。

（10）按 "1"，"F3 (Close file)" 保存文件。

（11）更换叶片，重复步骤（6）~（10）。

（12）导出数据的方法同实验 8-7 的第（10）步。

（13）把化学管调节旋钮旋至中间松弛状态；旋转叶室固定螺丝，使叶室处于打开状态。

注意事项

（1）CO_2 浓度的设定一定从高浓度到低浓度。

（2）测定 CO_2 光合曲线时，要求光强、空气湿度和环境温度要相对稳定。

参考文献

[1] LI-6400XT OPEN 6.1 简易使用手册.

[2] 郝建军，康宗利，于洋. 植物生理学实验技术 [M]. 北京：化学工业出版社，2007.

实验 8-9　乙醇酸氧化酶活性的测定

实验目的

了解植物乙醇酸氧化酶活性测定的原理和方法。

实验原理

乙醇酸氧化酶在光呼吸过程中将乙醇酸氧化生成乙醛酸和过氧化氢，以二氯靛酚作为氢受体，接受乙醇酸氧化时脱下的 H^+，使二氯靛酚还原，此时原来为蓝色的染料则褪至无色。利用染料颜色的变化，即可对酶的活性进行比色测定。利用氰化钾（KCN）抑制靛酚氧化酶氧化二氯靛酚，可提高比色精确度。

器材与试剂

1. 实验材料

新鲜植物叶片。

2. 实验器具

分光光度计、离心机、磁力搅拌器、天平、移液器；研钵、试管架、漏斗、烧杯、试管、纱布等。

3. 实验试剂

（1）10%醋酸。

（2）硫酸铵。

（3）二氯靛酚染料：0.1% 2，6－二氯靛酚。

（4）0.1 mol·L^{-1}磷酸钾缓冲液（pH 8.0）。

（5）0.02 mol·L^{-1}磷酸钾缓冲液（pH 8.0）：称取3.27 g K_2HPO_4，用适量蒸馏水溶解后，再称取0.163 g KH_2PO_4，放入其中溶解，用蒸馏水定容至1 L。

（6）0.04 mol·L^{-1}乙醇酸钾：称取0.304 g乙醇酸，用KOH溶液中和，然后用蒸馏水定容至100 mL。

（7）0.01 mol·L^{-1} KCN溶液：称取0.065 g KCN溶于100 mL 0.01 mol·L^{-1} NH_4OH溶液中。注意，KCN有剧毒。

方法与步骤

1. 酶液提取

称取新鲜干净的植物叶片30 g，加30～60 mL蒸馏水，在0～5℃下研磨，经4层纱布过滤，滤液用1 000 r·min^{-1}离心15 min，弃沉淀。然后用10%醋酸调pH至5.4，用3 500～4 000 r·min^{-1}离心15 min，除去蛋白质沉淀。于上清液中加入硫酸铵（在磁力搅拌器上边加边不停地搅动30 min），使之达到20%饱和度（见附表6），离心除去沉淀，于上清液中再加入硫酸铵，使之达到30%饱和度，离心20 min，沉淀即为粗酶制品。用少量0.02 mol·L^{-1}磷酸钾缓冲液（pH 8.0）溶解，溶液体积为提取液的1/10。保存于冰箱中，待测。

2. 酶活性测定

取一试管加入0.6～0.8 mL 0.01 mol·L^{-1} KCN、0.5 mL 0.04 mol·L^{-1}乙醇酸钾、0.5 mL稀释5～10倍的酶液，再加0.1 mol·L^{-1}磷酸钾缓冲液（pH 8.0）使溶液体积达3.7 mL，最后加入0.3 mL二氯靛酚染料，使其总体积为4 mL，迅速混匀后倒入1 cm比色杯中，于波长620 nm处读取OD值。另取比色杯不加染料，以缓冲液代替，作为空白调零用。加入染料1 min后开始读数，每隔30 s读数一次，在3～4 min内OD_{620}读数直线下降。

3. 结果计算

以每分钟OD_{620}下降0.01所需酶量定为1个酶活性单位（1U）。

$$\text{酶活性（U·mL}^{-1}\text{·min}^{-1}\text{）}=\frac{\text{下降OD值}}{\text{参与反应的纯酶液体积（mL）}\times\text{时间（min）}\times 0.01}$$

或用每分钟OD_{620}值下降0.01所需材料鲜重表示酶活性。

$$\text{酶活性（U·g}^{-1}\text{ Fw）}=\frac{\text{下降OD值}\times\text{总酶液（mL）}}{\text{参与反应的纯酶液体积（mL）}\times\text{时间（min）}\times\text{鲜重（g）}\times 0.01}$$

注意事项

（1）不加底物乙醇酸钾，预先试验确定二氯靛酚不被粗酶还原的 KCN 用量。

（2）KCN 有剧毒，应通风并小心操作。

参考文献

［1］张志良，瞿伟菁，李小方．植物生理学实验指导［M］．4 版．北京：高等教育出版社，2009.

［2］刘萍，李明军．植物生理学实验技术［M］．北京：科学出版社，2007.

［3］汤绍虎，罗充．植物生理学实验教程［M］．重庆：西南师范大学出版社，2012.

实验 8－10　二磷酸核酮糖羧化酶（RuBP）/加氧酶（Rubisco）活性的测定

Ⅰ　羧化活性的测定

实验目的

了解二磷酸核酮糖羧化酶（RuBP）/加氧酶（Rubisco）的羧化活性及其测定方法。

实验原理

Rubisco 催化 1 分子 RuBP 与 1 分子 CO_2 结合产生 2 分子 3－磷酸甘油酸（3－PGA）。3－PGA 在 3－磷酸甘油酸激酶和 3－磷酸甘油醛脱氢酶的作用下，接受 NADH 分子上的氢，还原形成 3－磷酸甘油醛（3－GaLP）。反应式如下：

$$\text{RuBP} + CO_2 + H_2O \xrightarrow[Mg^{2+}]{\text{Rubisco}} 2\ (3-\text{PGA})$$

$$3-\text{PGA} + \text{ATP} \xleftrightarrow[Mg^{2+}]{3-\text{磷酸甘油酸激酶}} 1,\ 3-\text{DPGA} + \text{ADP}$$

$$1,\ 3-\text{DPGA} + \text{NADH} \xleftrightarrow{3-\text{磷酸甘油醛脱氢酶}} 3-\text{GaLP} + \text{NAD}^+ + \text{Pi}$$

每固定 1 mol CO_2 就有 2 mol NADH 被氧化，NADH 的减少可用分光光度计在波长 340 nm 处测定，并计算出酶的活性。

器材与试剂

1．实验材料

新鲜植物叶片。

2. 实验器具

紫外分光光度计、冷冻离心机、匀浆机、分析天平（0.000 1 g）、移液器、纱布、离心管、秒表等。

3. 实验试剂

（1）5 $mmol \cdot L^{-1}$ NADH（3.328 $g \cdot L^{-1}$）。

（2）50 $mmol \cdot L^{-1}$ ATP 溶液（27.575 $g \cdot L^{-1}$）。

（3）50 $mmol \cdot L^{-1}$磷酸肌酸溶液（10.607 $g \cdot L^{-1}$）。

（4）0.2 $mol \cdot L^{-1}$ $NaHCO_3$溶液（16.8 $g \cdot L^{-1}$）。

（5）160 $U \cdot mL^{-1}$磷酸肌酸激酶溶液。

（6）160 $U \cdot mL^{-1}$磷酸甘油酸激酶溶液。

（7）160 $U \cdot mL^{-1}$磷酸甘油醛脱氢酶溶液。

（8）提取介质：40 $mmol \cdot L^{-1}$ pH 7.6 Tris－HCl 缓冲液，内含 10 $mmol \cdot L^{-1}$ $MgCl_2$（0.952 $g \cdot L^{-1}$）、0.25 $mmol \cdot L^{-1}$ EDTA（0.073 $g \cdot L^{-1}$）、5 $mmol \cdot L^{-1}$谷胱甘肽（1.537 $g \cdot L^{-1}$）。

（9）反应介质：100 $mmol \cdot L^{-1}$ pH 7.8 Tris－HCl 缓冲液，内含 12 $mmol \cdot L^{-1}$ $MgCl_2$（1.143 $g \cdot L^{-1}$），0.4 $mmol \cdot L^{-1}$ EDTA（0.117 $g \cdot L^{-1}$）。

（10）25 $mmol \cdot L^{-1}$ RuBP 溶液（$C_5H_{12}O_{11}P_2$，$M_r=310$，7.75 $g \cdot L^{-1}$）。

方法与步骤

1. 酶液提取

称取新鲜干净植物叶片 10 g，放入匀浆器中，加入 10 mL 预冷的提取介质，高速匀浆 30 s，停 30 s，交替进行 3 次；经 4 层纱布过滤，滤液于 2～4 ℃下，以 2 000 g 离心 15 min，弃沉淀，上清液即粗酶液，置 0 ℃保存备用。

2. 酶活性测定

（1）按表 8－10－1 配制反应体系。

表 8－10－1　酶反应体系

试　剂	加入量/mL
5 $mmol \cdot L^{-1}$ NADH	0.2
50 $mmol \cdot L^{-1}$ ATP	0.2
粗酶液	0.1
50 $mmol \cdot L^{-1}$磷酸肌酸	0.2
0.2 $mol \cdot L^{-1}$ $NaHCO_3$	0.2
反应介质	1.4
160 $U \cdot mL^{-1}$磷酸肌酸激酶	0.1
160 $U \cdot mL^{-1}$磷酸甘油酸激酶	0.1
160 $U \cdot mL^{-1}$磷酸甘油醛脱氢酶	0.1
蒸馏水	0.3

（2）酶液比色测定。将配制好的反应体系摇匀，倒入比色杯内，以蒸馏水为空白，在波长 340 nm 处测定反应体系 OD 值，以反应体系 OD_{340}作为起始（零点）值。将 0.1 mL 25mmol · L^{-1} RuBP 加入比色杯内，立即计时，每隔 30 s 测一次 OD_{340}，共测 3 min。以零点到第 1 min 内 OD_{340}值下降的绝对值计算酶活力。

（3）对照比色测定。由于粗酶液中可能存在 PGA，会使酶活力的测定产生误差，因此还需做一个不加 RuBP 的对照。对照的反应体系与上述酶反应体系完全相同，不同之处是把酶提取液放在最后加，加入后马上测定反应体系在波长 340 nm 处的 OD 值，并记录前 1 min 内 OD_{340}值的变化量。计算酶活力时应减去这一变化量。

3. 结果计算

$$\text{酶活力}（\mu\text{mol } CO_2 \cdot \text{min}^{-1} \cdot \text{mL}^{-1}\text{酶液}）= \frac{\Delta OD \times V_1 \times N}{2 \times d \times 6.22 \times \Delta t \times V_2}$$

式中：ΔOD——反应最初 1 min 内 340 nm 下酶液与对照 OD_{340}绝对值之差；

V_1——反应总体积（mL）；

N——稀释倍数；

2——每固定 1 mol CO_2有 2 mol NADH 被氧化；

d——比色杯光程（cm）；

6.22——每 μmol NADH 在 340 nm 处的吸光系数；

Δt——测定时间（1 min）；

V_2——酶液总体积（mL）。

注意事项

RuBP 不稳定，应现配现用。

Ⅱ 加氧活性的测定（氧电极法）

实验目的

了解二磷酸核酮糖羧化酶（RuBP）/加氧酶（Rubisco）的加氧活性及其测定方法。

实验原理

Rubisco 加氧反应是典型的单加氧反应，CO_2的 2 个氧原子分别渗入 H_2O 和磷酸乙醇酸中，因而加氧酶的活性可通过氧电极法测定氧的消耗来确定。

器材与试剂

1. 实验材料

新鲜植物叶片。

2. 实验器具

氧电极测氧装置、冷冻离心机、匀浆机、分析天平（0.000 1 g）、移液器、纱布、离心管、秒表等。

3. 实验试剂

（1）提取介质同本实验Ⅰ羧化活性的测定。

（2）反应介质：0.1 $mol \cdot L^{-1}$ pH 8.2 Tris－HCl 缓冲液，内含 20 $mmol \cdot L^{-1}$ $MgCl_2$（1.904 $g \cdot L^{-1}$）、0.4 $mmol \cdot L^{-1}$ EDTA（0.117 $g \cdot L^{-1}$）。

方法与步骤

1. 粗酶液提取

同本实验Ⅰ羧化活性的测定。

2. 溶氧量的标定

将 2 mL 氧电极法反应液，在大气中搅拌 10 min，使溶液中的溶解氧与大气平衡。然后把电极放在反应室上，调节测氧仪的灵敏度旋钮，使记录仪至满刻度，再加入 0.1 mL 饱和亚硫酸钠溶液，除尽水中的氧，指针退回到接近零点，根据指针退回的格数和 25℃ 水的溶氧量（0.26 $\mu mol \cdot mL^{-1}$），就可以计算出每格记录纸所代表的氧量。

每格记录纸代表的溶氧量（N）计算如下：

$$N\text{（}\mu mol\ O_2/1\text{ 格记录纸）}=\frac{0.26\ \mu mol \cdot mL^{-1}\times\text{溶液体积（mL）}}{\text{指针退回的格数}}$$

3. 酶活性测定

将 2 mL 空气饱和反应介质加入反应室，加入 0.1 mL 酶液，在 25 ℃保温 10 min 后，装好电极，记录由 DTT（二硫苏糖醇）氧化所消耗氧的空白速度，最后加入 0.01 mL RuBP 贮存液开始反应，记录反应速度，反应速度以每分钟多少格记录纸来表示。

加氧酶的活力可通过以下公式计算：

$$\text{Rubisco 加氧活力}(\mu mol\ O_2 \cdot min^{-1} \cdot mg^{-1}protein)=\frac{N\times(\text{加酶后的反应速度}-\text{空白速度})}{\text{酶的总量}(mg)}$$

注意事项

RuBP 不稳定，应现配现用。

Ⅲ　加氧活性的测定（发光光度计法）

实验目的

了解二磷酸核酮糖羧化酶（RuBP）/加氧酶（Rubisco）的加氧活性及其测定方法。

实验原理

RuBP 在有 Mn^{2+} 参与的酶的加氧反应中首先被烯醇化，此时 RuBP 的 C_2 位置被调整为 1 个负碳离子，当与分子氧反应后形成过氧化离子，然后该中间产物中的电子又从氧回到烯醇化的 RuBP，再生成负碳离子并产生单线态氧，单线态氧的含量可利用发光光度计来检测。

器材与试剂

1. 实验材料

新鲜植物叶片。

2. 实验器具

FG－300 型发光光度计、冷冻离心机、匀浆机、分析天平（0.000 1 g）、移液器、纱布、离心管、秒表等。

3. 实验试剂

（1）提取介质同本实验 I 羧化活性的测定。

（2）反应介质：50 $mmol \cdot L^{-1}$ pH 8.0 Tris－HCl 缓冲液，内含 1.0 $mmol \cdot L^{-1}$ $MnCl_2$（0.095 $g \cdot L^{-1}$）、1.0 $mmol \cdot L^{-1}$ $NaHCO_3$（0.084 $g \cdot L^{-1}$）。

（3）RuBP 贮存液：10 $mmol \cdot L^{-1}$（3.1 $g \cdot L^{-1}$），pH 6.53。

方法与步骤

1. 粗酶液提取

同本实验 I 羧化活性的测定。

2. 酶活性测定

（1）在比色杯中加入 25 μL RuBP 贮存液，放入发光光度计反应暗室中。

（2）在 1.4 mL 反应介质中加入 10 μL 酶液，25 ℃保温 10 min 后，注入比色杯开始反应，自动记录发光曲线。发光强度以峰高表示（mm）。

注意事项

RuBP 不稳定，应现配现用。

参考文献

［1］张志良，瞿伟菁，李小方．植物生理学实验指导［M］．4 版．北京：高等教育出版社，2009.

［2］汤绍虎，罗充．植物生理学实验教程［M］．重庆：西南师范大学出版社，2012.

［3］刘萍，李明军．植物生理学实验技术［M］．北京：科学出版社，2007.

实验 8－11　磷酸烯醇式丙酮酸（PEP）羧化酶活性的测定

实验目的

掌握植物磷酸烯醇式丙酮酸（PEP）羧化酶活性的测定原理和方法。

实验原理

PEP 羧化酶是 C_4 植物和 CAM 植物光合碳代谢的关键酶，起固定环境中 CO_2 的作用，同时催化 PEP 和 HCO_3^- 羧化形成草酰乙酸，且反应不可逆。PEP 羧化酶在光合碳同化、呼吸作用和物质代谢等方面具有重要作用。

Mg^{2+} 存在时，PEP 羧化酶催化 PEP 与 HCO_3^- 形成草酰乙酸，草酰乙酸和还原型辅酶（INADH）在苹果酸脱氢酶（MDH）作用下形成苹果酸和 NAD^+。其反应如下：

$$PEP + HCO_3^- \xrightarrow[Mg^{2+}]{\text{PEP 羧化酶}} \text{草酰乙酸} + Pi$$

$$\text{草酰乙酸} + NADH + H^+ \xrightarrow{MDH} \text{苹果酸} + NAD^+$$

NADH 的消耗和 NAD^+ 的形成速率可用分光光度计于波长 340 nm 处进行测定，并以每分钟每毫升酶原液氧化 NADH 的微摩尔值计算酶活性。

器材与试剂

1. 实验材料

C_4 植物叶片。

2. 实验器具

紫外可见分光光度计、冷冻离心机、分析天平（0.000 1 g）、移液器、Sephadex G－25 柱、DEAE－纤维素柱（DE－52）、部分收集器、研钵、烧杯、搅拌器、纱布、离心管、试管等。

3. 实验试剂

（1）提取缓冲液：0.1 $mol \cdot L^{-1}$ pH 8.2 Tris－H_2SO_4 缓冲液，内含 7 $mmol \cdot L^{-1}$ 巯基乙醇、1 $mmol \cdot L^{-1}$ EDTA、5% 甘油。

（2）洗脱缓冲液：10 $mmol \cdot L^{-1}$ pH 8.2 Tris－H_2SO_4 缓冲液，内含 0.2 $mmol \cdot L^{-1}$ EDTA、0.2 $mmol \cdot L^{-1}$ 二硫苏木糖醇、5% 甘油。

（3）酶反应缓冲液：0.1 $mol \cdot L^{-1}$ pH 9.2 Tris－H_2SO_4 缓冲液，内含 0.1 $mol \cdot L^{-1}$ $MgCl_2$、100 $mmol \cdot L^{-1}$ $NaHCO_3$。

（4）40 $mmol \cdot L^{-1}$ PEP；（5）1 $mg \cdot mL^{-1}$ pH 8.9 NADH 溶液；（6）MDH；（7）硫酸铵。

方法与步骤

1. 酶液提取

称取干净新鲜叶片（去主脉）5 g，剪碎放入预冷研钵，加入提取缓冲液 10 mL，冰浴研磨成匀浆。匀浆用4层纱布过滤，滤液于0～4 ℃、5 000 $r \cdot min^{-1}$离心20 min，上清液即为PEP羧化酶粗提液。

2. 酶的纯化

（1）硫酸铵分步沉淀。将上述粗酶液装入烧杯，置于搅拌器上搅拌，缓慢加入固体硫酸铵粉末达到35%饱和度（209 $g \cdot L^{-1}$硫酸铵），冰箱中静置1 h，于5 000 $r \cdot min^{-1}$离心10 min。取上清液再缓慢加入固体硫酸铵粉末达到55%饱和度（再加129 $g \cdot L^{-1}$硫酸铵），冰箱中静置1 h，于5 000 $r \cdot min^{-1}$离心10 min，弃上清液，沉淀用8 mL洗脱缓冲液溶解。

（2）Sephadex G－25柱层析。先用洗脱缓冲液平衡Sephadex G－25柱（3.5 cm × 15 cm），将上述溶液上柱，压样2次，用洗脱缓冲液按50 $mL \cdot h^{-1}$的速度进行洗脱，用部分收集器收集。洗脱液于5 000 $r \cdot min^{-1}$离心10 min，上清液即为PEP羧化酶纯化酶液。

（3）DE－52柱层析。把转型的DE－52装入1 cm × 3 cm的层析柱，用洗脱缓冲液平衡2 h。将上述纯化酶液上DE－52柱，压样2次，用洗脱缓冲液洗脱，用部分收集器收集。用0～0.6 $mol \cdot L^{-1}$ NaCl溶液（缓冲液配制）以30 $mL \cdot h^{-1}$的洗脱速度进行连续性梯度洗脱，收集有PEP羧化酶活性部分作为待测酶液。

3. 酶活性测定

取试管1支，依次加入反应缓冲液1.0 mL，40 $mmol \cdot L^{-1}$PEP、1 $mg \cdot mL^{-1}$ pH 8.9 NADH、MDH和待测酶液各0.1 mL，蒸馏水1.5 mL，在所测温度下保温10 min后，于波长340 nm处读取OD值。然后再加入0.1 mL 100 $mmol \cdot L^{-1}$ $NaHCO_3$启动反应，立即计时，每隔30 s测定其OD_{340}值。

4. 结果计算

测定条件下，以每分钟每毫升纯化酶液使OD_{340}降低0.01为一个酶活性单位（1 U）计算PEP羧化酶活性。

$$\text{PEP羧化酶活性}（U \cdot mL^{-1} \cdot min^{-1}）=\frac{\Delta OD \times N \times 3}{d \times 6.22 \times 10^3 \times 0.1 \times 0.01}$$

式中：ΔOD——反应起始后1 min内OD值变化的绝对值；

N——酶液稀释倍数；

3——测定混合液的总体积（mL）；

d——比色杯光程（cm）；

0.1——反应混合液中酶液用量（mL）；

6.22×10^3——NADH在340 nm处的摩尔吸光系数（$mol^{-1} \cdot cm^{-1}$）。

$$\text{酶的比活力}（U \cdot mg^{-1}protein \cdot min^{-1}）=\frac{\text{PEP羧化酶活性}（U \cdot mL^{-1} \cdot min^{-1}）}{\text{酶液中的蛋白量}（mg \cdot mL^{-1}）}$$

注意事项

MDH 的用量视 PEP 羧化酶活性大小而定。

参考文献

[1] 张志良，瞿伟菁，李小方. 植物生理学实验指导 [M]. 4 版. 北京：高等教育出版社，2009.

[2] 汤绍虎，罗充. 植物生理学实验教程 [M]. 重庆：西南师范大学出版社，2012.

[3] 郝建军，康宗利，于洋. 植物生理学实验技术 [M]. 北京：化学工业出版社，2007.

第九章 呼吸作用

实验9－1 植物呼吸速率的测定（红外 CO_2 分析法）

实验目的

掌握红外 CO_2 分析法测定呼吸强度的方法及原理。

实验原理

植物叶片的呼吸速率可用单位叶面积在单位时间内释放 CO_2 的量来表示。将待测植物放置在叶室中，对叶室遮光，CO_2 对 4 260 nm 的红外光有强烈吸收，用红外 CO_2 分析仪可测定进出叶室 CO_2 浓度差值，根据 CO_2 浓度差值、气体流量、室内温度和植物叶片面积或植物材料的重量来计算呼吸速率。

实验器材

1．实验材料

植物叶片。

2．实验器具

LI－6400 光合作用仪。

方法与步骤

1．仪器安装调试

同实验 8－3 Ⅱ 光合作用仪法。

2．样品测定

具体操作过程基本同实验 8－3 Ⅱ 光合作用仪法。测定植物叶片的呼吸速率时要在黑暗中进行。应视植物材料呼吸作用的强弱，适当调控气源 CO_2 的流速，方可获得令人比较满意的结果。

注意事项

同实验 8－3 Ⅱ 光合作用仪法。

参考文献

张蜀秋. 植物生理学实验技术教程［M］. 北京：科学出版社，2011.

实验 9－2　呼吸商的测定

实验目的

了解测定呼吸商的简单方法。

实验原理

呼吸作用放出的CO_2与吸收的O_2的体积之比称为呼吸商。呼吸商的大小因呼吸作用消耗的基质而异。本方法利用丹尼（Denny）装置，在加碱除去CO_2时，测得O_2的体积，而不加碱时测得O_2及CO_2两者体积改变之差，然后进行计算，求得呼吸商。

器材与试剂

1. 实验材料

发芽种子。

2. 实验器具

丹尼管、广口瓶、恒温水浴锅、尼龙小篮、橡皮管、橡皮塞、玻璃活塞开关。

3. 实验试剂

20% NaOH。

方法与步骤

（1）仪器装置如图 9－2－1 所示，A 为丹尼管，由内外套管组成，内部底管与外界相通，外管上有刻度，上面分两支管，一支管上有玻璃旋塞开关，另一支管与呼吸瓶 B（500 mL 广口瓶）相连，其中吊挂有一只尼龙小篮，篮中放有待测发芽种子。整个装置放在恒温水浴中，先将全部旋塞打开，使得外界水面与丹尼管的上口相齐，待温度恒定后，关闭所有旋塞，使内外不通气，立即记下时间。此时在密闭系统内，如果种子呼吸作用吸收的O_2比放出的CO_2多，则密闭系统内的气体体积减小，水便由丹

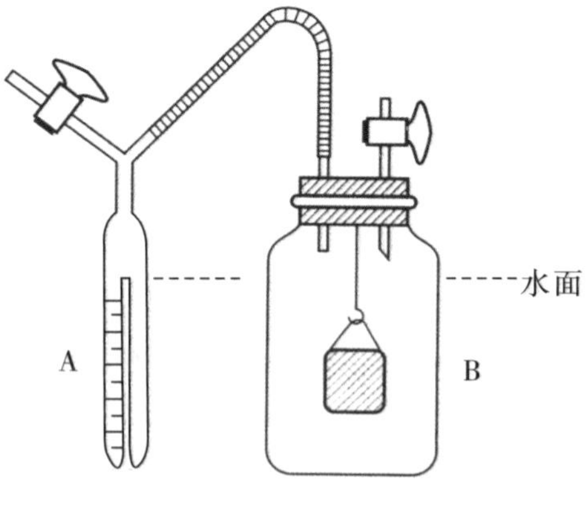

A. 丹尼管　B. 呼吸瓶
图 9－2－1　丹尼装置

尼管的内管上口流入外管，流入外管的水的体积即为密闭系统中气体体积减小的数值。

（2）40 min 后，打开活塞，就可以直接从丹尼管上的刻度知道所吸收 O_2 与放出 CO_2 的体积之差，以 V_A 表示。

（3）把呼吸瓶的塞子打开，加入 20% NaOH 溶液 30 mL。按上述方法与未加 NaOH 时一样再测定一次。注意时间长短和温度高低都要相同，加入 NaOH 的目的是使呼吸放出的 CO_2 全部被吸收，则所得读数即为吸收的 O_2 的体积，以 V_B 表示。

（4）结果计算：

$$\text{呼吸商（RQ）}=\frac{V_B-V_A}{V_B}$$

注意事项

呼吸瓶不能漏气，可用石蜡或凡士林封口。

参考文献

［1］张志良，瞿伟菁，李小方. 植物生理学实验指导［M］. 4 版. 北京：高等教育出版社，2009.

［2］郝建军，康宗利，于洋. 植物生理学实验技术［M］. 北京：化学工业出版社，2007.

实验 9－3　植物组织 ATP 含量的测定

实验目的

了解测定植物组织 ATP 含量的方法。

实验原理

ATP 可使还原型荧光素活化，形成腺嘌呤荧光素，然后再与荧光素酶作用，形成还原型荧光素－荧光素酶－AMP 复合物，在氧参与下，还原型荧光素氧化成氧化型荧光素并发光，发出的光可用发光光度计进行测定。

$$\text{ATP}+\text{还原型荧光素}+\text{荧光素酶}\xrightarrow{Mg^{2+}}\text{还原型荧光素}-\text{荧光素酶}+\text{PPi}-\text{AMP}$$

$$\text{AMP}-\text{还原型荧光素}-\text{荧光素酶}+O_2\longrightarrow\text{氧化型荧光素}+\text{荧光素酶}+\text{AMP}+CO_2+\text{光}$$

氧化型荧光素的发光强度与 ATP 浓度在一定范围内呈线性关系，可根据待测液的发光强度检测待测液内的 ATP 含量。

器材与试剂

1. 实验材料

玉米籽粒等。

2. 实验器具

FG－300 发光光度计、高速台式离心机等。

3. 实验试剂

（1）荧光素酶－荧光素。

（2）荧光素酶系缓冲液粉剂。

（3）标准 ATP 粉剂。

（4）丙酮。

（5）盐酸。

（6）0.02 mol·L^{-1} pH 7.6 Tris－HCl 缓冲液。

（7）三羟甲基氨基甲烷（Tris，含量≥99%）。

（8）荧光素酶系缓冲液：取 1 支荧光素酶系缓冲液粉剂，用 50 mL 重蒸水溶解，即成内含 6 606 mg·L^{-1} pH 7.6 甘氨酰甘氨酸、1 200 mg·L^{-1}硫酸镁、372.2 mg·L^{-1} EDTA 的缓冲液，4 ℃保存。

（9）27.55 mg·L^{-1} ATP 标准溶液：取 1 支标准 ATP 粉剂，用 1 mL 荧光素酶系缓冲液溶解即成。

方法与步骤

1. 荧光素酶液配制

用荧光素酶系缓冲液溶解荧光素酶－荧光素，配成含荧光素酶－荧光素 3 000 mg·L^{-1}的溶液，即为测定所用的荧光素酶液。

2. 样品的提取

称取剪碎的玉米籽粒 1 g，放入离心管中，加 5 mL 丙酮（浸没为好），沸水浴加热 5 min，使丙酮挥发完全。加 3 mL 0.02 mol·L^{-1} pH 7.6 Tris－HCl 缓冲液，沸水浴加热至沸腾，保温 10 min，3 000 r·min^{-1}离心 10 min，取上清液冰浴冷却，定容后即为样品提取液。

3. 标准曲线制作

用 27.55 mg·L^{-1} ATP 标准溶液配成 0.01 mg·L^{-1}、0.05 mg·L^{-1}、0.08 mg·L^{-1}、0.10 mg·L^{-1}、0.20 mg·L^{-1}、0.50 mg·L^{-1} ATP 系列浓度。取荧光素酶系缓冲液 0.2 mL置反应杯中，放入发光光度计反应暗室，加入 0.8 mL 荧光素酶液，记录发光峰值（相对发光强度），荧光素酶系内源 ATP 作空白本底。以同样方法分别测定 0.01 mg·L^{-1}、0.05 mg·L^{-1}、0.08 mg·L^{-1}、0.10 mg·L^{-1}、0.20 mg·L^{-1}、0.50 mg·L^{-1} ATP 系列浓度溶液的相对发光强度，记录其最大峰值，分别扣除空白本底后以其对数值为纵坐标，ATP 溶液浓度的对数值为横坐标，绘制标准曲线。

4. 样品测定

取样品提取液0.2 mL，置反应杯中，放入发光光度计反应暗室，加0.8 mL荧光素酶液，记录最大发光强度，扣除空白本底，根据其对数值从标准曲线上查出样品比色液的ATP浓度，然后计算样品ATP含量（$\mu g \cdot mg^{-1}$ FW）。

注意事项

（1）样品提取过程中丙酮一定要挥发完全。

（2）当样品中的ATP最大浓度超过10^{-6} $mol \cdot mL^{-1}$时，应稀释后再测定。

（3）ATP标准溶液应现配现用，测定时和酶一起在25 ℃条件下保温。

参考文献

[1] 汤绍虎，罗充．植物生理学实验教程［M］．重庆：西南师范大学出版社，2012.

[2] 樊广华，谷淑波，宁堂原，等．生物发光法测定玉米籽粒中ATP的含量［J］．现代仪器，2005（3）：34－35.

实验9－4 丙酮酸激酶活性的测定

实验目的

熟悉测定丙酮酸激酶活性的一种方法。

实验原理

丙酮酸激酶是糖酵解途径中的关键酶，催化如下反应：

$$\text{磷酸烯醇式丙酮酸（PEP）} + \text{ADP} \xrightarrow{\text{丙酮酸激酶}} \text{丙酮酸} + \text{ATP}$$

可通过测定其催化反应的产物丙酮酸含量的变化来反映酶活性。

器材与试剂

1. 实验材料

新鲜植物叶片。

2. 实验器具

紫外可见分光光度计、冷冻离心机、Sephadex G－25柱、研钵、试管等。

3. 实验试剂

（1）提取缓冲液：0.05 $mol \cdot L^{-1}$ pH 7.5 Tris－HCl缓冲液。

(2) 0.012 5% 2，4 - 二硝基苯肼：溶解在36% HCl（171 mL·L^{-1}）中。

(3) 2.4 μmol·L^{-1} NaOH 溶液（96 g·L^{-1}）：含有 2.0×10^{-3} mol·L^{-1} EDTA（584 mg·L^{-1}）。

(4) 250 μmol·L^{-1} Tris - HCl 缓冲液：30 mg·L^{-1} Tris 用盐酸调 pH 至7.4。

(5) 7.5 μmol·L^{-1}PEP 钡盐（3.5 mg·L^{-1}）。

(6) 50 μmol·$L^{-1}$$MgSO_4$（6 mg·$L^{-1}$）。

(7) 250 μmol·L^{-1}KCl（18.6 mg·L^{-1}）。

(8) 12.5 μmol·L^{-1} ADP（5.34 mg·L^{-1}）。

(9) 50 μmol·L^{-1}丙酮酸标准溶液：5.5 mg·L^{-1}丙酮酸钠，用提取缓冲液溶解。

方法与步骤

1. 酶液提取

菠菜叶片，用3倍体积的提取缓冲液研磨提取。提取液10 000×g 离心10 min。上清液过 Sephadex G - 25 柱（1.8 cm×20 cm）脱盐，柱子预先用提取缓冲液平衡，用同样的缓冲液洗脱，收集含蛋白质部分的洗脱液，可通过测定洗脱液在波长280 nm 处的 OD 值进行监控。上述操作均在低温（约4 ℃）下进行。

2. 标准曲线制作

取6支试管分别加入0.05 μmol·L^{-1}、0.1 μmol·L^{-1}、0.2 μmol·L^{-1}、0.3 μmol·L^{-1}、0.4 μmol·L^{-1}、0.5 mL 50 μmol·L^{-1}丙酮酸标准溶液，用提取缓冲液补足至0.5 mL。每管再加入250 μmol·L^{-1} pH 7.5 Tris - HCl、7.5 μmol·L^{-1} PEP 钡盐、50 μmol·L^{-1} $MgSO_4$溶液、250 μmol·L^{-1} KCl 溶液、12.5 μmol·L^{-1} ADP 各0.1 mL，然后加入1 mL 0.0125% 2，4 - 二硝基苯肼及1.2 mL 2.4 μmol·L^{-1}NaOH 溶液，室温放置10 min 后于波长510 nm 处测定 OD 值，并绘制标准曲线。

3. 酶活性测定

取2支试管，按表9 - 4 - 1所示加入试剂。

表9 - 4 - 1　酶活性测定所需试剂及用量/mL

组别	250 μmol·L^{-1} Tris - HCl	7.5 μmol·L^{-1} PEP 钡盐	50 μmol·L^{-1} $MgSO_4$溶液	250 μmol·L^{-1} KCl 溶液	12.5 μmol·L^{-1} ADP	H_2O	酶液
对照组	0.1	0.1	0.1	0.1	—	0.1	0.5
反应组	0.1	0.1	0.1	0.1	0.0	—	0.5

反应液在37 ℃反应10 min 后，加入1 mL 0.0125% 2，4 - 二硝基苯肼及1.2 mL 2.4 μmol·L^{-1} NaOH 溶液，室温放置10 min 后于波长510 nm 处测定 OD 值。如用粗酶液测定则需加入抑制剂如钼酸铵。

注意事项

有条件可采用较灵敏的偶联法，即用乳酸脱氢酶将丙酮酸进一步转化成乳酸，同时

将 NADH 氧化成 NAD^+，检测波长 340 nm 处 OD 值的变化。

参考文献

［1］张志良，瞿伟菁，李小方. 植物生理学实验指导［M］. 4 版. 北京：高等教育出版社，2009.

［2］汤绍虎，罗充. 植物生理学实验教程［M］. 重庆：西南师范大学出版社，2012.

实验 9－5　磷酸果糖激酶活性的测定

实验目的

掌握磷酸果糖激酶活性测定的原理与方法。

实验原理

磷酸果糖激酶（PFK）不可逆催化果糖－6－磷酸与 ATP 反应生成果糖－1，6－二磷酸和 ADP。PFK 催化产物果糖－1，6－二磷酸在醛缩酶、磷酸丙糖异构酶和 α－甘油磷酸脱氢酶的作用下转化成 2 个分子的 α－甘油磷酸，同时将 NADH 氧化成 NAD^+，引起 340 nm 光吸收值下降。通过检测 340 nm 处光吸收的变化可反映 PFK 的催化活性。

器材与试剂

1. 实验材料

新鲜植物叶片。

2. 实验器具

紫外分光光度计、高速冷冻离心机、恒温水浴锅、分析天平（0.000 1 g）、移液器、Sephadex G－25 柱、研钵、容量瓶、离心管等。

3. 实验试剂

（1）1%（W/V）不溶性 PVP。

（2）醛缩酶。

（3）磷酸丙糖异构酶。

（4）α－甘油磷酸脱氢酶。

（5）提取缓冲液：50 $mmol \cdot L^{-1}$ pH 8.0 Tris－HCl 缓冲液，内含 2 $mmol \cdot L^{-1}$ EDTA，14 $mmol \cdot L^{-1}$ 巯基乙醇，5 $mmol \cdot L^{-1}$ $MgCl_2$，10% 甘油，0.5 $mmol \cdot L^{-1}$ PMSF（苯甲基磺酰氟），0.1 $mmol \cdot L^{-1}$ ATP。

（6）酶反应液：50 $mmol \cdot L^{-1}$ pH 8.0 Tris－HCl 缓冲液，内含 5 $mmol \cdot L^{-1}$ $MgCl_2$，1 $mmol \cdot L^{-1}$ EDTA，2 $mmol \cdot L^{-1}$ 果糖－6－磷酸，0.2 $mmol \cdot L^{-1}$ ATP，0.1 $mmol \cdot L^{-1}$ NADH。

方法与步骤

1. 酶液提取

植物叶片按 1∶2 至 1∶4 的比例（w/v）加入提取缓冲液和 1%（w/v）不溶性 PVP，在研钵中研磨均匀，转移于离心管中在 20 000 ×g 下离心 10 min，取上清液 1 ~2 mL，在已用提取缓冲液平衡的 Sephadex G -25 柱（1.6 cm ×10 cm）上层析脱盐，收集样品供分析。以上操作在低温（约 4 ℃）下快速进行。

2. 酶活性测定

取酶液 0.5 mL，加酶反应液 2.5 mL，摇匀后加入 1 U 醛缩酶，1 U α -甘油磷酸脱氢酶和 10 U 磷酸丙糖异构酶，在 30 ℃下反应，检测波长 340 nm 处的 OD 值。

3. 酶活性计算

以每分钟每毫升酶液 OD_{340} 降低 0.01 为一个酶活性单位（1 U），计算 PFK 活性。

$$\text{PFK 活性}\ (\text{U}\cdot\text{mL}^{-1}\cdot\text{min}^{-1}) = \frac{\Delta OD_{340}\times N\times 3}{d\times 6.22\times 10^3\times 0.5\times 0.01}$$

式中：ΔOD_{340}——反应起始后 1 min 内 OD 值变化的绝对值；

d——比色杯光程（cm）；

N——酶液稀释倍数；

0.5——反应混合液中酶液用量（mL）；

3——测定混合液的总体积（mL）；

6.22×10^3——NADH 在 340 nm 处的摩尔吸光系数。

注意事项

（1）酶液的提取应在 0 ~4 ℃下快速进行。

（2）如果样品比较复杂，应以不加 ATP 的反应为对照。

参考文献

［1］汤绍虎，罗充. 植物生理学实验教程［M］. 重庆：西南师范大学出版社，2012.

［2］中国科学院上海植物生理研究所，上海市植物生理学会. 现代植物生理学实验指南［M］. 北京：科学出版社，1999.

实验 9 -6　NADP 磷酸酶活性的测定

实验目的

熟悉测定磷酸酶活性的一种方法。

实验原理

NADP 磷酸酶催化 NADP 水解生成 NAD 和磷酸。反应式如下：

$$\text{NADP} \xrightarrow{\text{NADP 磷酸酶}} \text{NAD} + \text{Pi}$$

通过测定反应液中生成的无机磷来计算酶活性。

器材与试剂

1. 实验材料

黄化玉米胚芽鞘。

2. 实验器具

紫外可见分光光度计、冷冻离心机、恒温水浴锅、移液器、试管等。

3. 实验试剂

（1）34% 柠檬酸钠。

（2）提取缓冲液：50 mmol · L^{-1} Tris – HCl 缓冲液，内含 0.5% 聚乙烯吡咯烷酮，8.7 mg · L^{-1}苯甲基磺酰氟，pH 7.8。

（3）5 μg · mL^{-1}标准磷溶液：精确称取 0.043 9 g 分析纯磷酸二氢钾溶于 2 L 重蒸水。

（4）磷试剂：4.2% 钼酸铵溶于 4 mol · L^{-1}盐酸［36% 盐酸（342 mL · L^{-1}）与 0.045% 孔雀绿（溶于 1.5% 聚乙烯醇）按 1∶3（v/v）混合即成］。

（5）酶反应混合液：50 mmol · L^{-1} Tris – 乙酸缓冲液，内含 1.75 mmol · L^{-1} NADP（1.3 g · L^{-1}），pH 5.5。

方法与步骤

1. 酶液提取

取黄化玉米的胚芽鞘 1 g，置于冰箱中预冷 0.5 h，加 3 倍体积的提取缓冲液，于冰浴中研磨后在 4 ℃，28 000 g 下离心 30 min，上清液即为粗酶液。

2. 标准曲线制作

取 6 支洁净试管依次加入标准磷溶液 0、0.1、0.2、0.3、0.4、0.5 mL，用双蒸水补充到 1 mL，加入 2 mL 磷试剂，1 min 后加入 0.2 mL 34% 柠檬酸钠，30 min 到 4 h 内用紫外可见分光光度计测定波长 620 nm 处的 OD 值，并绘制标准曲线。

3. 酶活性测定

酶反应混合液置于 37 ℃水浴中预热 5 min，加入 0.1 mL 粗酶液，继续于 37 ℃反应 20 min，置沸水浴中 5 min 终止反应，4 000 g 离心去沉淀。取 0.1 mL 上清液按制作标准曲线的方法测定 OD_{620}值。以加入 0.1 mL 预先热失活的酶为对照。酶活性单位以 ng Pi · μg^{-1} protein · min^{-1}表示。蛋白质含量用 Folin – 酚试剂法测定（见实验 10 – 4 Ⅳ）。

注意事项

测定时提取液的用量视酶活性的大小而增减。

参考文献

张志良，瞿伟菁，李小方．植物生理学实验指导［M］．4 版．北京：高等教育出版社，2009.

实验 9－7　多酚氧化酶（PPO）活性的测定

Ⅰ　分光光度法

实验目的

掌握分光光度法测定植物体内多酚氧化酶活性的原理及方法。

实验原理

多酚氧化酶是一种含铜的氧化酶，在有氧的条件下，能使一元酚和二元酚氧化产生醌。所生成的产物（邻醌）在波长 525 nm 处有最大吸收峰，因此可通过分光光度法测定其活性。反应式如下：

$$\text{邻苯二酚（儿茶酚）} + 1/2\ O_2 \xrightarrow{\text{多酚氧化酶}} \text{邻醌} + H_2O$$

器材与试剂

1．实验材料

马铃薯块茎等。

2．实验器具

紫外可见分光光度计、冷冻离心机、移液器、研钵、容量瓶、量筒、试管、计时器等。

3．实验试剂

（1）20% 三氯乙酸。

（2）0.05 mol · L^{-1} pH 6.5 磷酸缓冲液。

（3）0.1 mol · L^{-1}邻苯二酚溶液：称取邻苯二酚 1.1011 g，加蒸馏水溶解，定容至 100 mL。

实验步骤

1. 酶液提取

称取5.00 g洗净去皮的马铃薯块茎，切碎，放入研钵中。加适量0.05 mol·L^{-1} pH 6.5磷酸缓冲液，冰浴研磨成匀浆。将匀浆液全部转入离心管中，于4 ℃、3 000 r·min^{-1}离心10 min，上清液转入25 mL容量瓶中。沉淀用5 mL 0.05 mol·L^{-1} pH 6.5磷酸缓冲液再提取2次，上清液并入容量瓶中，定容至25 mL，低温保存备用。

2. 酶活性测定

在试管中加入3.9 mL 0.05 mol·L^{-1}pH 6.5磷酸缓冲液，1.0 mL 0.1 mol·L^{-1}邻苯二酚溶液，0.1 mL酶液，对照以蒸馏水代替酶液。37 ℃保温10 min后，迅速放入冰浴中，立即加入2 mL 20%三氯乙酸，终止酶反应，于5 000 r·min^{-1}离心10 min，收集上清液，并适当稀释，于波长525 nm处测定OD值。

3. 结果计算

以每分钟OD_{525}值变化0.01所需酶量为1个酶活性单位（1 U），计算多酚氧化酶的活性及比活性。

$$\text{酶活性}（U\cdot min^{-1}）=\frac{\Delta OD_{525}\times N}{0.01\times t}$$

$$\text{酶的比活性}（U\cdot g^{-1}Fw\cdot min^{-1}）=\frac{\Delta OD_{525}\times N}{0.01\times W\times t}$$

式中：ΔOD_{525}——反应时间内吸光度的变化量；

W——马铃薯块茎鲜重（g）；

t——反应时间（min）；

N——酶液稀释倍数。

注意事项

（1）反应混合液必须现配现用，否则会因邻苯二酚自动氧化而失效。

（2）一旦达到时间，保温进行的酶促反应须立即终止。

Ⅱ 氧电极法

实验目的

了解氧电极法测定植物体内多酚氧化酶活性的原理及方法。

实验原理

多酚氧化酶是一种含铜的氧化酶，在有氧的条件下，能使一元酚和二元酚氧化产生醌，可通过氧电极测量反应耗氧的速度来测定多酚氧化酶的活性。

器材与试剂

1. 实验材料

马铃薯块茎等。

2. 实验器具

测氧仪、记录仪、超级恒温水浴锅、离心机、磁力搅拌器、匀浆机、反应杯、微量注射器等。

3. 实验试剂

（1）0.1 mol · L^{-1} pH 6.5 磷酸缓冲液（配制方法见附表3）。

（2）硫酸铵。

（3）不溶性 PVP。

（4）1 mmol · L^{-1}邻苯二酚溶液：称取0.11 g 邻苯二酚溶于1 000 mL 0.1 mol · L^{-1} pH 6.5 磷酸缓冲液中。

实验步骤

1. 仪器标定

将测氧仪、记录仪、恒温水浴锅连接好，然后进行仪器的标定，以求得记录纸上每小格相当的含氧量，标定方法见实验8－3 Ⅲ氧电极法。

2. 酶液提取

称取马铃薯块茎20 g，加不溶性聚乙烯吡咯烷酮（PVP）2 g，0.1 mol · L^{-1} pH 6.5 磷酸缓冲液100 mL，于匀浆机中打碎成匀浆，过滤得滤液。滤液中加入硫酸铵溶液达30%饱和度（方法见附表6），离心除去沉淀，上清液再加入硫酸铵使溶液达60%饱和度，离心收集沉淀。将所得沉淀溶于少量0.1 mol · L^{-1} pH 6.5 磷酸缓冲液中，即为粗酶液，于同样缓冲液中透析过夜，其间更换透析溶液3～4次。

3. 酶活性测定

测定酶活性时，先于反应杯中倒入底物邻苯二酚，待记录仪上画出一条直线，用微量注射器经小孔注入合适浓度的酶液10 μL，记录氧消耗曲线。取氧消耗曲线的直线部分，计算酶活性大小，酶活性以耗 O_2 μL · min^{-1} · mL^{-1}酶液表示。

注意事项

为简化操作，一般不经分部沉淀的粗酶液也能测定其活性。

参考文献

[1] 汤绍虎，罗充. 植物生理学实验教程 [M]. 重庆：西南师范大学出版社，2012.

[2] 刘萍，李明军. 植物生理学实验技术 [M]. 北京：科学出版社，2007.
[3] 张志良，瞿伟菁，李小方. 植物生理学实验指导 [M]. 4 版. 北京：高等教育出版社，2009.

实验 9-8 过氧化氢酶（CAT）活性的测定

Ⅰ 分光光度法

实验目的

学习分光光度法测定过氧化氢酶（CAT）活性的原理及方法。

实验原理

过氧化氢（H_2O_2）在 240 nm 波长处有强烈吸收，CAT 把 H_2O_2 分解为 H_2O 和 O_2，使反应溶液的 OD_{240}值随反应时间而降低。根据测量吸光度值的变化速度可测出 CAT 的活性。

器材与试剂

1. 实验材料

水稻叶片或其他植物叶片。

2. 实验器具

紫外分光光度计、冷冻离心机、分析天平（0.000 1 g）、恒温水浴锅、移液器、研钵、容量瓶、漏斗等。

3. 实验试剂

(1) 750 $mmol \cdot L^{-1}$ H_2O_2。

(2) 50 $mmol \cdot L^{-1}$ pH 7.5 Tris-HCl 缓冲液。

(3) 0.05 $mol \cdot L^{-1}$ pH 7.5 磷酸缓冲液：内含 1 $mmol \cdot L^{-1}$聚乙二醇，1 $mmol \cdot L^{-1}$ EDTA-Na_2，1 $mmol \cdot L^{-1}$抗坏血酸（用时加入）。

实验步骤

1. 酶液提取

称取水稻叶片（去主脉）0.20 g，加入少量石英砂，再加 1 mL 0.05 $mol \cdot L^{-1}$ pH 7.5 磷酸缓冲液，冰浴研磨匀浆，转移至离心管，4 ℃离心 15 min，取上清液，即为粗酶液。

2. 酶活性测定

取 2.9 mL 50 $mmol \cdot L^{-1}$ pH 7.5 Tris-HCl 缓冲液（用前置 25 ℃水浴），加入 50 μL 酶液

于离心管中，快速混匀，倒入比色皿中，封口，预热 5 min。加入 50 μL 750 mmol · L^{-1} H_2O_2 并开始计时，每隔 30 s 读一次 OD_{240}值，连续读数 3 次。

3. 结果计算

以每分钟 OD_{240}降低 0.01 所需酶量为 1 个酶活性单位（1U），计算水稻叶片 CAT 活性。

$$\text{CAT 活性}\ (\text{U}\cdot \text{g}^{-1}\text{Fw}\cdot \text{min}^{-1}) = \frac{\Delta OD_{240} \times V_T}{0.01 \times W \times V_s \times t}$$

式中：ΔOD_{240}——反应时间内吸光度的变化量；

W——水稻叶片鲜重（g）；

t——反应时间（min）；

V_T——提取酶液总体积（mL）；

V_s——测定用酶液体积（mL）。

注意事项

酶液的提取应在 0 ~ 4 ℃下操作，避免酶失活。

Ⅱ　氧电极法

实验目的

熟悉氧电极法测定过氧化氢酶（CAT）活性的原理及方法。

实验原理

CAT 能将 H_2O_2 分解为 O_2 和 H_2O，因而可用氧电极法测量放氧速度，放氧速度与 CAT 活性成正比。

器材与试剂

1. 实验材料

植物材料。

2. 实验器具

氧电极仪、记录仪、电磁搅拌器、恒温水浴、微量注射器、容量瓶、反应杯。

3. 实验试剂

(1) Na_2SO_4。

(2) 过氧化氢酶。

(3) 50 mmol · L^{-1} pH 7.0 磷酸缓冲液。

(4) 50 mmol · L^{-1} H_2O_2溶液：取 1.4 mL 30% H_2O_2用磷酸缓冲液定容至 250 mL。

（5）标准过氧化氢酶溶液：称取过氧化氢酶 1.0 mg（110 U · mg^{-1}），溶于 11 mL 50 mmol · L^{-1} pH 7.0 磷酸缓冲液中，使酶浓度为 10 U · mL^{-1}。

实验步骤

1. 仪器标定

同实验 8－3 Ⅲ氧电极法。

2. 酶液提取

称取水稻叶片（去主脉）0.20 g，加入少量石英砂，再加 1 mL 50 mmol · L^{-1} pH 7.0 磷酸缓冲液，冰浴研磨匀浆，转移至离心管，4 ℃离心 15 min，取上清液，即为粗酶液。

3. 标准曲线制作

（1）在反应杯中放满过氧化氢磷酸缓冲液，开启电磁搅拌器搅动 10 min，插入电极，吸去溢出在电极外面的溶液，调节移位旋钮，使记录笔位于满刻度的 10%～20%，使记录纸走动，1～2 min 后温度达到平衡，记录笔画出直线。

（2）用微量注射器从电极塞小孔中注入 10 μL 10 U · mL^{-1}标准过氧化氢酶溶液，立即记录最初 90 s 内的氧释放曲线。

（3）根据上述步骤，注入不同浓度的过氧化氢酶 10 μL，记录氧释放曲线。

（4）取放氧曲线的直线部分，根据其斜率及走纸速度，计算每分钟氧的释放量。以过氧化氢酶活性单位为横坐标，每分钟氧的释放量为纵坐标，绘制标准曲线。

4. 酶活性测定

（1）在反应杯内注入 50 mmol · L^{-1}过氧化氢磷酸缓冲液搅动 10 min，插上电极，待记录为一直线后，注入 10 μL 合适浓度的待测酶液，立即记下最初 90 s 的放氧曲线。

（2）根据待测酶液的放氧曲线，计算得到每分钟的放氧量，在标准曲线上查得酶活性大小。

（3）如果没有标准的过氧化氢酶溶液，不能计算酶活性单位时，也可以用每分钟的放氧量相对地表示酶的活性大小。

注意事项

酶液的提取应在 0～4 ℃下操作，避免酶失活。

参考文献

［1］汤绍虎，罗充．植物生理学实验教程［M］．重庆：西南师范大学出版社，2012.

［2］张志良，瞿伟菁，李小方．植物生理学实验指导［M］．4 版．北京：高等教育出版社，2009.

第十章　物质代谢与化学调控

实验 10－1　糖分含量的测定

Ⅰ　可溶性糖含量的测定

实验目的

掌握蒽酮法测定可溶性糖含量的原理和方法。

实验原理

本实验采用蒽酮分光光度法测定可溶性糖的含量。糖类（包括单糖、双糖、寡糖）在浓硫酸作用下脱水生成糠醛或羟甲基糠醛，然后再与蒽酮经脱水缩合生成蓝绿色络合物，颜色深浅与糖含量成正相关。由于蒽酮试剂与糖反应的显色强度随时间变化，故必须在反应后立即在同一时间内比色。蒽酮法灵敏度高，试剂简单，操作简便，适用于糖的微量测定。

器材与试剂

1. 实验材料

植物叶片或种子。

2. 实验器具

分光光度计、离心机、恒温水浴锅、分析天平（0.000 1 g）、电热鼓风干燥箱、移液器、三角瓶、离心管、容量瓶、漏斗、具塞试管等。

3. 实验试剂

（1）活性炭。

（2）80% 乙醇。

（3）100 $mg \cdot L^{-1}$ 葡萄糖标准溶液：准确称取 0.10 g 分析纯无水葡萄糖溶于蒸馏水中，溶解后定容至 1 000 mL。

（4）蒽酮试剂：称取 1.0 g 蒽酮，溶于 1 000 mL 80% 浓硫酸（将 98% 浓硫酸稀释，把浓硫酸缓缓加入到蒸馏水中），冷却至室温，贮于具塞棕色瓶内，冰箱保存，可使用 2～3 周。

方法与步骤

1. 可溶性糖提取

称取烘干植物材料粉末 50 mg 至 50 mL 三角瓶中，加入 10 mL 80% 乙醇，80 ℃水浴不断搅拌 40 min，冷却后 4 000 g 离心 10 min，收集上清液。残渣加 5 mL 80% 乙醇重复提取 2 次，再次离心，合并上清液。加入 10 mg 活性炭，80℃水浴 30 min，过滤至 25 mL 容量瓶中，用 80% 乙醇定容，即为糖提取液。

2. 标准曲线制作

取 7 支 20 mL 具塞试管，按 0 ~ 6 编号并按表 10 – 1 – 1 所示配制系列浓度葡萄糖标准溶液。

表 10 – 1 – 1 可溶性糖标准曲线制作

试剂体积/含量	管号						
	0	1	2	3	4	5	6
100 mg · L^{-1} 葡萄糖标准溶液体积/mL	0	0.1	0.2	0.4	0.6	0.8	1.0
80% 乙醇体积/mL	1.0	0.9	0.8	0.6	0.4	0.2	0
葡萄糖含量/μg	0	10	20	40	60	80	100

每支试管加入 5 mL 蒽酮试剂，盖塞摇匀后，沸水浴 10 min（水浴重沸后计时），取出冷却至室温，用分光光度计测定波长 625 nm 处的 OD 值。用 0 号管调零，绘制 OD_{625}—糖浓度曲线。

3. 样品测定

吸取糖提取液 1 mL，加入 5 mL 蒽酮试剂混匀，同上操作显色测定 OD_{625} 值，从标准曲线上查得提取液中的糖含量。

4. 结果计算

根据每毫升提取液中含有 5 mg 干样品中的糖，按下式计算样品中的可溶性糖含量。

$$可溶性糖含量（\%）=\frac{C \times V_t}{V_s \times W \times 10^6} \times 100\%$$

式中：C——从标准曲线上查得的葡萄糖含量（μg）；

V_t——样品提取液总体积（mL）；

V_s——显色样品提取液用量（mL）；

W——样品质量（g）。

注意事项

（1）不同糖类显色有差异，稳定性也不同，加热、比色时间应严格控制。

（2）用分光光度法测定糖类含量时，为避免提取液中的色素干扰测定，可用少量活性炭脱色，但处理往往会影响实验结果的准确性，故活性炭用量应尽可能少。

Ⅱ 还原糖含量的测定

实验目的

掌握用3，5－二硝基水杨酸法测定植物组织中还原糖含量的原理和方法。

实验原理

3，5－二硝基水杨酸与还原糖溶液共热后，被还原成氨基化合物，在过量的NaOH溶液中呈棕红色，在波长540 nm处有最大吸收。在一定浓度范围内，还原糖的量和棕红色物质的OD_{540}值呈线性关系，故用分光光度法可测知样品的还原糖含量。

器材与试剂

1. 实验材料

植物叶片或种子。

2. 实验器具

分光光度计、离心机、恒温水浴锅、分析天平（0.000 1 g）、电热鼓风干燥箱、移液器、三角瓶、离心管、容量瓶、漏斗、具塞刻度试管等。

3. 实验试剂

（1）活性炭。

（2）80%乙醇。

（3）1 mg·mL^{-1}葡萄糖标准溶液：准确称取0.10 g分析纯无水葡萄糖溶于蒸馏水中，溶解后定容至100 mL。

（4）3，5－二硝基水杨酸试剂（DNS试剂）：将6.30 g 3，5－二硝基水杨酸和262 mL 2 mol·L^{-1} NaOH（80 g·L^{-1}）溶液，加到500 mL含有185 g酒石酸钾钠溶液中，再加5 g结晶酚和5 g Na_2SO_3，搅拌溶解，冷却后加蒸馏水定容至1 000 mL，贮于棕色瓶中备用（宜提前一周配制，使其充分稳定）。

方法与步骤

1. 还原糖提取

同本实验Ⅰ可溶性糖含量的测定。

2. 标准曲线制作

取7支25 mL具塞刻度试管，按0～6编号并按表10－1－2所示配制0～1.2 mg葡萄糖标准液。盖塞摇匀后，沸水浴加热5 min，立即取出用自来水冷却，用蒸馏水定容至25 mL，混匀后于波长540 nm处比色。以0号管调零，绘制OD_{540}—糖浓度曲线。

表 10－1－2　还原糖标准曲线制作

试剂	管号						
	0	1	2	3	4	5	6
1 mg · mL^{-1} 葡萄糖标准溶液体积/mL	0	0.2	0.4	0.6	0.8	1.0	1.2
80% 乙醇体积/mL	2	1.8	1.6	1.4	1.2	1.0	0.8
DNS 试剂体积/mL	1.5	1.5	1.5	1.5	1.5	1.5	1.5
葡萄糖含量/mg	0	0.2	0.4	0.6	0.8	1.0	1.2

3. 还原糖含量测定

吸取还原糖提取液 2 mL，加入 1.5 mL DNS 试剂混匀，同上操作显色测定 OD_{540} 值，从标准曲线上查得提取液中的糖含量。

4. 结果计算

按下式计算样品中的还原糖含量。

$$还原糖含量（\%）=\frac{C\times V_t}{V_s\times W\times 10^3}\times 100\%$$

式中：C——从标准曲线上查得的葡萄糖含量（mg）；

V_t——样品提取液总体积（mL）；

V_s——显色样品提取液用量（mL）；

W——样品质量（g）。

注意事项

同本实验 I 可溶性糖含量的测定。

Ⅲ　蔗糖含量的测定

实验目的

掌握植物组织中蔗糖含量测定的原理和方法。

实验原理

酮糖在一定条件下和间苯二酚形成鲜红色，在波长 480 nm 处可比色测定。一定条件下，本反应为酮糖所特有，可作为酮糖测定依据。将磨碎后的植物组织用 80% 乙醇提取，该提取液也可用来测定蔗糖。测定时先用碱与样品共热，破坏其中的还原糖，然后用间苯二酚测定蔗糖中的果糖部分。

器材与试剂

1. 实验材料

植物叶片或种子。

2. 实验器具

分光光度计、离心机、恒温水浴锅、分析天平（0.000 1 g）、电热鼓风干燥箱、移液器、三角瓶、离心管、容量瓶、漏斗、具塞试管等。

3. 实验试剂

（1）活性炭。

（2）80% 乙醇。

（3）2 mol · L^{-1} NaOH（80 g · L^{-1}）溶液。

（4）30% HCl。

（5）200 μg · mL^{-1}蔗糖标准溶液：准确称取 0.10 g 蔗糖，用 80% 乙醇溶解并定容至 500 mL。

（6）0.1% 间苯二酚：称取 0.10 g 间苯二酚溶于 100 mL 95% 乙醇中，棕色瓶内保存。

方法与步骤

1. 蔗糖提取

同本实验 I 可溶性糖含量的测定。

2. 标准曲线制作

将 200 μg · mL^{-1}蔗糖标准溶液用 80% 乙醇稀释成系列浓度（0 μg · mL^{-1}、10 μg · mL^{-1}、20 μg · mL^{-1}、40 μg · mL^{-1}、60 μg · mL^{-1}、80 μg · mL^{-1}、100 μg · mL^{-1}）溶液，分别取 0.4 mL 上述系列浓度的蔗糖标准溶液，加入 0.2 mL 2 mol · L^{-1} NaOH，沸水浴 5 min，取出冷却至室温，加入 2.8 mL 30% HCl 和 0.8 mL 0.1% 间苯二酚，摇匀，80 ℃水浴反应 10 min，冷却后在波长 480 nm 处测定 OD 值。以 0 管做空白调零，绘制蔗糖浓度—OD_{480}值曲线。

3. 蔗糖含量测定

吸取糖提取液 0.4 mL，按上述步骤进行蔗糖含量的测定，读取 OD_{480}值，从标准曲线上查得提取液中的蔗糖含量。

4. 结果计算

按下式计算样品中的蔗糖含量。

$$蔗糖含量（\%）=\frac{C \times V_t}{V_s \times W \times 10^6} \times 100\%$$

式中：C——从标准曲线上查得的蔗糖含量（μg）；

V_t——样品提取液总体积（mL）；

V_s——显色样品提取液用量（mL）；

W——样品质量（g）。

注意事项

同本实验 I 可溶性糖含量的测定。

Ⅳ 葡萄糖含量的测定

实验目的

掌握植物组织中葡萄糖测定的原理和方法。

实验原理

葡萄糖氧化酶专一性催化分子氧对葡萄糖的氧化，形成葡糖酸和 H_2O_2。H_2O_2在过氧化物酶存在下，可使某些氢供体如邻联茴香胺发生氧化形成一种有色物质。一定浓度范围内，葡萄糖含量与生成物颜色深浅成正比关系，可用分光光度法测定。

器材与试剂

1. 实验材料

植物材料。

2. 实验器具

分光光度计、离心机、恒温水浴锅、分析天平（0.000 1 g）、电热鼓风干燥箱、移液器、三角瓶、离心管、容量瓶、漏斗、具塞试管等。

3. 实验试剂

（1）活性炭。

（2）80% 乙醇。

（3）10 $mol \cdot L^{-1}$ H_2SO_4。

（4）酶制剂：10 mg 邻联茴香胺－HCl（有毒）、10 mg 辣根过氧化物酶和 0.1 mL 葡萄糖氧化酶（1 000 $U \cdot mL^{-1}$，溶于 0.1 $mol \cdot L^{-1}$ pH 5.5 醋酸缓冲液），用蒸馏水定容至 100 mL。

（5）200 $\mu g \cdot mL^{-1}$ 葡萄糖标准溶液：称取无水葡萄糖（80℃烘至恒重）20 mg，用 80% 乙醇溶解，定容至 100 mL，放入冰箱中保存，使用前 1 h 取出回升至室温。

方法与步骤

1. 可溶性糖提取

同本实验 I 可溶性糖含量的测定。

2. 标准曲线制作

将 200 μg · mL^{-1} 葡萄糖标准溶液用 80% 乙醇稀释成系列浓度（0、15 μg · mL^{-1}、30 μg · mL^{-1}、50 μg · mL^{-1}、75 μg · mL^{-1}、100 μg · mL^{-1}、150 μg · mL^{-1}、200 μg · mL^{-1}）溶液。取 8 支 20 mL 具塞试管，分别加入 4 mL 酶制剂，30 ℃水浴至管中酶液温度上升达到平衡，分别加入 2 mL 0 ~ 200 μg · mL^{-1} 葡萄糖标准溶液，摇匀，保温 5 min（注意掌握时间），加入 8 mL 10 mol · L^{-1} H_2SO_4 停止反应，当温度与室温平衡后，以 0 管调零，测定波长 460 nm 处的 OD 值，绘制葡萄糖质量浓度 - OD_{460} 值标准曲线。

3. 样品测定

以植物提取液代替葡萄糖标准溶液，按上述步骤进行葡萄糖含量的测定，读取 OD_{460} 值，从标准曲线上查得提取液中的葡萄糖含量。

4. 结果计算

按下式计算样品中的葡萄糖含量。

$$\text{葡萄糖含量（\%）} = \frac{C \times V_t}{V_s \times W \times 10^6} \times 100\%$$

式中：C——从标准曲线查得葡萄糖量（μg）；

V_t——样品提取液总体积（mL）；

V_s——显色样品提取液用量（mL）；

W——样品质量（g）。

注意事项

同本实验 I 可溶性糖含量的测定。

V　果糖含量的测定

实验目的

掌握植物组织中果糖含量测定的原理和方法。

实验原理

果糖能与间苯二酚共热呈现颜色变化，而其他酮糖的该反应很迟钝，可利用这个原理进行果糖的测定。

器材与试剂

1. 实验材料

植物材料。

2. 实验器具

分光光度计、离心机、恒温水浴锅、分析天平（0.000 1 g）、电热鼓风干燥箱、移液器、三角瓶、离心管、容量瓶、漏斗、具塞试管等。

3. 实验试剂

（1）活性炭。

（2）80% 乙醇。

（3）30% HCl。

（4）200 mg · L^{-1} 果糖标准溶液：称取 0.10 g 烘至恒重的果糖，用 80% 乙醇溶解并定容至 500 mL。

（5）0.1% 间苯二酚：称取 0.10 g 间苯二酚溶于 100 mL 95% 乙醇中，棕色瓶内保存。

方法与步骤

1. 果糖提取

同本实验 Ⅰ 可溶性糖含量的测定。

2. 标准曲线制作

取 200 μg · mL^{-1} 果糖标准溶液用 80% 乙醇稀释成系列浓度（0 μg · mL^{-1}、15 μg · mL^{-1}、30 μg · mL^{-1}、50 μg · mL^{-1}、75 μg · mL^{-1}、100 μg · mL^{-1}、150 μg · mL^{-1}、200 μg · mL^{-1}）溶液，取 8 支 10 mL 具塞试管，分别加入 1 mL 上述系列浓度的果糖标准溶液，2 mL 30% HCl，1 mL 0.1% 间苯二酚及 1 mL H_2O，摇匀后于 80℃ 水浴反应 10 min，冷却至室温，以 0 管调零，测定波长 480 nm 处的 OD 值，绘制果糖质量浓度 - OD_{480} 值标准曲线。

3. 样品测定

以植物提取液代替果糖标准溶液，按上述步骤进行果糖含量的测定，读取 OD_{480} 值，从标准曲线上查得提取液中的果糖含量。

4. 结果计算

按下式计算样品中的果糖含量。

$$果糖含量（\%）=\frac{C \times V_t}{V_s \times W \times 10^6} \times 100\%$$

式中：C——从标准曲线上查得的果糖含量（μg）；

V_t——样品提取液总体积（mL）；

V_s——显色样品提取液用量（mL）；

W——样品质量（g）。

注意事项

同本实验 Ⅰ 可溶性糖含量的测定。

参考文献

［1］张志良，瞿伟菁，李小方. 植物生理学实验指导［M］. 4 版. 北京：高等教育

出版社，2009.

[2] 李玲. 植物生理学模块实验指导 [M]. 北京：科学出版社，2009.

[3] 郝建军，康宗利，于洋. 植物生理学实验技术 [M]. 北京：化学工业出版社，2007.

[4] 中国科学院上海植物生理研究所，上海市植物生理学会. 现代植物生理学实验指南 [M]. 北京：科学出版社，1999.

实验 10－2　淀粉含量的测定

Ⅰ　总淀粉含量的测定

实验目的

掌握植物组织中总淀粉含量测定的原理和方法。

实验原理

淀粉是由葡萄糖残基组成的多糖，在酸性条件下加热水解为葡萄糖，然后在浓硫酸的作用下，单糖脱水生成糠醛类化合物，利用蒽酮试剂（或苯酚）与糠醛化合物的显色反应进行比色测定。

器材与试剂

1. 实验材料

植物材料。

2. 实验器具

可见光分光光度计、电子天平、电炉、容量瓶、漏斗、试管、刻度试管等。

3. 实验试剂

（1）浓硫酸。

（2）9.2 mol · L^{-1} $HClO_4$。

（3）0.1% 蒽酮试剂：称取 100 mg 经过纯化的蒽酮溶于 100 mL 76% 硫酸溶液中，贮藏在棕色瓶中，现配现用。

（4）100 μg · mL^{-1}淀粉标准溶液：称取 100 mg 纯淀粉至 100 mL 容量瓶中，加 60 ~ 70 mL 热蒸馏水，沸水浴 30 min，冷却后用蒸馏水定容至刻度，得 1 mg · mL^{-1}淀粉溶液，吸取该溶液 10 mL 至 100 mL 容量瓶并定容，得 100 μg · mL^{-1}淀粉标准溶液。

方法与步骤

1. 样品提取

称取提取可溶性糖以后的残渣0.5 g至50 mL烧杯中，加20 mL蒸馏水，沸水浴15 min，再加入2 mL 9.2 mol · L^{-1} $HClO_4$提取15 min，冷却后混匀，过滤至50 mL容量瓶中，并用蒸馏水定容。

2. 标准曲线制作

用100 μg · mL^{-1}淀粉标准溶液配制0、20、40、60、80、100 μg · mL^{-1}系列浓度淀粉溶液，分别吸取1 mL至6支试管中，各加0.1%蒽酮试剂5 mL，混匀，沸水浴10 min，冷却后于分光光度计波长625 nm处测定OD值，然后绘制OD_{625}－淀粉浓度曲线。

3. 样品测定

取样品提取液1 mL加入试管，按标准曲线制作法进行显色和比色，然后从标准曲线上查得样品提取液的淀粉含量。

4. 结果计算

按下式计算样品的淀粉含量。

$$淀粉含量（\%）=\frac{C \times V_1 \times 0.9}{V_2 \times W \times 10^6} \times 100\%$$

式中：C——从标准曲线上查得的淀粉含量（μg · mL^{-1}）；

V_1——样品提取液总体积（mL）；

V_2——显色样品提取液用量（mL）；

W——样品质量（g）；

0.9——淀粉（$C_6H_{10}O_5$）$_n$水解时吸收了n个水分子，而水分子量占葡萄糖分子量的10%。

注意事项

样品测定中，可同时做1份用于淀粉水解完全度检验的样品，在酸解过滤后，将其残渣加2 mL水，搅拌均匀，吸2滴于白瓷盘上，加2滴I_2－KI溶液，显微镜下观察，若出现蓝紫色颗粒，证明水解不完全，其正式测试样品需再加高氯酸水解，直至不出现蓝紫色为止。

Ⅱ 直链淀粉含量的测定

实验目的

掌握植物组织中直链淀粉含量测定的原理和方法。

实验原理

直链淀粉与碘作用产生纯蓝色，在波长620 nm处有最大吸收峰，可用分光光度法进行测定。

器材与试剂

1. 实验材料

供试谷物粉等。

2. 实验器具

可见光分光光度计、分析天平（0.000 1 g）、恒温水浴锅、移液器、容量瓶等。

3. 实验试剂

（1）95%乙醇。

（2）1.00 mol·L^{-1}NaOH溶液：用氢氧化钠配制并标定。

（3）0.09 mol·L^{-1}NaOH溶液：取90 mL 1.00 mol·L^{-1}氢氧化钠溶液，用蒸馏水稀释至1 000 mL。

（4）碘液：称量2.000 0 g碘和20.000 0 g碘化钾混合，用蒸馏水溶解后，定容至1 000 mL。

（5）1.00 mol·L^{-1}乙酸溶液：量取57.8 mL冰乙酸，用蒸馏水稀释至1 000 mL。

方法与步骤

1. 样品提取

准确称量过100目筛米粉0.100 0 g，置于100 mL烧杯中，加入1.0 mL 95%乙醇，轻摇使样品湿润分散，加入9.0 mL 1.00 mol·L^{-1} NaOH溶液，搅拌均匀后置于沸水中煮10 min后取出，冷却至室温后转移至100 mL容量瓶中，加蒸馏水定容，待测。

2. 样品测定

吸取5.0 mL样品溶液，加入已盛有半瓶蒸馏水的100 mL容量瓶中，再分别加入1.0 mL 1.00 mol·L^{-1}乙酸溶液和1.50 mL碘液，充分摇匀，用蒸馏水定容，静置20 min。以5 mL 0.09 mol·L^{-1} NaOH溶液代替样品，配制空白溶液。然后在波长620 nm处比色测定OD值。

3. 标准曲线制作

称取高、中、低已知直链淀粉含量的标准样品各0.100 0 g，按上述方法与待测样品同时进行测定，绘制OD_{620}—直链淀粉浓度曲线。

注意事项

（1）稻米样品的直链淀粉含量以直链淀粉占样品干重的百分比表示，重复测定结果相对相差应小于1%。

（2）稻谷等植物种子的直链淀粉含量也可采用 FOSS Infratec™ 1241 Grain Analyzer（近红外谷物分析仪）无损快速测定。

参考文献

[1] 汤绍虎，罗充. 植物生理学实验指导［M］. 重庆：西南师范大学出版社，2012.

[2] NY 147－88，米质测定方法. 北京：中华人民共和国农业部标准，1988.

实验 10－3 粗纤维含量的测定

实验目的

掌握植物组织中粗纤维含量测定的原理和方法。

实验原理

测定粗纤维是用硫酸、碱、乙醇、乙醚相继处理样品。硫酸水解某些不溶解的糖类，碱能使蛋白质转变成可溶态并除去脂肪及溶解不能被酸溶解的半纤维素和某些木质素。乙醇和乙醚能抽出树脂、单宁、色素及剩余脂肪和蛋白质。

器材与试剂

1. 实验材料

植物叶片或果实。

2. 实验器具

电子天平、电热鼓风干燥箱、容量瓶、称量瓶、三角烧瓶、漏斗等。

3. 实验试剂

（1）70%～80%乙醇。

（2）1.25% NaOH 溶液。

（3）1.25%硫酸溶液：取相对密度为1.84的浓硫酸13 mL加水稀释至1 L。

方法与步骤

（1）准确称取粉碎的植物1～3 g，无损地倒入三角烧瓶中。

（2）将200 mL 1.25%硫酸倒入烧瓶中，沸腾后继续加热30 min，加热时为防止剧烈沸腾，应连续搅拌。每5 min向烧瓶内倒入沸水，使其内容物达到烧瓶200 mL刻度线，以保持酸浓度不变。到达时间后，用带有已知质量的滤纸的漏斗过滤，并用热蒸馏水冲洗烧瓶及漏斗，直至滤液用石蕊试纸测定为中性为止。

（3）用1.25% NaOH溶液将滤纸上的沉淀物完全洗入烧瓶内，加热至沸腾后继续加热30 min，操作同上。到达时间后冷却至室温，用原来所用已知质量的滤纸过滤，用蒸馏水冲洗2～3次，再用乙醇冲洗2～3次直至滤液无色。

（4）将滤纸和沉淀放入以前称过这张滤纸的称量瓶中，在电热鼓风干燥箱中100～105 ℃烘至恒重并称重。

（5）结果计算：

$$粗纤维含量（\%）=\frac{W_2-W_1}{W_s}\times 100\%$$

式中：W_s——植物样品质量（g）；

W_1——滤纸质量（g）；

W_2——滤纸及粗纤维质量（g）；

W_2-W_1——粗纤维的质量（g）。

注意事项

用比色法测定糖类含量时，为避免提取液中的色素干扰测定，可用少量活性炭进行脱色，但处理往往会影响实验结果的准确性，故活性炭用量应尽可能少。

参考文献

张志良，瞿伟菁，李小方．植物生理学实验指导［M］．4版．北京：高等教育出版社，2009.

实验10－4　蛋白质含量的测定

Ⅰ　考马斯亮蓝染料法

实验目的

掌握用考马斯亮蓝染料法测定蛋白质含量的原理与方法。

实验原理

酸性溶液中考马斯亮蓝G－250染料与蛋白质结合，颜色从红色变为蓝色，吸收高峰从波长460 nm移至595 nm，在一定蛋白质浓度范围内（0～1 000 μg·mL^{-1}），蛋白质—色素结合物在波长595 nm处的OD值与蛋白质含量成正比，故可用于蛋白质的定量测定。

蛋白质与考马斯亮蓝G－250的结合在约2 min内达到平衡，完成反应十分迅速，其结合物在室温下1 h内保持稳定，反应灵敏，可测微克级的蛋白质含量。

器材与试剂

1. 实验材料

植物叶片等。

2. 实验器具

可见光分光光度计、电子天平、离心机移液器、具塞试管、研钵、容量瓶等。

3. 实验试剂

(1) 蛋白质标准溶液：称取结晶牛血清白蛋白（BSA）100 mg 溶于 100 mL 蒸馏水，即得 1 000 μg · mL^{-1}的标准溶液，取出 10 mL 该溶液，用蒸馏水稀释定容至 100 mL，即得 100 μg · mL^{-1}标准液。

(2) 考马斯亮蓝 G－250 试剂：称取 0. 1 g 考马斯亮蓝 G－250 溶于 50 mL 95% 乙醇，加入 85% 磷酸（H_3PO_4）100 mL，用蒸馏水稀释定容至 1 000 mL，混匀备用。

方法与步骤

1. 标准曲线制作

(1) 0～100 μg · mL^{-1}蛋白质标准曲线制作。取 6 支试管，按表 10－4－1 所示配制 0～100 μg · mL^{-1}蛋白质标准溶液各 1 mL。准确吸取各管溶液 0. 1 mL，分别加入 10 mL 具塞试管中，加入 5 mL 考马斯亮蓝 G－250 试剂，盖塞摇匀，静置 5 min 后在波长 595nm 处以 0 管调零，测定各管 OD 值，绘制蛋白质质量浓度－OD_{595}标准曲线。

表 10－4－1　0～100 μg · mL^{-1}蛋白质标准溶液的配制

试剂	管号					
	0	1	2	3	4	5
100 μg · mL^{-1}BSA/mL	0	0. 2	0. 4	0. 6	0. 8	1. 0
蒸馏水/mL	1. 0	0. 8	0. 6	0. 4	0. 2	0
蛋白质浓度/μg · mL^{-1}	0	20	40	60	80	100

(2) 0～1 000 μg · mL^{-1}蛋白质标准曲线制作。另取 6 支试管，按表 10－4－2 所示配制0～1 000 μg · mL^{-1}蛋白质标准溶液各 1 mL。按步骤（1）绘制 0～1 000 μg · mL^{-1}标准曲线。

表 10－4－2　0～1 000 μg · mL^{-1}蛋白质标准溶液的配制

试剂	管号					
	0	1	2	3	4	5
1 000 μg · mL^{-1}BSA/mL	0	0. 2	0. 4	0. 6	0. 8	1. 0
蒸馏水/mL	1. 0	0. 8	0. 6	0. 4	0. 2	0
蛋白质浓度/μg · mL^{-1}	0	200	400	600	800	1 000

2. 样品提取

称取植物叶片0.2 g放入研钵中，加2 mL蒸馏水和少量石英砂研磨成匀浆，用3 mL蒸馏水分次洗涤研钵，合并匀浆和洗液，4 000 $r \cdot min^{-1}$离心10 min，上清液转入容量瓶中，以蒸馏水定容至10 mL，摇匀后待测。

3. 样品测定

取0.1 mL待测溶液，加入5 mL考马斯亮蓝G－250试剂，充分混匀，静置5 min后测定OD_{595}值，查标准曲线得待测液的蛋白质质量浓度（$\mu g \cdot mL^{-1}$），以蒸馏水做空白。

4. 结果计算

$$样品蛋白质含量（\mu g \cdot g^{-1}\ FW）=\frac{C \times V}{W}$$

式中：C——查标准曲线所得的蛋白质质量浓度（$\mu g \cdot mL^{-1}$）；

V——提取液总体积（mL）；

W——样品质量（g）。

注意事项

如遇比色杯吸附染料，可用乙醇清洗。

Ⅱ 双缩脲法

实验目的

掌握用双缩脲法测定蛋白质含量的原理与方法。

实验原理

碱性溶液中，双缩脲（$H_2N—CO—NH—CO—NH_2$）与Cu^{2+}作用发生双缩脲反应，形成紫红色的络合物，该络合物颜色深浅，在一定浓度范围内与肽键数量即与蛋白质含量成正比，因而可用分光光度法测定蛋白质含量。该法测定较快，干扰物质少，但灵敏度低，常用于快速且不需十分精确的蛋白质含量测定。

器材与试剂

1. 实验材料

玉米粉或小麦粉。

2. 实验器具

分光光度计、电子天平、恒温水浴锅、移液器、离心机、振荡器、容量瓶、离心管、三角瓶、试管等。

3. 实验试剂

（1）双缩脲试剂：称取 $CuSO_4 \cdot 5H_2O$ 1.5 g 和酒石酸钾钠 6.0 g，加少量蒸馏水溶解，再加 2.5 $mol \cdot L^{-1}$ NaOH 溶液 300 mL 和 KI 1.0 g，溶解后加蒸馏水定容至 1 000 mL，置于棕色瓶中避光保存。

（2）10 $mg \cdot mL^{-1}$蛋白质标准溶液：称取 1 g 烘至恒重的纯酪蛋白，溶于 0.05 $mol \cdot L^{-1}$ NaOH 溶液中，定容至 100 mL。

方法与步骤

1. 标准曲线制作

取 6 支试管，按表 10－4－3 所示配制 0～10 $mg \cdot mL^{-1}$系列浓度蛋白质标准溶液。

表 10－4－3　0～10 $g \cdot L^{-1}$蛋白质标准溶液的配制

试剂	管号					
	0	1	2	3	4	5
10 $g \cdot L^{-1}$蛋白质标准溶液/mL	0	0.2	0.4	0.6	0.8	1.0
蒸馏水/mL	1.0	0.8	0.6	0.4	0.2	0
蛋白质浓度/($g \cdot L^{-1}$)	0	2	4	6	8	10

每管各加入 4 mL 双缩脲试剂，混匀后 25 ℃水浴 1 h，冷却至室温，在波长 550 nm 处，用 0 管调零，读取各管 OD 值，绘制蛋白质质量浓度—OD_{550}标准曲线。

2. 样品测定

准确称取样品粉末 0.5 g，放入 50 mL 三角瓶中，加入 10 mL 0.05 $mol \cdot L^{-1}$ NaOH 溶液和 40 mL 双缩脲试剂，加塞，在振荡器上振荡 10 min，再于 25 ℃水浴 1 h。取出部分溶液于离心管中，4 000 $r \cdot min^{-1}$离心 10 min，取出上清液于波长 550 nm 处比色，记录 OD_{550}值，在标准曲线上查得相应的蛋白质质量浓度（$mg \cdot mL^{-1}$）。

3. 结果计算

$$蛋白质含量（\%）=\frac{C \times V}{W \times 10^3} \times 100\%$$

式中：C——标准曲线查得蛋白质质量浓度（$g \cdot L^{-1}$）；

V——样品显色液总体积（mL）；

W——样品质量（g）。

注意事项

（1）双缩脲试剂中加入酒石酸钾钠，可使 Cu^{2+} 形成稳定的络合铜离子，以防止 $CuSO_4 \cdot 5H_2O$ 不稳定而形成 $Cu(OH)_2$沉淀。酒石酸钾钠与 $CuSO_4 \cdot 5H_2O$ 的质量比不低于 3∶1，KI 作为抗氧化试剂。

（2）双缩脲试剂要封闭贮存，防止其吸收空气中的二氧化碳。

Ⅲ　紫外吸收法

实验目的

掌握用紫外吸收法测定蛋白质含量的原理与方法。

实验原理

蛋白质由于有酪氨酸和色氨酸的存在，在紫外线 280 nm 处有吸收高峰，可进行蛋白质含量的测定。单在分离提纯蛋白质时混有核酸，核酸在 280 nm 处也有吸收，会干扰测定，在 260 nm 处有最大吸收高峰。Warburg 等测定了酵母烯醇酶和酵母核酸在波长 280 nm和 260 nm 处 OD 值的比值，通过计算消除核酸存在的影响，可以求得有核酸存在时的蛋白质含量。因此，样品不需要经过预处理即可直接进行测定。

器材与试剂

1. 实验材料

待测样品。

2. 实验器具

紫外分光光度计。

3. 实验试剂

缓冲盐或盐溶液（样品提取液）。

方法与步骤

（1）取待测样品溶液置于 1 cm 石英比色杯中，于紫外分光光度计上波长 280 nm 和 260 nm 处分别测定 OD 值。用蒸馏水（缓冲液或盐溶液，视样品溶液而定）做空白对照。

（2）根据下列公式计算样品中的蛋白质含量（$g \cdot L^{-1}$）。

$$\text{蛋白质含量} = 1.55\ OD_{280} - 0.76\ OD_{260}$$

式中：OD_{280}——蛋白质溶液在 280 nm 处测得的 OD 值；

OD_{260}——蛋白质溶液在 260 nm 处测得的 OD 值。

注意事项

本法对微量蛋白质的测定既快又方便，它还适用于蛋白质与硫酸铵或其他盐类混杂的情况。

Ⅳ　Folin－酚试剂法

实验目的

掌握用 Folin－酚试剂法测定蛋白质含量的原理与方法。

实验原理

蛋白质可以与碱性铜盐产生双缩脲反应，同时由于蛋白质中存在的酪氨酸和色氨酸与磷钼酸—磷钨酸试剂反应产生颜色，比单一的双缩脲反应产生的颜色要强得多，所以 Folin—酚试剂法灵敏度较高。

器材与试剂

1．实验材料

待测样品。

2．实验器具

可见光分光光度计、恒温水浴锅、天平、移液器、圆底烧瓶、试管、容量瓶、量筒、烧杯等。

3．实验试剂

（1）100 μg · mL^{-1}标准牛血清白蛋白：称取 10 mg 牛血清白蛋白，用蒸馏水配成 100 mL。

（2）Folin－酚试剂 A：称取 1 g Na_2CO_3溶于 50 mL 0.1 mol · L^{-1}NaOH（4 g · L^{-1}）溶液，另将 0.5 g $CuSO_4 \cdot 5H_2O$ 溶于 100 mL 的 1% 酒石酸钾（酒石酸钠）溶液，临用前将前者和后者按 50∶1 比例进行混合即可，现配现用。

（3）Folin－酚试剂 B：将 100 g 钨酸钠（$Na_2WO_4 \cdot 2H_2O$）、25 g 钼酸钠（$Na_2MoO_4 \cdot 2H_2O$）、700 mL 蒸馏水、50 mL 85% 磷酸及 100 mL 浓盐酸置于 1 500 mL 磨口圆底烧瓶中，充分混匀后，接上磨口冷凝管，以小火回流 10 h。回流完毕，再加入 150 g 硫酸锂、50 mL 蒸馏水及数滴液体溴，开口继续沸腾 15 min，以便除去过量溴（通风橱内进行）。冷却后，用蒸馏水稀释至 1 000 mL，过滤，滤液呈微绿色，置于棕色试剂瓶中保存。使用时用该试剂滴定标准 NaOH（1 mol · L^{-1}），以标定试剂的酸度，以酚酞为指示剂，滴定至溶液颜色由红色变为紫色、紫灰再突然变成墨绿时，即为终点。最后用蒸馏水将试剂稀释成 1 mol · L^{-1}酸度，即为试剂 B 的工作液。

方法与步骤

1．标准曲线制作

取不同质量浓度（100 μg · mL^{-1}、90 μg · mL^{-1}、80 μg · mL^{-1}、70 μg · mL^{-1}、60 μg · mL^{-1}、50 μg · mL^{-1}、40 μg · mL^{-1}、30 μg · mL^{-1}、20 μg · mL^{-1}、10 μg · mL^{-1}）

的牛血清白蛋白溶液0.6 mL于试管中，分别加入3 mL Folin－酚试剂A，摇匀后置于25 ℃水浴中保温10 min，再加入0.3 mL Folin－酚试剂B，立即摇匀，置25 ℃水浴中保温30 min后，于波长500 nm处比色（若蛋白质含量为5～25μg，波长用750 nm；若为25 μg以上，波长则用500 nm为宜），以蒸馏水代替牛血清白蛋白溶液作为空白对照。根据结果绘制出OD值－蛋白质质量浓度标准曲线。

2．样品测定

准确吸取样品液0.6 mL于试管内，加入3 mL Folin－酚试剂A，摇匀后于25℃水浴中保温10 min，加入0.3 mL Folin－酚试剂B，立即摇匀，25 ℃水浴中保温30 min后，于500 nm波长处比色。查标准曲线得样品液的蛋白质质量浓度。

注意事项

（1）操作需分两步进行，前后保温共需40 min，显色较费时，颜色也不够稳定。

（2）对不同蛋白质显色强度不同，灵敏度也不同。

（3）易受EDTA、SDS、TritonX－100、糖类、高浓度硫酸铵和磷酸钠等物质干扰。

（4）测定需时较长，测定范围2～100 μg。

参考文献

［1］郝建军，康宗利，于洋．植物生理学实验技术［M］．北京：化学工业出版社，2007.

［2］张志良，瞿伟菁，李小方．植物生理学实验指导［M］．4版．北京：高等教育出版社，2009.

实验10－5　黄酮和异黄酮含量的测定

黄酮和异黄酮属于黄酮类化合物，是植物次生代谢的重要产物。黄酮含量可用分光光度法和高效液相色谱（HPLC）法测定，异黄酮含量可用高效液相色谱（HPLC）法测定。

Ⅰ　黄酮含量的测定（分光光度法）

实验目的

熟悉黄酮类化合物的一般制备及测定方法。

实验原理

黄酮多带酚羟基，能和铝离子产生黄色络合物，加入亚硝酸钠和氢氧化钠，使其在碱性溶液中呈红色，溶液在波长510 nm处有最大吸收，显色反应在60 min内稳定。用芦丁作为对照品，用硝酸铝作为黄酮类比色测定的显色剂，吸光度与芦丁的浓度呈线性关系，可用分光光度法对总黄酮进行含量测定。

器材与试剂

1. 实验材料

植物叶片等。

2. 实验器具

可见光分光光度计、电子天平（0.000 1 g）、索氏抽提器、容量瓶、分液漏斗等。

3. 实验试剂

（1）70%乙醇。

（2）乙醚。

（3）5% $NaNO_2$。

（4）10% $Al(NO_3)_3$。

（5）4% NaOH。

（6）$CaCO_3$。

（7）100 $\mu g \cdot mL^{-1}$芦丁标准液：取称10 mg芦丁，用70%乙醇定容到100 mL。

方法与步骤

1. 样品提取

称取植物干叶1 g于索氏抽提器中，加入70%乙醇100 mL及少许$CaCO_3$，抽提6～8 h，倒出提取液减压浓缩蒸去乙醇。浓缩液于分液漏斗中用同体积的乙醚洗2～3次，以除去叶绿素和蜡质等，然后用70%乙醇定容至100 mL，待测。

2. 标准曲线制作

将芦丁标准液用70%乙醇稀释成0、5 $\mu g \cdot mL^{-1}$、10 $\mu g \cdot mL^{-1}$、15 $\mu g \cdot mL^{-1}$、20 $\mu g \cdot mL^{-1}$、25 $\mu g \cdot mL^{-1}$、30 $\mu g \cdot mL^{-1}$、35 $\mu g \cdot mL^{-1}$、40 $\mu g \cdot mL^{-1}$、45 $\mu g \cdot mL^{-1}$、50 $\mu g \cdot mL^{-1}$，各吸取1 mL于试管中，加70%乙醇1 mL和5% $NaNO_2$ 0.3 mL，摇匀静置6 min后加入10% $Al(NO_3)_3$ 0.3 mL，6 min后再加入4% NaOH 2 mL使溶液澄清，10 min后于分光光度计510 nm波长处测定OD值，绘制质量浓度—OD值标准曲线。

3. 样品测定

吸取样品待测液1 mL，按标准曲线绘制方法测定样品OD_{510}值，从标准曲线查得总黄酮（以芦丁表示）的质量浓度（$\mu g \cdot mL^{-1}$）。

4. 结果计算

根据下式计算每克干叶中的总黄酮含量：

$$每克干叶中总黄酮含量（\mu g \cdot g^{-1}）= V \times \rho$$

式中：V——1 g干叶制得的提取液体积（mL）；

ρ——提取液中测得的总黄酮含量（$\mu g \cdot mL^{-1}$）。

注意事项

（1）黄酮类化合物种类繁多，此方法仅选芦丁为标准作比较。
（2）随显色时间延长，OD 值略有下降，因此显色反应后应尽快进行比色分析。

Ⅱ　黄酮含量的测定（HPLC 法）

实验目的

学习运用 HPLC 法测定植物中黄酮苷元的含量。

实验原理

植物样品经石油醚脱脂，再用甲醇提取植物中的黄酮苷类化合物，经酸水解为黄酮苷元，然后用高效液相色谱法（HPLC 法）分离，在紫外检测器 254 nm 条件下，对照黄酮苷元标准品，分析苷元的种类和每种苷元的含量。

器材与试剂

1. 实验材料

植物叶片等。

2. 实验器具

高效液相色谱仪、电子天平（0.000 1 g）、恒温水浴锅、容量瓶等。

3. 实验试剂

（1）甲醇（色谱纯）；（2）冰醋酸；（3）芦丁。

方法与步骤

1. 色谱条件

色谱柱：C18（250 mm × 4.6 mm，5 μm）；流动相为甲醇：水：冰醋酸 = 40：57.5：2.5（体积比）；检测器：紫外检测器，检查波长 254 nm；柱温：32℃；流速：$1.0\ mL \cdot min^{-1}$；进样量：10 μL。芦丁峰面积（R）对进样量（℃，μg）的线性范围为 0.5 ~ 2.5 μg，回归方程 $C = 0.622\ 73 \times 10^{-6} R - 0.035\ 3$（$R = 0.999\ 6$）。

2. 样品制备

称取植物干叶 1 g 置于索氏抽提器中，加入甲醇 50 mL，于 80 ℃水浴中加热回流提取 4 h，回收甲醇。残渣加甲醇 20 mL 回流 1 h，回收合并甲醇提取液，残渣用甲醇洗涤 2 ~ 3 次，合并回收液和洗液，置 100 mL 容量瓶中，用甲醇稀释定容至刻度，待测。

3. 样品测定

吸取待测液 1.5 mL 用 0.45 μm 微孔滤膜过滤至 2 mL 样品瓶中，按照色谱条件进行 HPLC 分析。以标准溶液峰的保留时间定性，根据标准品标准曲线，以峰面积计算样品的总黄酮含量。

注意事项

（1）黄酮类化合物种类繁多，此方法仅选芦丁为标准作比较。

（2）进行 HPLC 分析时，植物提取液必须用 0.45 μm 或更小孔径的微孔滤膜过滤，以免堵塞色谱柱；实验结束后，必须充分冲洗色谱柱。

Ⅲ 异黄酮含量的测定（HPLC 法）

实验目的

掌握异黄酮含量的测定原理和方法。

实验原理

植物样品经石油醚脱脂，再用甲醇提取植物中的异黄酮，然后用高效液相色谱法（HPLC 法）分离，在紫外检测器 254nm 条件下，对照标准品，分析各异黄酮组分含量。

器材与试剂

1. 实验材料

标样：大豆苷（daidzin，大于或等于 98%，Fluka，sigma - Aldrich Co. US）、黄豆黄苷（glycitin，大于或等于 99%，Fluka，sigma - Aldrich Co. US）、染料木苷（genistin，大于或等于 99%，Fluka，sigma - Aldrich Co. US）、黄豆苷元（daidzein，大于或等于 98%，Fluka，sigma - Aldrich Co. US）、大豆黄素（glycitein，大于或等于 98%，Fluka，sigma - Aldrich Co. US）和染料木素（genistein，大于或等于 98%，Fluka，sigma - Aldrich Co. US），大豆籽粒若干。

2. 实验器具

岛津 LC - 20A 高效液相色谱仪［色谱系统包括：系统控制器 CBM - 20A，泵 LC - 20AT（里边的电磁阀选为 LPGE 设备），自动进样器 SIL - 20A，柱温箱 CTO - 20AC，检测器 SPD - 20A 和 LC - solution 工作站］，色谱柱（InterSustain，C18，250 mm × 4.6 mm I. D.，5 μm），超纯水系统，离心机，超声波清洗机，分析天平，循环水式真空泵，电热恒温鼓风干燥箱，手提式高速中药粉碎机，1 mL 一次性无菌注射器，0.2 μm 一次性有机系针头滤器，砂芯活动过滤装置，聚偏氟乙烯微孔滤膜（F 型），容量瓶，离心管等。

3. 实验试剂

甲醇（HPLC 级）、乙腈（HPLC 级）、甲酸（HPLC 级）、二甲基亚砜（DMSO）、超纯水等。

方法与步骤

1. 标准储备液与混合标准溶液的配制

标准储备液的配制：准确称取 daidzein，daidzin，genistein，genistin，glycitein 和 glycitin 0.004 g 先溶解于 40 μL 二甲基亚砜，然后用 80% 甲醇定容于 10 mL 容量瓶，终浓度为 400 $\mu g \cdot mL^{-1}$，称取 0.001 g Glycitein 用二甲基亚砜溶解并定容，终浓度为 100 $\mu g \cdot mL^{-1}$作为标准储备液，置于 -20℃ 备用。

混合标准溶液的配制：分别精密吸取 daidzein 1.25 mL，daidzin 2.5 mL，genistein 1 mL，genistin 2.5 mL，glycitein 1.75 mL 和 glycitin 1 mL于 10 mL 容量瓶中，-20 ℃保存备用。

2. 样品的制备

取 10 g 晒干后的大豆籽粒，使用手提式高速中药粉碎机磨粉，过 60 目筛，保存于干燥器中备用。准确称取磨碎的大豆籽粒干豆粉 0.12 g（另取 0.12 g 置烘箱 125 ℃烘至恒重测定含水量），置于 5 mL 离心管中，加入 3 mL 80% 甲醇溶液，于 30℃ 超声辅助提取 2h，经 12 000 $r \cdot min^{-1}$离心 10 min，取上清液约 1.5 mL 过 0.22 μm 滤膜（有机相针式滤器），注入 HPLC 仪的自动进样专用小瓶（1.5 mL），-4 ℃保存，待上机检测。

3. 色谱条件

色谱柱：InterSustain，C18，250 mm × 4.6 mmI. D.，5μm。柱温：34 ℃。流动相 A 为含 0.1% 甲酸的超纯水溶液，流动相 B 为含 0.1% 甲酸的乙腈水溶液，所配制的 HPLC 级流动相经过 0.2 μm 滤膜的过滤（除去有紫外吸收的杂质）。流动相梯度：0 ~ 15 min，15% A；15 ~ 35 min，25% A；50 min，40% A；60 ~ 70 min，100% A；80 min，15% A。运行时间：80 min。进样量：10 μl。流速：1.0 $mL \cdot min^{-1}$。检测波长：254 nm。

4. 结果计算

依据 6 种异黄酮标准样品的洗脱时间和最大吸收光谱定性，以在 DAD 254 nm 波长的吸收光谱下吸收值为基础，根据标准曲线计算样品中的各个异黄酮组分的准确含量。

注意事项

进行 HPLC 分析时，植物提取液必须用 0.45 μm 或更小孔径的微孔滤膜过滤，以免堵塞色谱柱。实验结束后，必须充分冲洗色谱柱。

参考文献

[1] 张志良，瞿伟菁，李小方. 植物生理学实验指导［M］. 4 版. 北京：高等教育出版社，2009.

[2] 郝建军，康宗利，于洋. 植物生理学实验技术［M］. 北京：化学工业出版社，2007.

[3] 董李平. 大豆异黄酮代谢机理的研究［D］. 重庆：西南农业大学，2003.

[4] GB/T 26625 -2011　粮油检验—大豆异黄酮含量测定高效液相色谱法.

[5] 鞠兴荣，袁建，汪海峰. 高效液相色谱法测定大豆提取物中大豆异黄酮的含量［J］. 中国粮油学报，2000，15：26 -29.

实验 10 - 6　游离氨基酸总量的测定

实验目的

了解测定植物组织中游离氨基酸总量的原理和方法。

实验原理

游离氨基酸的游离氨基可与水合茚三酮作用，产生蓝紫色化合物二酮茚 - 二酮茚胺，其三色深浅与游离氨基的含量成正比，因此可用分光光度计在波长 570 nm 下测定其含量。因蛋白质中的游离氨基也会产生相同反应，故测定前必须用蛋白质沉淀剂除去。

器材与试剂

1. 实验材料

新鲜植物材料。

2. 实验器具

可见分光光度计、恒温水浴锅、电炉、移液器、容量瓶、漏斗、烧杯、研钵、具塞刻度试管等。

3. 实验试剂

(1) 10% 乙酸；(2) 0.1% 抗坏血酸（现配现用）。

(2) 4 $mol \cdot L^{-1}$ pH 4.54 醋酸盐缓冲液（HAc - NaAc）：称取 54.4 g 醋酸钠，加入 100 mL 蒸馏水，在电炉上加热至沸，并使溶液蒸发至原体积的一半，冷却后加入 100 mL 容量瓶中，加 30 mL 冰乙酸，用蒸馏水定容。

(3) 水合茚三酮：称取 0.60 g 重结晶的茚三酮于烧杯中，加入 15 mL 正丙醇溶解，再加入 30 mL 正丁醇和 60 mL 乙二醇，最后加入 9 mL 4 $mol \cdot L^{-1}$ pH 4.54 的醋酸盐缓冲液，混匀，贮于棕色瓶中于冰箱保存，10 天内有效。

(4) 亮氨酸标准液：称取 80℃烘干的亮氨酸 46.8 mg（或 α - 丙氨酸 31.8 mg），以 10% 的异丙醇溶解并定容至 100 mL（含氮量 50 $\mu g \cdot mL^{-1}$），吸取其中 5 mL 用蒸馏水稀释至 50 mL，得含氮量 5 $\mu g \cdot mL^{-1}$ 的亮氨酸标准液。

方法与步骤

1. 样品提取

取新鲜待测植物样品 0.5 ~ 1.0 g 于研钵中，加入 5 mL 10% 乙酸研磨成匀浆，转移至 100 mL 容量瓶中，用蒸馏水定容，用干滤纸过滤（弃初滤液）后待测。

2．标准曲线制作

取6支20 mL刻度试管，编号1～6，按表10－6－1所示加入试剂。加完试剂后，混匀，盖上玻璃球塞，置沸水浴中加热15 min，然后取出放在冷水浴，摇动冷却，使加热时形成的红色逐渐被空气氧化而褪色，直到溶液呈蓝紫色，用60%乙醇定容至20 mL，摇匀后于分光光度计570 nm波长处测定OD值，制作标准曲线。

表10－6－1　氨基酸标准曲线制作

试剂	1	2	3	4	5	6
亮氨酸标准液/mL	0	0.2	0.4	0.6	0.8	1.0
无氨蒸馏水/mL	2.0	1.8	1.6	1.4	1.2	1.0
水合茚三酮/mL	3.0	3.0	3.0	3.0	3.0	3.0
抗坏血酸/mL	0.1	0.1	0.1	0.1	0.1	0.1
每管含氨基氮量/μg	0	1.0	2.0	3.0	4.0	5.0

3．含量测定

吸取待测液1 mL，加蒸馏水1 mL、水合茚三酮3 mL、抗坏血酸0.1 mL，同标准曲线制作方法显色、比色。根据OD_{570}值在标准曲线上查得样品液的含氮量。

4．结果计算

按下式计算100 g植物鲜材料中游离氨基酸的氨基氮含量。

$$100\text{ g 植物鲜材料中游离氨基氮含量}（\text{mg}\cdot 100\text{ g}^{-1}\text{FW}）=\frac{C\times V_t}{V_s\times W}\times 100\%$$

式中：C——查标准曲线值（$\text{mg}\cdot\text{mL}^{-1}$）；

V_t——样品提取液稀释总体积（mL）；

V_s——测定所取滤液体积（mL）；

W——样品质量（g）。

注意事项

（1）比色应在显色后1 h内进行。

（2）实验所用水均为无氨水，普通蒸馏水煮沸驱氨即可。

（3）抗坏血酸用量应严格控制。

（4）反应灵敏度在很大程度上与氢离子浓度有关，最适pH为4.5，应严格掌控。

参考文献

邹琦．植物生理生化实验指导［M］．北京：中国农业出版社，2000.

实验 10-7 脂肪酸含量的测定

实验目的

掌握用气相色谱（GC）法测定脂肪酸含量的原理和方法。

实验原理

作物脂肪中常见的脂肪酸分子具有极性且沸点较高，在高温下很不稳定，不便于分析，所以一般先进行甲酯化处理，使其形成极性和沸点均较低的脂肪酸甲酯，再用气相色谱仪测定各脂肪酸甲酯，间接得到各脂肪酸的含量。

油脂样品进入气相色谱进样口后，便快速升温气化而呈气态，被载气带入层析柱，在适宜的条件下进行分离。各种组分依其在分离柱中的保留时间不同而先后分离并被检测器检测。在同一条件下，用标准脂肪酸的保留时间作定性标准，然后用面积归一化法或外标法做定量计算。

器材与试剂

1. 实验材料

不同花生品种。

2. 实验器具

气相色谱仪、高纯氢气发生器、空气发生器、电子天平、移液器等。

3. 实验试剂

（1）苯；（2）石油醚；（3）无水乙醚；（4）三氟化硼甲醇；（5）脂肪酸甲脂标准试剂（色谱纯）；（6）NaCl 等。

方法与步骤

1. 脂肪提取及甲酯化

取少量花生碎末，向其中加入脂肪提取液（苯：石油醚 = 1：1）1 mL，振荡后静置，加入 0.5 mol·L^{-1}甲醇钠 1.5 mL 进行甲酯化，加入饱和 NaCl 溶液 2 mL，静置分层，吸取 2 μL 上清液进行 GC 分析。

2. 色谱条件

FID 检测器，FFAP 弹性石英毛细管柱（50 m × 0.2 mm × 0.33 μm），恒压模式，载气为高纯 N_2，流速 1 mL·min^{-1}，H_2流速为 35 mL·min^{-1}，空气流速为 350 mL·min^{-1}，进样量为 2 μL，分流比为 10：1，进样口温度为 250 ℃，检测器温度为 250 ℃，程序升温为 180 ℃，3 min，以 9 ℃·min^{-1}升至 225 ℃，保持 25 min。

注意事项

（1）进行GC分析时，脂肪提取液必须用0.45 μm或更小孔径的微孔滤膜过滤，以免堵塞色谱柱。

（2）色谱分析条件（如气体流速、柱温、气化温度等）要恒定，以便重现性好、准确度高。

参考文献

[1] 高慧敏，张颖君．花生种子脂肪酸含量的微量、快速测定．中国农学通报[J]．2010，26（13）：98－103.

[2] 王瑞，刘海学，马俪珍，等．几种食用油中脂肪酸含量的测定与分析[J]．食品研究与开发，2011，32（7）：106－109.

[3] 田纪春．谷物品质测试理论与方法[M]．北京：科学出版社，2006.

[4] 于振文．作物栽培学各论：北方本[M]．北京：中国农业出版社，2003.

实验10－8　2－乙酰－1－吡咯啉（2－AP）含量的测定

实验目的

学习和掌握测定2－乙酰－1－吡咯啉（2－AP）含量的原理和方法。

实验原理

利用2－AP溶于有机溶剂的特点，使其溶于二氯甲烷，以2,4,6－三甲基吡啶（TMP）作内标，通过气相色谱－质谱（GC－MS）法测得2－AP含量。

器材与试剂

1. 实验材料

稻谷等作物种子。

2. 实验器具

气相色谱质谱联用仪（岛津GC－MS QP 2010 plus）、超声波清洗器（KQ－800ES）、移液器、电子天平、无菌注射器、有机型针头过滤膜（孔径0.22 μm）等。

3. 实验试剂

（1）二氯甲烷（色谱纯）；（2）无水亚硫酸钠；（3）2，4，6－三甲基嘧啶（TMP）等。

方法与步骤

1. 样品提取

称取2 g研磨好的样品放入玻璃瓶，加入10 mL色谱纯二氯甲烷，盖上密封圈，拧紧瓶盖稍许震荡摇匀，在瓶身标注处理编号，用橡皮筋固定在一起放入注满水的超声波清洗机，40 KHZ 40 ℃超声240 min。取出样品瓶冷却至室温，加适量无水亚硫酸钠后立即用2 mL菌注射器吸取上清液，并通过有机型针头过滤膜（孔径0.22 μm，13mm）将上清液注入顶空样品瓶，加入2 μL浓度为0.0917g·L^{-1}的2,4,6－三甲基吡啶（TMP）作为内标物，立即进行气相质谱测定。

2. 样品测定

采用岛津GC－MS QP 2010 plus型气相质谱联用仪和2,4,6－三甲基吡啶（TMP）内标法标定香气相对含量。色谱条件：色谱柱为SH－Rxi－5Sil MS，长度为30 m，内径0.25 mm，膜厚0.25 μm；柱温升温程序为：40 ℃保持1 min，再以2 ℃·min^{-1}升温到65 ℃，保持1 min，然后以10 ℃·min^{-1}升温到220 ℃；载气为高纯氦气（纯度＞99.999%）；恒压不分流进样方式，进样量为2 μL。质谱条件：电子轰击（EI）离子源，离子源温度为200 ℃，离子化能量为70eV；接口温度为250 ℃，四级杆温度为150 ℃；全扫描方式，扫描质量范围为m/z35－160。

3. 结果计算

$$2-AP\ 含量（mg\cdot kg^{-1}）=\frac{A_2\times C_1\times V}{A_1\times W\times 10^3}$$

式中：A_2——2－AP色谱图中的面积峰值；

A_1——TMP色谱图中的面积峰值；

C_1——TMP质量浓度（mg·L^{-1}）；

V——提取体积（mL）；

W——样品质量（g）。

注意事项

使用过程中应严格按照规定使用仪器，防止因错误操作造成仪器损坏。

参考文献

［1］黄忠林，唐湘如，王玉良，等．增香栽培对香稻香气和产量的影响及其相关生理机制［J］．中国农业科学，2012，45（6）：1 054－1 065.

［2］SHAN Q W，ZHANG Y，CHEN K L，et al. Creation of fragrant rice by targeted knockout of the *OsBADH2* gene using TALEN technology［J］. Plant Biotechnol J，2015，13（6）：791－800.

实验 10-9 吡咯啉-5-羧酸（P5C）含量的测定

实验目的

学习和掌握测定吡咯啉-5-羧酸（P5C）含量的原理和方法。

实验原理

鸟氨酸和谷氨酸通过中间产物 P5C 形成 2-AP。P5C 是 2-AP 合成的重要前体物质。用提取液提取试样，释放出羟脯氨酸。羟脯氨酸氧化后，与 2-氨基苯甲醛反应显色，在波长 440 nm 处进行比色测定。

器材与试剂

1. 实验材料

去主脉的植物叶片。

2. 实验器具

冷冻离心机、可见分光光度计、移液器、恒温水浴锅、电子天平、研钵、离心管、试管等。

3. 实验试剂

（1）提取缓冲液：50 mmol · L^{-1} pH 8.0 Tris-HCl 缓冲液、10% 甘油、1% Triton X-100和 1% β-巯基乙醇。

（2）10% 三氯乙酸（TCA）：称取 10 g 三氯乙酸，用蒸馏水溶解后定容至 100 mL。

（3）0.25% 2-氨基苯甲醛：称取 0.25 g 2-氨基苯甲醛，用95% 无水乙醇溶解并定容至 100 mL。

方法与步骤

1. 酶液提取

称取 0.300 0 g 鲜样，液氮碾磨，分批加入 5 mL 提取缓冲液，冰浴磨成匀浆，放置 30 min 后于 8 000 r · min^{-1}、4 ℃条件下离心 30 min。

2. 酶活性测定

吸取 375 μL 酶提取液于离心管中，依次加入 500 μL 10% TCA 和 125 μL 0.25% 2-氨基苯甲醛，室温下保持 30 min，后于 8 000 r · min^{-1}下离心 10 min，在可见分光光度计 440 nm 波长处比色。

3. 结果计算

$$\text{P5C 含量}\ (\mu mol \cdot g^{-1}\ FW) = \frac{A \times V_0 \times V_2}{W \times \varepsilon \times L \times V_1}$$

式中：A——吸光度；

V_0——酶提取液总体积；

V_1——测定时酶提取液体积；

V_2——反应体系总体积；

W——样品质量。

ε——摩尔消光系数，为 $2.71 \times 10^3\ min^{-1} \cdot cm^{-1}$；

L——液层的厚度，为 1 cm。

注：摩尔消光系数也称摩尔系数（molar extinction coefficient），是指浓度为 1 $mol \cdot L^{-1}$ 时的吸光系数，用 ε 表示。$A = \varepsilon cL$，其中，A 为吸光度，ε 为摩尔消光系数，c 为溶液浓度（$mol \cdot L^{-1}$），L 为液层的厚度。

注意事项

（1）提取缓冲液制备完成后要放入冰箱冷藏。

（2）酶液提取时，动作幅度不要太大，以免使样品洒落，影响指标测定。

参考文献

WU M L, CHOU K L, WU C R, et al. Characterization and the possible formation mechanism of 2 - acetyl - 1 - pyrroline in aromatic vegetable soybean (*Glycine max L.*) [J]. Journal of Food Science, 2009, 74 (5): 192 - 197.

实验 10 - 10　淀粉酶活性的测定

实验目的

熟悉 α - 淀粉酶和 β - 淀粉酶水解淀粉的原理和测定两种淀粉酶活性的方法。

实验原理

α - 淀粉酶能将淀粉分子的 α - 1，4 - 糖苷键任意切断成长短不一的短链糊精及少量麦芽糖和葡萄糖，使淀粉对碘呈蓝紫色的特异反应消失，以颜色消失的速度计算酶活性。

β - 淀粉酶从淀粉的非还原性末端分解 2 个葡萄糖单位的 α - 1，4 - 糖苷键生成麦芽糖。因此，可以用 DNS 试剂测定溶液中的还原糖含量。

器材与试剂

1．实验材料

新鲜植物材料。

2．实验器具

可见分光光度计、恒温水浴锅、电子天平、离心机、离心管、具塞试管、漏斗等。

3．实验试剂

（1）β－极限糊精：称取4 g淀粉，加少量蒸馏水调至糊状，边搅拌边倒入100 mL沸水。加热煮至透明，流水冷却。加40 mL 0.5 mol·L^{-1} pH 5.0 NaAc缓冲液，1.0 mL山芋β－淀粉酶，1.0 mL甲苯，加水至200 mL，摇匀，30℃水浴保温，不同时间取0.03 mL反应液加蒸馏水0.47 mL，0.01% I_2－KI溶液5.0 mL，摇匀，在可见分光光度计测定OD_{560}值。约24 h后OD_{560}值下降至恒定数值β－极限糊精（约20 mg·mL^{-1}），这时剩余的葡萄糖为β－淀粉酶所不能水解的β－极限糊精。将溶液加热煮沸5 min，流水冷却，加1.0 mL甲苯，加蒸馏水至200 mL，即为β－极限糊精溶液，置4℃保存，有效期约为4个月。

（2）2%可溶性淀粉。

（3）10 mmol·L^{-1} pH 5.0醋酸钠（NaAc）缓冲液。

（4）0.1 mol·L^{-1} pH 5.0 NaAc缓冲液：内含6 mmol·L^{-1} $CaCl_2$（666 g·L^{-1}）。

（5）0.01% I_2－KI溶液。

（6）DNS试剂：称取3，5－二硝基水杨酸10 g溶于水，加20 g NaOH，200 g酒石酸钾钠，蒸馏水500 mL，加热溶解后加重蒸粉2 g、0.5 g无水Na_2SO_3加热搅拌，冷却后定容至1 000 mL，贮于棕色瓶中，放置一周后使用。

（7）石英砂。

（8）蒸馏水。

方法与步骤

1．粗酶液制备

称取新鲜植物材料10 g，剪碎，按1∶2（*W/V*）比例加入20 mL 0.1 mol·L^{-1} pH 5.0 NaAc缓冲液及少量石英砂研磨，一层尼龙布过滤，滤液以20 000 r·min^{-1}离心20 min，取上清液用10 mmol·L^{-1} pH 5.0 NaAc缓冲液透析。过夜后以20 000 r·min^{-1}离心10 min，取上清液定容备用。

2．β－极限糊精标准曲线制作

称取100 mg β－极限糊精，加少量蒸馏水调成糊状，倒入10 mL沸蒸馏水中，不断搅拌加热，煮至透明，冷却后定容至10 mL，质量浓度即为10 mg·mL^{-1}。稀释成0.5 mg·mL^{-1}、1.0 mg·mL^{-1}、1.5 mg·mL^{-1}、2.0 mg·mL^{-1}、2.5 mg·mL^{-1}、3.0 mg·mL^{-1}、3.5 mg·mL^{-1}、4.0 mg·mL^{-1}系列浓度溶液，分别取0.5 mL，再加入5.0 mL 0.01% I_2－KI溶液，于可见分光光度计560 nm波长处测定OD值。以OD_{560}值为纵坐标，β－极限糊精的质量浓度为横坐标，绘制β－极限糊精标准曲线。

3. α - 淀粉酶活性测定

取 0.1 ~0.5 mL 粗酶液，加 0.5 mL β - 极限糊精，用 10 mmol · L^{-1} pH 5.0 NaAc 缓冲液定容至 1.0 mL，摇匀后 30℃保温。不同时间取 0.1 mL 反应液，加入 5.0 mL 0.01% I_2 - KI 溶液和 0.4 mL 蒸馏水，摇匀后测定 OD_{560} 值。根据标准曲线计算 β - 极限糊精含量。酶活性以 β - 极限糊精降解 mg · g^{-1} FW · h^{-1}表示。

4. β - 淀粉酶活性测定

在具塞试管中加入 2% 可溶性淀粉 5 mL，0.1 mol · L^{-1} pH 5.0 NaAc 缓冲液 1 mL，3.9 mL 蒸馏水。37 ℃预热 5 min，加 0.1 mL 酶液，保温 30 min 后煮沸 10 min。冷却后取 0.5 mL 样品和 1.5 mL DNS 试剂加入试管中，沸水浴加热 15 min，冷却后加入 10 mL 蒸馏水，摇匀后于可见分光光度计 540 nm 波长处测定 OD 值。

5. 结果计算

以不同浓度葡萄糖制作标准曲线（540 nm），求出每 1 OD 值相当的葡萄糖量 *K*（mg）。以每小时生成 1 mg 麦芽糖所需的酶量作为一个酶活性单位。

$$粗酶活性（U \cdot mL^{-1}） = \frac{K \times A \times 20 \times N}{0.5 \times 1.9}$$

式中：*K*——每 1 OD 值相当的葡萄糖量（mg）；

20——测定时再度被稀释的倍数，即 10 mL 取 0.5 mL；

N——酶在反应液中的稀释倍数，该实验为 100；

0.5——反应时间（h）；

1.9——麦芽糖换算成葡萄糖的换算因子。

注意事项

β - 极限糊精的制备。

参考文献

[1] 张志良，瞿伟菁，李小方. 植物生理学实验指导［M］. 4 版. 北京：高等教育出版社，2009.

[2] 中国科学院上海植物生理研究所，上海市植物生理学会. 现代植物生理学实验指南［M］. 北京：科学出版社，1999.

实验 10 - 11　蔗糖合成酶（SS）和蔗糖磷酸合成酶（SPS）活性的测定

实验目的

学习和掌握测定蔗糖合成酶（SS）和蔗糖磷酸合成酶（SPS）活性的原理和方法。

实验原理

蔗糖合成酶和蔗糖磷酸合成酶是植物体内催化蔗糖合成的两种酶。蔗糖合成酶催化游离果糖与葡萄糖供体尿苷二磷酸葡糖（UDPG）反应生成蔗糖。

$$\text{UDPG} + \text{果糖} \rightleftharpoons \text{蔗糖} + \text{UDP}$$

蔗糖合成酶活性测定既可在合成方向进行测定外加底物 UDPG 和果糖，测产物蔗糖的量（表示酶活性）；也可以在分解方向进行测定外加蔗糖和 UDP，测定果糖含量（表示酶活性）。

蔗糖磷酸合成酶催化 UDPG 与果糖-6-磷酸（F-6-P）结合形成 6-磷酸蔗糖（蔗糖-6-P）：

$$\text{UDPG} + \text{F-6-P} \rightleftharpoons \text{蔗糖-6-P} + \text{UDP} + H^+$$

6-磷酸蔗糖可以经磷酸蔗糖酶（SPP）水解后形成蔗糖。一般把 SPS-SPP 系统看作是蔗糖合成的主要途径，而把蔗糖合成酶看作是催化蔗糖分解。

果糖与间苯二酚混合加热反应生成红色产物，在一定范围内糖的含量与反应液颜色成正比。蔗糖在含有盐酸的间苯二酚中水解成葡萄糖和果糖，也能生成红色产物，可在 480 nm 波长处比色测定。

器材与试剂

1. 实验材料

去主脉的植物叶片。

2. 实验器具

冷冻离心机、可见分光光度计、移液器、恒温水浴锅、电子天平、移液器、研钵、离心管、试管等。

3. 实验试剂

（1）30 % HCl。（2）2 mol · L^{-1} NaOH。（3）1 mg · mL^{-1}蔗糖标准液。

（4）提取缓冲液：100 mmol · L^{-1} pH 7.0 Tris-HCl 缓冲液，内含 5 mmol · L^{-1} $MgCl_2$，2 mmol · L^{-1}EDTA-Na_2，2 %乙二醇，0.2 %BSA，2% PVP 和 5 mmol · L^{-1}DTT。

（5）透析缓冲液：25 mmol · L^{-1}pH 7.0 Tris-HCl 缓冲液，内含 2.5 mmol · L^{-1} $MgCl_2$，1 mmol · L^{-1}EDTA-Na_2，1 %乙二醇和 1 mmol · L^{-1}DTT。

（6）反应液：100 mmol · L^{-1}pH 7.0 Tris-HCl 缓冲液，内含 10 mmol · L^{-1}F-6-P（用于测定 SPS）或 10 mmol · L^{-1}果糖（用于测定 SS），5 mmol · L^{-1}醋酸镁和 5 mmol · L^{-1} DTT。

（7）10 mmol · L^{-1} UDPG：称取 UDPG 0.122 06 g，溶于蒸馏水后定容至 20 mL，现配现用。

（8）0.1% 间苯二酚：称取间苯二酚 0.1 g，溶于 95% 乙醇 100 mL，棕色瓶避光保存，现配现用。

方法与步骤

1. 酶液提取

称取0.30 g去壳籽粒（或干净新鲜叶片），置于预冷研钵中，分批加入3 mL提取缓冲液，冰浴研磨提取，2 ℃下12 000 g离心20 min，取上清液进行硫酸铵分步沉淀。收集30% ~40%饱和度的硫酸铵沉淀部分，复溶于少量提取缓冲液，即为酶粗提液。

2. 标准曲线制作

以1 $mg \cdot mL^{-1}$蔗糖标准液按表10－11－1配制不同系列浓度蔗糖溶液，绘制蔗糖标准曲线。

表10－11－1 蔗糖标准曲线绘制

试剂	管号						
	0	1	2	3	4	5	6
1 $mg \cdot mL^{-1}$蔗糖标准液/mL	0	0.1	0.2	0.4	0.6	0.8	1.0
蒸馏水/mL	1.0	0.9	0.8	0.6	0.4	0.2	0
蔗糖含量/mg	0	0.1	0.2	0.4	0.6	0.8	1.0

3. 酶活性测定

取0.4 mL反应液，依次加入0.1 mL 10 $mmol \cdot L^{-1}$ UDPG，0.05 mL酶液（若颜色较浅可增加酶液用量），补水至1 mL，经30℃水浴反应10 min后，沸水浴3 min终止反应；立即加入0.1 mL 2 $mol \cdot L^{-1}$ NaOH，沸水浴10 min后，流水冷却至室温，再加入30% HCl 3.5 mL和0.1% 间苯二酚1 mL，摇匀后于80℃水浴保温10 min，冷却后于可见分光光度计480 nm波长处比色，测定蔗糖生成的量。对照用蒸馏水代替UDPG，缓冲液代替酶液。（SPS反应：在酶反应液中用10 $mmol \cdot L^{-1}$的F－6－P代替果糖，其余按照SS方法测定。）

4. 结果计算

SS和SPS酶活性按照下列公式计算：

$$\text{酶活性}（mg \cdot g^{-1}FW \cdot h^{-1}）=\frac{A \times V_T \times N}{W \times V_s \times t}$$

式中：A——吸光度值；

N——提取液测定中的稀释倍数；

V_T——提取酶液总体积（mL）；

V_s——测定时酶液用量（mL）；

W——样品鲜重（g）；

t——反应时间（h）。

注意事项

透析袋不可装满，以防止吸水胀破。

参考文献

[1] 中国科学院上海植物生理研究所，上海市植物生理学会. 现代植物生理学实验指南 [M]. 北京：科学出版社，1999.

[2] 张志良，瞿伟菁，李小方. 植物生理学实验指导 [M]. 4 版. 北京：高等教育出版社，2009.

实验 10－12　可溶性/束缚性淀粉合成酶（SSS/GBSS）活性的测定

实验目的

学习和掌握测定可溶性/束缚性淀粉合成酶（SSS/GBSS）活性的原理和方法。

实验原理

淀粉合成酶是一种葡萄糖转移酶，它以寡聚糖为前体，腺苷二磷酸葡萄糖（ADPG）为底物，通过 $\alpha-1,4-$糖苷键不断增加寡聚糖的葡萄糖单位，最终合成以 $\alpha-1,4-$糖苷键连接的聚糖，聚糖又作为淀粉分支酶（SBE）的底物合成支链淀粉。依据在淀粉体中的存在状态，淀粉合成酶可分为束缚性淀粉合成酶（GBSS）和可溶性淀粉合成酶（SSS）。GBSS 经缓冲液提取后仍保留在淀粉粒上，SSS 则主要存在于淀粉体的基质中。

GBSS 又分为 GBSS Ⅰ 和 GBSS Ⅱ。GBSS Ⅰ 是研究较多的一类淀粉合成酶，多数时候 GBSS 是指 GBSS Ⅰ，我们常提到的 Wx 蛋白就是禾谷类植物中的 GBSS Ⅰ，它是与直链淀粉合成直接相关的酶。SSS 是另一大类被广泛研究的淀粉合成酶，主要与分支酶共同作用合成支链淀粉，它有多个同工型酶。

SSS 通常以游离态存在于乳淀粉体中，催化 ADPG 与淀粉引物（葡聚糖）反应，将葡萄糖分子转移到淀粉引物上，使淀粉链延长。GBSS 与 SSS 的作用相同，也是催化淀粉分子的链加长反应，但 GBSS 必须在淀粉粒内部形成一定的晶体结构后才能起作用。

器材与试剂

1. 实验材料

稻谷等植物种子。

2. 实验器具

冷冻离心机、紫外分光光度计、移液器、恒温水浴锅、电子天平、离心管、研钵等。

3. 实验试剂

(1) 提取液：内含 100 $mmol \cdot L^{-1}$ pH 7.5 Hepes－NaOH 缓冲液、8 $mmol \cdot L^{-1}$ $MgCl_2$ ·

$6H_2O$、2 mmol·L^{-1} EDTA－Na_2、12.5%甘油、1% PVP－40、50 mmol·L^{-1}巯基乙醇。

（2）反应液 A_1：内含 50 mmol·L^{-1} pH 7.4 Hepes－NaOH 缓冲液、1.6 mmol·L^{-1} ADPG、0.7 mg 支链淀粉、15 mmol·L^{-1} DTT。

（3）反应液 A_2：内含 50 mmol·L^{-1} pH 7.4 Hepes－NaOH 缓冲液、1.6 mmol·L^{-1} ADPG、15 mmol·L^{-1} DTT。

（4）反应液 B：内含 50 mmol·L^{-1} pH 7.4 Hepes－NaOH 缓冲液、4 mmol·L^{-1} PEP－Na、200 mmol·L^{-1} KCl、10 mmol·$L^{-1}$$MgCl_2$·$6H_2O$、1.2 U 丙酮酸激酶。

（5）反应液 C：内含 50 mmol·L^{-1} pH 7.4 Hepes－NaOH 缓冲液、10 mmol·L^{-1}葡萄糖、20 mmol·L^{-1} $MgCl_2$·$6H_2O$、2 mmol·L^{-1} NADP、1.4 U 己糖激酶、0.35 U 葡萄糖－6－磷酸脱氢酶。

方法与步骤

1. 酶液提取

（1）SSS 粗酶液提取。准确称取同部位去壳籽粒 20 粒（齐穗期后 7 d 30 粒），置于预冷的研钵中，加 4 mL 提取液，冰浴研磨提取，在 2 ℃下 12 000 g 离心 30 min，上清液即为 SSS 粗酶液。

（2）GBSS 粗酶液提取。步骤（1）离心后的下层沉淀用 1 mL 提取液洗涤 2 次，在 4 ℃ 下 3 000 g 离心 20 min。然后将沉淀悬浮 3 mL 提取液中，4 ℃冰箱静置 24 h，在 2 ℃下 12 000 g 离心 30 min，得 GBSS 粗酶液。

2. 酶活性测定

（1）SSS 活性测定。取 1.5 mL 离心管，依次加入 20 μL SSS 粗酶液，36 μL 反应液 A_1，30 ℃反应 20 min 后，沸水浴 30 s 终止反应，冰浴冷却。加 20 μL 反应液 B，30 ℃反应 20 min 后，沸水浴 30 s 终止反应，10 000 g 离心 10 min。取上清液 60 μL，加入 43 μL 反应液 C，30 ℃反应 10 min 后，于紫外分光光度计 340 nm 波长处测定 OD 值。

（2）GBSS 活性测定。取 1.5 mL 离心管，依次加入 20 μL GBSS 粗酶液和 36 μL 反应液 A_2，其他两种反应液和反应过程与 SSS 活性测定相同。

3. 结果计算

以 60 μL 煮沸的粗酶液作为对照，以每分钟增加 OD_{340} 值为 1 个酶活性单位 [U·g^{-1}FW·min^{-1}]。

注意事项

缓冲液或反应液一定要按顺序而且迅速加入，时间一定要准确。

参考文献

NAKAMURA Y, YUKI K. Changes in enzyme activities associated with carbohydrate metabolism during development of rice endosperm [J]. Plant Science, 1992, 82 (1): 15－20.

实验 10-13　ADPG 焦磷酸化酶（AGPP）活性的测定

实验目的

学习和掌握测定 ADPG 焦磷酸化酶（AGPP）活性的原理和方法。

实验原理

腺苷二磷酸葡萄糖（ADPG）焦磷酸化酶（AGPP）存在于许多植物的叶片和贮藏器官中，催化 G-1-P 和 ATP 形成 ADPG。而 ADPG 作为淀粉合成酶的底物参与直链淀粉和支链淀粉的合成。AGPP 是淀粉生物合成的重要调节位点，是淀粉生物合成过程中的关键酶，也是淀粉合成的限速酶。

$$G-1-P+ATP \xrightleftharpoons{AGPP} ADPG+PPi$$

所有蔗糖—淀粉的酶促转移系统都是以 ADPG 和 UDPG 为中间媒介的，这里可能连续进行着糖解的酶反应。所涉及的酶包括已糖激酶（葡萄糖激酶和果糖激酶），葡糖磷酸变位酶以及磷酸葡糖异体酶。

$$葡萄糖（果糖）+ATP \longrightarrow G-6-P（F-6-P）$$

$$G-1-P \rightleftharpoons G-6-P$$

$$G-6-P \rightleftharpoons F-6-P$$

AGPP 活性测定既可在合成方向进行测定外加底物 G-1-P，测产物 ADPG 含量（表示酶活性）；也可以在分解方向进行测定外加 ADPG，测定 G-1-P 含量（表示酶活性）。

器材与试剂

1. 实验材料

稻谷等植物种子。

2. 实验器具

冷冻离心机、紫外分光光度计、移液器、恒温水浴锅、电子天平、离心管、研钵等。

3. 实验试剂

（1）反应液：100 $mmol \cdot L^{-1}$ pH 7.5 Hepes-NaOH 缓冲液，内含 1.2 $mmol \cdot L^{-1}$ ADPG，3 $mmol \cdot L^{-1}$焦磷酸（PPi），5 $mmol \cdot L^{-1}$ $MgCl_2 \cdot 6H_2O$，4 $mmol \cdot L^{-1}$二硫苏糖醇（DTT）。

（2）比色液：含 5.76 $mmol \cdot L^{-1}$烟酰胺腺嘌呤二核苷酸磷酸（NADP），0.08 U 磷酸葡萄糖变位酶，0.07 U 葡萄糖-6-磷酸脱氢酶（G6P-D）。

方法与步骤

1. 酶液提取

同实验 10 – 12 中 SSS 粗酶液提取。

2. 酶活性测定

取 1.5 mL 离心管，加入 20 μL 粗酶液和 110 μL 反应液，30 ℃反应 20 min，沸水浴 30 s 终止反应；10 000 g 离心 10 min，取上清液 100 μL，加入比色液 5.20 μL，30 ℃反应 10 min，用紫外分光光度计测定 340 nm 波长处的 OD 值，用煮沸的酶液作空白对照。

3. 结果计算

用 G – 1 – P 作标准曲线，以每分钟增加 OD_{340} 值为 1 个酶活单位（U · g^{-1}FW · min^{-1}）。

注意事项

缓冲液或反应液一定要按顺序而且迅速加入，时间一定要准确。

参考文献

NAKAMURA Y, YUKI K. Changes in enzyme activities associated with carbohydrate metabolism during development of rice endosperm [J]. Plant Science, 1992, 82 (1): 15 – 20.

实验 10 – 14 淀粉分支酶（SBE）活性的测定

实验目的

学习和掌握测定淀粉分支酶（SBE）活性的原理和方法。

实验原理

淀粉分支酶，又称 Q 酶，具有双重功能：一方面它能切开以 α – 1，4 – 糖苷键连接的葡聚糖（包括直链淀粉和支链淀粉的直链区）；另一方面它又能把切下的寡葡聚糖链以其还原端连接到葡聚糖链的一个葡萄糖残基 C6 羟基上，形成一个新的 α – 1，6 – 糖苷键。淀粉分支酶与支链淀粉形成有密切关系。

淀粉在磷酸化酶的作用下转化为 G – 1 – P，活性以波长 660 nm 的吸光度下降百分率表示，以每降低 1% 碘蓝值所需酶量为一个酶活性单位（U · g^{-1}FW · min^{-1}）。

器材与试剂

1. 实验材料

稻谷等植物种子。

2. 实验器具

冷冻离心机、可见分光光度计、移液器、恒温水浴锅、电子天平、离心管、研钵等。

3. 实验试剂

（1）0.2%浓 HCl。

（2）0.1% I_2 –1% KI。

（3）提取液：50 mmol · L^{-1} pH 7.5 Hepes – NaOH 缓冲溶液，5 mmol · L^{-1} EDTA、1 mmol · L^{-1}DTT、2 mmol · L^{-1}KCl、1%聚乙烯吡咯烷酮。

方法与步骤

1. 酶液提取

称取 1 g 左右试样放入研钵，加入 2 mL 提取液，研磨成匀浆，匀浆液再放入 10 mL 离心管内，用 6 mL 提取液分 2 次冲洗研钵，冲洗液一并倒入离心管中，于 4 ℃下以 15 000 r · min^{-1}离心 15 min，上清液即为粗酶液。

2. 酶活性测定

将粗酶液稀释 10 倍，从中取 100 μL 稀释液，加 1 280 μL 提取液，再加 120 μL 0.75%可溶性淀粉，混匀，在37℃恒温水浴中保温20 min后置沸水浴中1 min终止反应。加2 mL水（含0.2%浓 HCl）稀释，再加150 μL碘液（0.1% I_2 –1% KI），显色 10 min 后于可见分光光度计 660 nm 波长处测定 OD 值。另取 1 支试管，加入粗酶液后立即置沸水浴中 1 min，再按以上步骤加入各种溶液，作为对照。

3. 结果计算

SBE 活性以波长 660 nm 的吸光度下降百分率表示，以每降低 1% 碘蓝值所需酶量为一个酶活性单位［U · g^{-1}（FW）· min^{-1}］，所有测定均重复 3 次。

以零时为对照，按下列公式计算酶活性。

$$\Delta OD_{660}(\%) = [OD_{660}(\text{零时}) - OD_{660}(t\ \text{时})]/OD_{660}(\text{零时}) \times 100$$

注意事项

缓冲液或反应液一定要按顺序而且迅速加入，时间一定要准确。

参考文献

［1］李太贵，沈波，陈能，等. Q 酶在水稻籽粒垩白形成中作用的研究［J］. 作物学报，1997，23（3）：338 –344.

[2] NAKAMURA Y, YUKI K. Changes in enzyme activities associated with carbohydrate metabolism during development of rice endosperm [J]. Plant Science, 1992, 82 (1): 15 – 20.

[3] 赵法茂，齐霞，肖军，等. 测定淀粉分支酶活性方法的改进 [J]. 植物生理学通讯，2007，43 (6)：1 167 – 1 169.

实验 10 – 15 转氨酶（GOT、GPT）的提取和测定

实验目的

熟悉转氨酶的提取和测定方法。

实验原理

转氨酶催化氨基酸分子的氨基转移至 α – 酮酸分子的反应称为转氨反应。谷氨酸 – 草酰乙酸转氨酶（GOT）和谷氨酸 – 丙酮酸转氨酶（GPT）是两种最普遍的转氨酶。

GOT 催化反应如下：

$$L\text{–谷氨酸} + \text{草酰乙酸} \rightleftharpoons L\text{–天冬氨酸} + \alpha\text{–酮戊二酸}$$

此反应可与苹果酸脱氢酶相偶联，从而用来测定该酶的活性。

$$\text{草酰乙酸} + NADH + H^+ \rightleftharpoons \text{苹果酸} + NAD^+$$

测定 NADH 在 340 nm 或 366 nm 处的 OD 值的变化，即可计算 GOT 的活性。

GPT 催化反应如下：

$$L\text{–谷氨酸} + \text{丙酮酸} \rightleftharpoons L\text{–丙氨酸} + \alpha\text{–酮戊二酸}$$

此反应可与乳酸脱氢酶相偶联，丙酮酸转化为乳酸，NADH 变成 NAD^+。

$$\text{丙酮酸} + NADH + H^+ \rightleftharpoons \text{乳酸} + NAD^+$$

测定 NADH 在 340 nm 处的 OD 值的变化，即可计算 GPT 的活性。

器材与试剂

1. 实验材料

植物叶片等。

2. 实验器具

紫外分光光度计、冷冻离心机、移液器、电子天平、离心管、研钵、试管、烧杯等。

3. 实验试剂

（1）苹果酸脱氢酶。

（2）乳酸脱氢酶。

（3）3 $g \cdot L^{-1}$ NADH。

（4）0.05 $mol \cdot L^{-1}$ α – 酮戊二酸（7.31 $g \cdot L^{-1}$）。

(5) 0.2 mol·L^{-1} D, L－天冬氨酸 (26.62 g·L^{-1})。

(6) 0.2 mol·L^{-1} D, L－丙氨酸 (17.82 g·L^{-1})。

以上 (1)～(6) 试剂均用 0.05 mol·L^{-1} pH 7.2 Tris－HCl 缓冲液（见附表 3）配制。

(7) GOT 反应液：0.2 mL 3 g·L^{-1} NADH，0.5 mL 0.2 mol·L^{-1} D，L－天冬氨酸，0.1 mL 2 000 U 苹果酸脱氢酶，0.2 mL 0.05 mol·L^{-1} α－酮戊二酸，蒸馏水 1.8 mL)。

(8) GPT 反应液：(0.2 mL 3 g·L^{-1} NADH，0.5 mL 0.2 mol·L^{-1} D，L－丙氨酸，0.1 mL 2 000 U 乳酸脱氢酶，0.2 mL 0.05 mol·L^{-1} α－酮戊二酸，蒸馏水 1.8 mL)。

方法与步骤

1. 酶液提取

准确称取植物材料 1 g，置于预冷的研钵中，加 4 mL 0.05 mol·L^{-1} pH 7.2 Tris－HCl 缓冲液，冰浴研磨提取，0 ℃下 20 000 g 离心 20 min，上清液即为酶粗提液。

2. 酶活性测定

(1) GOT 活性的测定。取 2.8 mL GOT 反应液，加入 0.2 mL 酶液，摇匀，于 22 ℃下紫外分光光度计 340 nm 波长处测定 OD 值，以不加天冬氨酸的反应液作为对照（不足部分用蒸馏水补足）。

(2) GPT 活性的测定。取 2.8 mL GPT 反应液，加入 0.2 mL 酶液，摇匀，于 22 ℃下紫外分光光度计 340 nm 波长处测定 OD 值，以不加丙氨酸的反应液作为对照（不足部分用蒸馏水补足）。

3. 结果计算

酶的比活以 μmol NADH·min^{-1}·mg^{-1}protein 表示（以每分钟 1 μmol NADH 被氧化所需的酶量为 1 个活性单位），蛋白质含量可用 Folin－酚试剂法测定。

注意事项

先计算得到每 μmol NADH 的 OD 值，则可计算酶的活性大小。为此先读取未加酶时反应液的 OD 值，除以反应液中 NADH 的量 3 g·L^{-1}（相当于 4.5 mmol·L^{-1}），即 OD/4 500 μmol，就可以得到 1 μmol NADH 被氧化时 OD 的变化值。

参考文献

张志良，瞿伟菁，李小方. 植物生理学实验指导 [M]. 4 版. 北京：高等教育出版社，2009.

实验 10－16 脯氨酸氧化酶活性的测定

实验目的

熟悉脯氨酸氧化酶活性测定的原理与方法。

实验原理

用提取液提取试样，根据氧化还原反应氧化 NADH 的酶量来表示脯氨酸氧化酶活性。

器材与试剂

1. 实验材料

新鲜植物叶片等。

2. 实验器具

可见分光光度计、冷冻离心机、移液器、电子天平、离心管、研钵、烧杯等。

3. 实验试剂

（1）10% TCA。（2）0.5% 0－a minobanzaldephde（溶解在 95% 的乙醇中）。

（3）提取介质：0.1 mol · L^{-1} pH 7.4 磷酸钾缓冲液，0.5% Triton X－100。

（4）反应体系：15 mmol · L^{-1} L－Prolineline，0.01 mol · L^{-1} Cytochrome C，0.1 mol · L^{-1} pH 8.0 磷酸钾缓冲液，0.5% Triton X－100。

方法与步骤

1. 酶液提取

准确称取新鲜植物叶片 0.2 g 于预冷（4 ℃）的研钵中，加入 2 mL 提取介质，研磨成匀浆后转移至 5 mL 离心管中，在 4 ℃下 3 000 rpm 离心 10 min，上清液即为粗酶液。

2. 酶活性测定

吸取 0.2 mL 粗酶液，加入到 0.3 mL 反应体系中，37 ℃水浴反应 30 min，加 0.5 mL 10% TCA 终止反应。颜色通过加 0.3 mL 0.5% 0－a minobanzaldephde，反应 10 min。然后在 9 000 rpm 离心 10 min，用可见分光光度计在 440 nm 波长处测定 OD 值。

3. 结果计算

酶的比活以 μmol NADH · min^{-1} · mg^{-1}蛋白表示（以每分钟 1 μmol NADH 被氧化所需的酶量为 1 个活性单位）。蛋白质含量可用 Folin－酚试剂法测定。

注意事项

（1）提取介质应放入冰箱 4 ℃冷藏。

（2）酶液提取过程应始终保持低温（4 ℃）下进行。

参考文献

[1] MADAN S, NAINAWATEE H S, JAIN R K, et al. Proline and proline metabolising enzymes in *in-vitro* selected NaCl-tolerant *Brassica juncea* L. under salt stress [J]. Annals of botany, 1995, 76 (1): 51 - 57.

[2] STRECKER H J. The preparation of animal proline oxidase (rat liver), and its use for the preparation of Δ^1-pyrroline-5-carboxylate [J]. Methods in enzymology, 1971, 17: 251 - 254.

[3] HUANGA H C, CAVALIERI A J. Proline oxidase and water stress-induced proline accumulation in spinach leaves [J]. Plant physiology, 1979, 63 (3): 531 - 535.

[4] LOWRY O H, ROSEBROUGH N J, FARR A L, et al. Protein measurement with the Folin phenol reagent [J]. Journal of biological chemistry, 1951, 193 (1): 265 - 275.

实验 10 - 17　吡咯啉 - 5 - 羧酸合成酶（P5CS）活性的测定

实验目的

学习和掌握测定吡咯啉 - 5 - 羧酸合成酶（P5CS）活性的原理和方法。

实验原理

吡咯啉 - 5 - 羧酸合成酶是植物脯氨酸生物合成的关键酶，其活性的测定可采用盐酸羟胺比色法。用提取液提取试样，使试样释放出羟脯氨酸。羟脯氨酸氧化后，与对邻氨基苯甲醛反应显色，在波长 535 nm 处进行比色测定。

器材与试剂

1. 实验材料

去主脉的植物叶片。

2. 实验器具

冷冻离心机、可见分光光度计、移液器、恒温水浴锅、电子天平、研钵、离心管、试管等。

3. 实验试剂

（1）提取缓冲液：0.05 mol · L^{-1} pH 7.4 Tris - HCl 缓冲液，含 7 mmol · L^{-1} $MgCl_2$，0.6 mol · L^{-1} KCl，3 mmol · L^{-1} EDTA，1 mmol · L^{-1} 二硫苏糖醇和 5% 聚乙烯吡咯烷酮（PVPP）。

（2）反应混合液：0.05 mol · L^{-1} pH 7.0 Tris - HCl 缓冲液，含 0.02 mol · L^{-1} $MgCl_2$，

0.01 mol·L^{-1} ATP，0.1 mol·L^{-1}盐酸羟肟酸酯（Hydroxamate－HCl），0.05 mol·L^{-1} *L*－谷氨酸。

（3）反应终止缓冲液：2.5% $FeCl_3$和6% 三氯乙酸溶解于100 mL 2.5 mol·L^{-1}的HCl中。

方法与步骤

1. 酶液提取

称取0.300 0 g鲜样，液氮碾磨，分批加入5 mL提取缓冲液，冰浴磨成匀浆后于4 ℃条件下以8 000 rpm离心30 min，上清液即为粗酶液。

2. 酶活性测定

取反应混合液0.5 mL放入试管中，加入粗酶液0.5 mL启动反应，于37 ℃水浴中反应5 min，加入反应终止缓冲液0.5 mL，离心除去沉淀蛋白，取上清液于可见分光光度计535 nm波长处比色。

3. 结果计算

$$\text{P5CS 活性}（\mu mol \cdot g^{-1}\ FW）=\frac{A\times V_0\times V_2}{W\times \varepsilon\times L\times V_1}$$

式中：A——吸光度；

V_0——酶提取液总体积；

V_1——测定时酶提取液体积；

V_2——反应体系总体积；

W——样品质量；

ε——摩尔消光系数，为2.68 mmol·L^{-1}·cm^{-1}；

L——液层的厚度，为1 cm。

注意事项

（1）提取缓冲液制备完成后要放入冰箱冷藏。

（2）酶液提取时，动作幅度不要太大，以免使样品洒落，影响指标测定。

参考文献

[1] HAYZER D J, LEISINGER TH. The gene-enzyme relationships of proline biosynthesis in *Escherichia coli* [J]. Journal of general microbiology, 1980, 118 (2): 287－293.

[2] ZHANG C S, LU Q, VERMA D P S. Removal of feedback inhibition of Δ^1-pyrroline-5-carboxylate synthetase, a bifunctional enzyme catalyzing the first two steps of proline biosynthesis in plants [J]. Journal of biological chemistry, 1995, 270 (35): 20 491－20 496.

[3] SÁNCHEZ E, RUIZ J M, ROMERO L. Proline metabolism in response to nitrogen toxicity in fruit of French Bean plants (*Phaseolus vulgaris* L. cv Strike) [J]. Scientia horticulturae, 2002, 93 (3): 225 – 233.

实验 10 – 18 脯氨酸脱氢酶（ProDH）活性的测定

实验目的

学习和掌握测定脯氨酸脱氢酶（ProDH）活性的原理和方法。

实验原理

脯氨酸脱氢酶是脯氨酸与吡咯啉 – 5 – 羧酸转换的关键酶。用提取液提取试样，使试样释放出羟脯氨酸。羟脯氨酸经细胞色素 C 氧化后，与 2 – 氨基苯甲醛反应显红色，在波长 440 nm 处进行比色测定。

器材与试剂

1. 实验材料

去主脉的植物叶片。

2. 实验器具

冷冻离心机、可见分光光度计、移液器、恒温水浴锅、电子天平、移液器、容量瓶、研钵、离心管、试管等。

3. 实验试剂

（1）提取缓冲液：0.05 mol·L^{-1} pH 7.4 Tris – HCl 缓冲液，含 7 mmol·L^{-1} $MgCl_2$，0.6 mol·L^{-1}KCl，3 mmol·L^{-1} EDTA，1 mmol·L^{-1}二硫苏糖醇（DTT）和 5% 聚乙烯吡咯烷酮（PVPP）。

（2）反应体系：0.1 mol·L^{-1} pH 7.4 磷酸钾缓冲液，内含 0.5% Triton X – 100、15 mmol·L^{-1}脯氨酸。具体配制方法：分别称取 3.570 7 g K_2HPO_4和 0.673 6 g KH_2PO_4溶解后混合，加入 1.25 mL Triton X – 100 和 0.431 7 g 脯氨酸，定容至 250 mL；

（3）0.1 mmol·L^{-1}细胞色素 C：称取 0.049 6 g 细胞色素 C 用 0.1 mol·L^{-1} pH 7.4 磷酸钾缓冲液定容至 100 mL。

（4）10% 三氯乙酸：称取 10 g 三氯乙酸，用蒸馏水溶解并定容至 100 mL。

（5）0.25% 2 – 氨基苯甲醛（溶于 95% 乙醇）：称取 0.25 g 2 – 氨基苯甲醛，用 95% 乙醇定容至 100 mL。

方法与步骤

1. 酶液提取

称取 0.300 0 g 鲜样，液氮碾磨，分批加入 5 mL 提取缓冲液，冰浴磨成匀浆后于 4 ℃条件下以 8 000 rpm 离心 20 min，上清液即为粗酶液。

2. 酶活性测定

于离心管中依次加入 0.3 mL 反应体系、0.1 mL 0.1 $mmol \cdot L^{-1}$细胞色素 C 和0.1 mL 粗酶液，经 37 ℃水浴反应 30 min 后，加入 0.5 mL 10% 三氯乙酸终止反应，再加入 0.5 mL 0.25% 2－氨基苯甲醛（溶于 95% 乙醇），经 37 ℃水浴进行显色反应 10 min 后，以 8 000 rpm 离心 10 min，取上清液于可见分光光度计 440 nm 波长处比色。

3. 结果计算

$$\text{ProDH 活性}（\mu mol \cdot g^{-1}\ FW）=\frac{A \times V_0 \times V_2}{W \times \varepsilon \times L \times V_1}$$

式中：A——吸光度；

V_0——酶提取液总体积；

V_1——测定时酶提取液体积；

V_2——反应体系总体积；

W——样品质量；

ε——摩尔消光系数，为 2.68 $mmol \cdot L^{-1} \cdot cm^{-1}$；

L——液层的厚度，为 1 cm。

注意事项

（1）提取缓冲液制备完成后要放入冰箱冷藏。

（2）酶液提取时，动作幅度不要太大，以免使样品洒落，影响指标测定。

参考文献

[1] SÁNCHEZ E，RUIZ J M，ROMERO L. Proline metabolism in response to nitrogen toxicity in fruit of French Bean plants（*Phaseolus vulgaris* L. cv Strike）[J]. Scientia horticulturae，2002，93（3）：225－233.

[2] MADAN S，NAINAWATEE H S，JAIN R K，et al. Proline and proline metabolising enzymes in *in-vitro* selected NaCl-tolerant *Brassica juncea* L. under salt stress [J]. Annals of botany，1995，76（1）：51－57.

[3] TATEISHI Y，NAKAGAWA T，ESAKA M. Osmotolerance and growth stimulation of transgenic tobacco cells accumulating free proline by silencing proline dehydrogenase expression with double-stranded RNA interference technique [J]. Physiologia plantarum，2005，125（2）：224－234.

[4] NCUBE B，FINNIE J F，VAN STADEN J. Dissecting the stress metabolic alterations

in *in vitro Cyrtanthus* regenerants [J]. Plant physiology and biochemistry, 2013, 65 (6): 102 - 110.

实验 10 - 19　鸟氨酸转氨酶（OAT）活性的测定

实验目的

学习和掌握测定鸟氨酸转氨酶（OAT）活性的原理和方法。

实验原理

鸟氨酸转氨酶是植物脯氨酸生物合成的关键酶。用提取液提取试样，使试样释放出羟脯氨酸。羟脯氨酸经三氯乙酸氧化后，与 2 - 氨基苯甲醛反应显红色，在波长 440 nm 处进行比色测定。

器材与试剂

1. 实验材料

新鲜植物叶片等。

2. 实验器具

可见分光光度计、冷冻离心机、移液器、电子天平、容量瓶、离心管、研钵、烧杯等。

3. 实验试剂

（1）10% 三氯乙酸：称取 20 g 三氯乙酸，用蒸馏水溶解并定容至 200 mL。

（2）提取缓冲液：100 mmol · L^{-1}磷酸钾缓冲液（pH 7.9），含 1 mmol · L^{-1} EDTA，15% 甘油，10 mmol · L^{-1} 2 - 巯基乙醇。

（3）反应体系：100 mmol · L^{-1}磷酸钾缓冲液（pH 8.0），含 50 mmol · L^{-1}鸟氨酸、20 mmol · $L^{-1}$$\alpha$ - 酮戊二酸、1 mmol · L^{-1}磷酸吡哆醛。具体配制方法为：分别称取 8.186 g K_2HPO_4和 0.408 3 g KH_2PO_4 溶解后混合，加入 6.956 g 鸟氨酸、1.461 g α - 酮戊二酸、0.123 57 g 磷酸吡哆醛，用蒸馏水定容至 500 mL;

（4）0.25% 2 - 氨基苯甲醛（溶于 95% 乙醇）：称取 0.675 g 2 - 氨基苯甲醛，用 95% 乙醇定容至 200 mL。

方法与步骤

1. 酶液提取

称取 0.300 0 g 鲜样，液氮碾磨，分批加入 5 mL 提取缓冲液，冰浴磨成匀浆，于 4 ℃条件下以 8 000 rpm 离心 20 min，上清液即为粗酶液。

2. 酶活性测定

于离心管中依次加入 0.90 mL 反应体系和 0.10 mL 酶提取液，于 37 ℃水浴反应 30 min后，加入 0.5 mL 10% 三氯乙酸终止反应，再加入 0.5 mL 0.25% 2－氨基苯甲醛，进行显色反应 60 min 后，以 8 000 rpm 离心 10 min，取上清液于可见分光光度计 440 nm 波长处比色。

3. 结果计算

$$\text{OAT 活性}\ (\mu\text{mol}\cdot\text{g}^{-1}\ \text{FW}) = \frac{A \times V_0 \times V_2}{W \times \varepsilon \times L \times V_1}$$

式中：A——吸光度；

V_0——酶提取液总体积；

V_1——测定时酶提取液体积；

V_2——反应体系总体积；

W——样品质量；

ε——摩尔消光系数，为 2.68 mmol · L^{-1} · cm^{-1}；

L——液层的厚度，为 1 cm。

注意事项

（1）提取缓冲液制备完成后要放入冰箱冷藏。

（2）酶液提取时，动作幅度不要太大，以免使样品洒落，影响指标测定。

参考文献

[1] CHEN C T, CHEN L M, Lin C C, et al. Regulation of proline accumulation in detached rice leaves exposed to excess copper [J]. Plant science, 2001, 160 (2): 283－290.

[2] UMAIR S, LEUNG Y M, BLAND R J, et al. Enzymes of the ornithine-glutamate-proline pathway in the sheep abomasal nematode parasites *Haemonchus contortus* and *Teladorsagia circumcincta* [J]. Experimental parasitology, 2011, 129 (2): 115－119.

[3] GRANTHAM B D, BARRETT J. A mino acid catabolism in the nematodes Heligmosomoides polygyrus and Panagrellus redivivus. 1. Removal of the a minogroup [J]. Parasitology, 1986, 93 (3): 481－493.

实验 10－20 脂肪水解酶活性的测定

实验目的

熟悉脂肪水解酶活性的测定方法。

实验原理

脂肪水解酶能将甘油三酯水解为甘油及游离脂肪酸。可用酸碱滴定法滴定生成的游离脂肪酸以测定脂肪水解酶的活性。

器材与试剂

1. 实验材料

花生或油菜等油料作物种子。

2. 实验器具

培养箱、离心机、振荡器、移液器、电子天平、锥形瓶、酒精灯、离心管、研钵、烧杯等。

3. 实验试剂

聚乙烯醇（PVA）；0.1 mol·L^{-1} HCl；1%酚酞；0.05 mol·L^{-1}NaOH 溶液（2 g·L^{-1}）；0.1 mol·L^{-1}NaOH 溶液（4 g·L^{-1}）；0.2 mol·L^{-1} pH 8.0 Tris 缓冲液；乙醇－丙酮混合液（标准 1∶1，V/V）；0.15 mol·L^{-1} Tricine 缓冲液（26.976 g·L^{-1}）［含 1 mmol·L^{-1} EDTA（292 mg·L^{-1}），10 mmol·L^{-1} KCl（746 mg·L^{-1}），1 mmol·L^{-1} $MgCl_2$（95 mg·L^{-1}），2 mmol·L^{-1}DTT（309 mg·L^{-1}），用 1.0 mol·L^{-1} KOH（56.11 g·L^{-1}）调至 pH 7.5］。

方法与步骤

1. 酶液提取

称取萌发 3～5 d 的花生或油菜等种子 1 g，加入 2～5 倍体积 0.15 mol·L^{-1} Tricine 缓冲液，冰浴研磨成匀浆，用 4 层纱布过滤后，1 000×g 下离心 10 min，除去浮在上面的脂肪层，上清液即为酶粗提液。某些材料的酶与脂肪体结合，可用乙醚抽提，离心，除去乙醚后，取上清液测定酶活性。

2. 底物乳化

取 10 g PVA，加入 1 000 mL 蒸馏水，充分振荡，直到分散良好，再加入 0.5 mL 0.1 mol·L^{-1} HCl，混合后加热到 75～85℃，至完全溶解。冷却后，用 0.1 mol·L^{-1} NaOH 将 pH 调至 5.0，最后加入约 10 mL 橄榄油或玉米油，振荡器上充分振荡 5 min，以使底物彻底乳化。

3. 脂肪水解

取 2 个 125 mL 锥形瓶，各加入 10 mL 新配制的 PVA 乳化底物、5 mL 0.2 mol·L^{-1} pH 8.0 Tris 缓冲液及 5～10 mL 酶液。将其中一瓶煮沸使酶失活以作对照。然后将两瓶加塞置 37 ℃培养箱中保温 4～12 h（依酶活力而定）。

4. 滴定游离脂肪酸

将锥形瓶取出，立即加入 3 mL 乙醇－丙酮混合液，以中止酶作用并破坏乳化剂。加入酚酞指示剂，用0.05 mol·L^{-1} NaOH 标准液滴定，记录消耗的 NaOH 体积（mL）。

5. 结果计算

按滴定时消耗1.0 mL 0.05 mol·L^{-1}NaOH 作为一个酶活性单位（U），计算单位时间（h）内单位质量组织（g）的脂肪酶活性。

$$脂肪酶活性（U\cdot h^{-1}\cdot g^{-1}）=\frac{V_A-V_B}{t\times W\times 10}$$

式中：V_A——样品消耗的 NaOH 体积（mL）；

V_B——对照消耗的 NaOH 体积（mL）；

t——反应时间（h）；

W——样品质量（g）。

注意事项

所用 NaOH 溶液需经标准酸校正浓度。

参考文献

张志良，瞿伟菁，李小方．植物生理学实验指导［M］．4 版．北京：高等教育出版社，2009．

第十一章　生长发育

实验 11 -1　人工种子的制备方法

实验目的

学习通过组织培养获得人工种子的方法。

实验原理

植物人工种子是将植物离体培养中获得的体细胞胚（胚状体）或其类似物，包裹在含有养分和具有保护功能的物质中，在适宜条件下能够发芽出苗的颗粒体。

器材与试剂

1. 实验材料

白色胡萝卜种子。

2. 实验器具

无菌室、超净工作台、振荡培养箱（摇床）、尼龙网、口径 4 mm 滴管等。

3. 实验试剂

无菌蒸馏水；75% 乙醇；10% NaClO 溶液；0.1 mol · L^{-1} $CaCl_2$溶液；5% 海藻酸钠溶液；MS 液体/固体培养基；MS +2，4 - D 1.5 mg · L^{-1}固体培养基。

方法与步骤

（1）将实验种子在 75% 乙醇中浸泡 2 min，然后在 10% NaClO 溶液中消毒 15 ~ 30 min，再用无菌蒸馏水冲洗 3 次，在无菌条件下发芽。

（2）发芽后 4 ~7 d，将无菌苗下胚轴或子叶切成长为 2 ~3 mm 小段，将其播种在含 MS +2，4 - D 1.5 mg · L^{-1}固体培养基上，25 ~28 ℃下诱导培养胚性愈伤组织。

（3）诱导培养 1 个月左右，将愈伤组织悬浮在不含激素的 MS 液体培养基中，25 ~ 28 ℃下进行悬浮培养，每 5 ~7 d 继代一次，振荡速度为 80 ~100 r · min^{-1}。

（4）当体细胞胚生长到一定程度（约 15 d），用尼龙网过滤，镜检筛选出 0.6 ~ 2 mm（1 ~2 mm 更好）的体细胞胚，将其悬浮在含有 5% 海藻酸钠溶液的不含激素的

1/2 MS 液体培养基（呈溶胶状态）中，混匀。

（5）用口径 4 mm 滴管将体细胞胚溶胶悬液滴入 0.1 mol · L^{-1} $CaCl_2$ 溶液中，固化成人工种子小球，浸泡 30 min。用无菌水冲洗，即制成人工种子。

（6）将人工种子播种在不含激素的 1/2 MS 固体培养基上，进行萌发试验，计算萌发率，检测人工种子质量。

注意事项

调节体细胞胚在海藻酸钠溶液中的密度及滴管口径大小，使得制备好的每粒人工种子小球中不致含有过多的体细胞胚。

参考文献

［1］张志良，瞿伟菁，李小方. 植物生理学实验指导［M］. 4 版. 北京：高等教育出版社，2009.

［2］汤绍虎，罗充. 植物生理学实验教程［M］. 重庆：西南师范大学出版社，2012.

实验 11－2　种子生活力的快速测定

种子生活力是指种子能够萌发的潜在能力或种胚具有的生命力。在引种、播种以及种子生理研究中，为鉴定种子的质量，需要测定种子生活力，以了解种胚是否存活或具有发芽潜力。种子生活力的测定方法较多，以下仅介绍氯化三苯基四氮唑（TTC）法、溴麝香草酚蓝（BTB）法、红墨水染色法以及荧光法等四种方法。

Ⅰ　氯化三苯基四氮唑（TTC）法

实验目的

掌握 TTC 法测定种子生活力的原理和方法。

实验原理

凡有生活力的种子胚部，在呼吸作用过程中都有氧化还原反应，而无生活力的种子的胚则无此反应。TTC 可以渗入种子的活细胞中，并作为受氢体而被脱氢辅酶（NADH 或 NADPH）还原，由无色 TTC 变为红色的三苯甲腙（TTF），死种子不能染色，部分丧失生活力的种子染色较浅。因此可根据染色部位和染色程度来判断种子的生活力。

器材与试剂

1. 实验材料

水稻、小麦、玉米、大豆等作物种子。

2. 实验器具

恒温箱、电子天平、烧杯、容量瓶、棕色瓶、培养皿、刀片、镊子等。

3. 实验试剂

0.5% TTC 溶液：称取 0.5 g TTC，加少许 95% 乙醇使其溶解，然后用蒸馏水稀释至 100 mL，贮于棕色瓶避光保存，变红时不能再用。

方法与步骤

1. 浸种

将待测种子在 30～35 ℃温水中浸种 2～8 h，使种子充分吸胀，以提高种子胚呼吸强度，使显色迅速。

2. 染色

取吸胀种子 100 粒（水稻种子应去壳，豆类种子要去皮），用刀片沿种胚的中心线纵切为均等的两半。将其中的一半置于培养皿中，加入适量的 0.5% TTC 溶液，以淹没种子为度，然后置于 35 ℃恒温箱中 0.5～1 h。将另一半在沸水中煮 5 min 以杀死胚，做同样染色处理，作为对照。

3. 鉴定

倒出溶液，用自来水反复冲洗种子，然后逐个观察胚部着色情况。凡胚被染成红色的是活种子。死种胚完全不染色，或染成极淡的颜色。

4. 计算

记录种胚被染成红色的种子数，算出具有生活力的种子百分率。

$$\text{种子生活力（\%）}=\frac{\text{胚部染色种子数（粒）}}{\text{供试种子数（粒）}}\times 100\%$$

注意事项

（1）染色结束后应立即进行鉴定，否则放久会褪色。

（2）TTC 溶液宜随配随用，不宜久藏。

（3）用于测定的种子种类不同，其浸种时间、所用试剂浓度、染色时间不同（见表 11－2－1），如小麦、大麦的浸种时间为 6～8 h，玉米为 5 h，以种子吸胀为宜。

表 11-2-1 测定作物种子生活力的方法（TTC 法）

作物	种子准备	TTC 浓度/%	在 35 ℃下染色时间/h
水稻	去壳纵切	0.1	2～3
小麦	纵切	0.1	0.5～1
玉米	纵切	0.1	0.5～1
棉花	剥去种皮	1.0	2～3
油菜	剥去种皮	1.0	3～4
花生	剥去种皮	1.0	3～4
高粱	纵切	0.1	0.5～1
甜高粱	纵切	0.1	0.5～1
大麦	纵切	0.1	0.5～1
紫花苜蓿	不需准备	1.0	6～7
菜豆	不需准备	1.0	3～4
甜菜	剥去种皮	1.0	3～4
荞麦	剥去种皮	1.0	2～3
蓖麻	剥去种皮	1.0	2～3
三叶草	不需准备	1.0	3～4
豇豆	不需准备	1.0	3～4
亚麻	不需准备	1.0	3～4
大麻	剥去种皮	1.0	3～4
洋麻	剥去种皮	1.0	1～2
粟	纵切	0.1	约 3
燕麦	纵切	0.1	0.5～1
黑麦	纵切	0.1	0.5～1
黑麦草	纵切	0.1	2～3
红花	剥去种皮	1.0	3～4
芝麻	剥去种皮	10	3～4
田青	不需准备	1.0	6～7
向日葵	剥去种皮	1.0	3～4
烟草	剥去种皮	1.0	4～6
鸭茅	横切或挑破	1.0	2～3
大豆	不需准备	1.0	3～4

Ⅱ 溴麝香草酚蓝（BTB）法

实验目的

掌握 BTB 法测定种子生活力的原理和方法。

实验原理

有生活力的种子在呼吸代谢过程中释放的 CO_2 溶于水后变成 H_2CO_3，并进一步解离成 H^+ 与 HCO_3^-，使得种胚周围环境的酸度增加，因而可用 BTB 来测定酸度的变化，从而快速测定种子生活力。BTB 的变色范围为 pH 6.0～7.6，酸性呈黄色，碱性呈蓝色，中间经过绿色（变色点为 pH 7.1）。色泽差异显著，易于观察。

器材与试剂

1. 实验材料

同 TTC 法。

2. 实验器具

恒温箱、电子天平、烧杯、棕色瓶、培养皿、镊子、漏斗、滤纸等。

3. 实验试剂

（1）0.1% BTB 溶液：称取 0.1 g BTB，溶解于 100 mL 煮沸过的自来水中，用滤纸滤去残渣，滤液贮于棕色瓶中，盖紧瓶塞勿使 CO_2 进入，可长期保存备用。若呈黄色，可加数滴稀氨水，使之变为蓝色或蓝绿色。

（2）1% BTB 琼脂凝胶：取 0.1% BTB 溶液 100 mL 置于烧杯中，将 1 g 琼脂剪碎后加入，用小火加热并不断搅拌。待琼脂完全溶解后，趁热倒在数个干净的培养皿中，使成一均匀的薄层，冷却后备用。

方法与步骤

1. 浸种

同 TTC 法。

2. 染色

取吸胀种子 100 粒，整齐地埋于尚未完全冷却的 1% BTB 琼脂凝胶培养皿中，种子平放，种胚朝下，间距 1 cm 以上，盖好培养皿盖，然后将培养皿置于 30～35 ℃下培养 2～4 h。在蓝色背景下观察，如种胚附近呈现较深黄色晕圈则是活种子，否则是死种子。另取吸胀种子 100 粒在沸水中煮 5 min 以杀死胚，做同样染色处理，进行对比观察。

3. 计算

记录种胚附近出现黄色晕圈的种子数，算出具有生活力的种子百分率。

$$种子生活力（\%）=\frac{有黄色晕圈的种子数（粒）}{供试种子数（粒）}\times 100\%$$

注意事项

（1）配制 BTB 染色剂时，不宜用微酸性的蒸馏水，而应用煮沸过的自来水配制，其为微碱性，使溶液呈蓝色或蓝绿色。

（2）富含脂肪酸的油料种子不能采用 BTB 法测定种子的生活力，因为死种子的膜结构破坏，吸胀后脂肪酸外渗，能提高周围环境的酸度，也会使种子周围呈现黄色晕圈。

Ⅲ　红墨水染色法

实验目的

掌握红墨水染色法测定种子生活力的原理和方法。

实验原理

有生活力的种胚细胞原生质膜具有选择透过性，染料分子不能进入细胞内，胚部不被染色；死的种胚细胞膜结构破坏，通透性增加，染料分子可自由进入细胞内使胚部染色。因此，根据种胚的染色情况可快速测定种子生活力。

器材与试剂

1. 实验材料

同 TTC 法。

2. 实验器具

烧杯、培养皿、镊子、刀片等。

3. 实验试剂

5% 红墨水溶液：取 5 mL 红墨水用蒸馏水稀释至 100 mL，贮于试剂瓶中备用。

方法与步骤

1. 浸种

同 TTC 法。

2. 染色

取吸胀种子 100 粒（水稻种子应去壳，豆类种子要去皮），用刀片沿种胚的中心线纵切为均等的两半。将其中的一半置于培养皿中，加入适量的 5% 红墨水溶液，以淹没种子为度。将另一半在沸水中煮 5 min 以杀死胚，做同样染色处理，进行对比观察。

3. 鉴定

染色 10 ~ 15 min（若温度高，时间可缩短）后倒出红墨水，用水冲洗至洗液无色为止。对比观察种胚着色情况，凡种胚不着色或着色很浅为具生活力种子，凡种胚与胚乳着色程度相同的为死种子。

4. 计算

记录种胚不着色或着色很浅的种子数，算出具有生活力的种子百分率。

$$种子生活力（\%）=\frac{胚部不着色种子数（粒）}{供试种子数（粒）}\times 100\%$$

注意事项

红墨水浓度应适当，染色时间不宜太久，否则不易区分染色与否。

Ⅳ 荧光法

实验目的

掌握荧光法测定种子生活力的原理和方法。

实验原理

植物种子经常存在许多能够在紫外线照射下产生荧光的物质，如某些黄酮类、香豆素类、酚类物质等。在种子衰老过程中，这些荧光物质的结构和成分往往发生变化，因而荧光的颜色也相应改变；有些种子在衰老死亡时荧光物质的性质虽未改变，但由于生活力衰退或已死亡细胞的原生质膜透性加大，浸种时种子中的荧光物质很容易外渗。前一种情况可以用直接观察种胚荧光的方法确定种子生活力，后一种情况则可通过观察荧光物质渗出的多少来确定种子生活力。

实验器材

1. 实验材料

同 TTC 法。

2. 实验器具

紫外线荧光灯、不产生荧光的白纸、刀片、镊子、培养皿、滤纸等。

实验步骤

1. 直接观察法

用刀片沿胚的中心线将种子纵切成两半，取一半放在不产生荧光的白纸上，使种子的切面朝上，放在紫外线荧光灯下照射并进行观察和记录。有生活力的种子产生明亮的蓝色、蓝紫色、紫色或蓝绿色荧光，死种子多半是黄色、褐色以至暗淡无光，并带有多数斑点。

观察100粒种子，记下有生活力和丧失生活力的种子数量，估计出发芽率，并与普通发芽实验法得到的实际发芽率相对照。

2. 纸上荧光团法

把浸泡过的完整无损的种子，按一定距离放在湿滤纸上，滤纸上的水分不可过多，以不足使种子浮动为度，防止荧光物质流散。加盖保持在恒温条件下12 h，开盖，使滤纸（或连种子一起）风干，放在紫外线荧光灯下照射，可以看到周围有一圈明亮的荧光团的种子即为死种子。根据荧光团的数目就可以确定死种子的数目，每次至少测定100粒种子，并估计发芽率，与普通发芽试验法测得的实际发芽率相对照。

3. 外渗荧光物质定量测定

以白菜种子为例，取样100粒称量后用蒸馏水冲洗，加40 mL蒸馏水浸泡6 h，然后取溶液进行荧光分光光度法测定，激发波为270 nm，反射波的高峰点在340 nm。可按波峰高度和面积来定量，其值与种子生活力成反相关。

注意事项

（1）直接观察法应用于禾谷类、松柏类及某些蔷薇科果树的种子上效果较好，但种间差异大。

（2）纸上荧光团法应用在白菜、萝卜等十字花科植物的种子上，效果很好，但对于衰老死亡后会减弱荧光或失去荧光的种子不适用，对于后一种情况应采用直接观察法。

参考文献

[1] 张志良，瞿伟菁，李小方．植物生理学实验指导［M］．4版．北京：高等教育出版社，2009.

[2] 郝建军，康宗利，于洋．植物生理学实验技术［M］．北京：化学工业出版社，2007.

[3] 汤绍虎，罗充．植物生理学实验教程［M］．重庆：西南师范大学出版社，2012.

实验11－3　种子活力的测定

种子活力是指种子在田间状态（即在非理想状态）下迅速而整齐地萌发并形成健壮幼苗的能力。种子活力是一种受遗传控制并为环境因素所改变的生理特性，它不仅影响发芽力，还可通过植株生长影响作物产量。常用的测定方法有：抗冷法、砂压法和低温法。

Ⅰ　抗冷法

实验目的

熟悉抗冷法测定种子活力的原理和方法。

实验原理

将种子播种于低温和潮湿的土壤中，让种子在低温（5～10℃）条件下遭受土壤中或种子自身携带的病菌侵染，致使活力低的种子在萌发出土过程中霉烂，而能正常出苗者则必是健壮度好、活力强的种子。人为模拟田间逆境条件即可以筛选出活力强的种子。

实验器材

1．实验材料

玉米、大豆、豌豆等作物种子。

2．实验器具

恒温箱、电子天平、塑料盒（7 cm×10 cm×4 cm 或 30 cm×40 cm×20 cm）等。

实验步骤

（1）将土壤与河沙等比例混合均匀，定量装入塑料盒中，铺平压实。

（2）将待测种子直接播在塑料盒中（定量、定距离），轻压使种子略陷入土壤中，然后再加定量的覆盖土，铺平压紧，再浇上适量的水分，使土壤持有 70% 含水量为宜。加盖后在 5～10 ℃及 95% 相对湿度条件下放置 7 d。对照组以 25 ℃及 95% 相对湿度条件代替。

（3）取出种子，将其原封不动转入 20～30℃条件下促其出苗，经 1～2 周后统计出苗率，并与对照组相比。按出苗率和幼苗高度来判断种子活力水平。在低温条件下，出苗率高、长势旺的种子为优。

Ⅱ　砂压法

实验目的

熟悉砂压法测定种子活力的原理和方法。

实验原理

在种子萌发过程中，常需克服覆盖土壤和沙砾的重力胁迫。人工模拟田间条件，用砖砂颗粒做覆盖土，试验中能正常萌发出土的种子即为活力强的种子。

实验器材

1. 实验材料

小麦、水稻、玉米、花生等作物种子。

2. 实验器具

恒温箱、塑料盒（9 cm × 9 cm × 4.5 cm）、砂床、粗砖砂或砖砂颗粒（直径 3 ~ 5 mm）。

实验步骤

（1）将砖砂颗粒进行消毒处理（见图 11 - 3 - 1）。

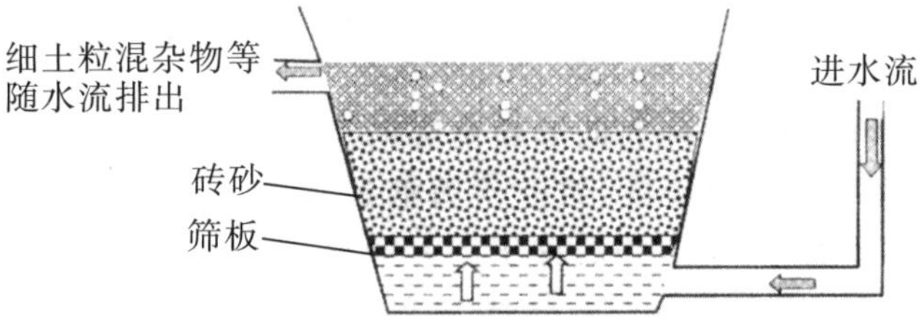

图 11 - 3 - 1　砖砂颗粒消毒装置

（2）将消毒后的砖砂铺在塑料盒中，浸湿后播上 100 粒待测种子，再覆盖 3 cm 厚的砖砂颗粒。

（3）将此待测种子盒置于 20 ℃恒温下 10 ~ 14 d，待幼苗出土后，将盖子揭开。

（4）先计算出土幼苗的百分率，再将出土幼苗按长度分为强苗和弱苗，分别计算强苗和弱苗的百分率。倒出种子盒中的砖砂，取出全部幼苗，统计未出土幼苗中畸形苗和受病菌感染幼苗的百分率，对种子的质量做出全面的评价，从而判断种子活力。

Ⅲ　低温法

实验目的

熟悉低温法测定种子活力的原理和方法。

实验原理

某些作物种子萌发时对温度很敏感，特别是喜温植物，播种后如遇持续的较低温度（小于 18 ℃），出苗率就会明显降低，幼苗生长势减弱。种苗抗低温的能力是种子活力强弱的指标之一。

实验器材

1. 实验材料

常用棉花种子。

2. 实验器具

恒温箱、常规发芽试验装置。

实验步骤

（1）将棉花种子浸水吸胀后，播于盛有土壤的塑料盒中，并加入适量覆盖土，土壤保持70%含水量。

（2）将此待测种子盒放在恒温（18 ℃）条件下12～14 d，每6～7 d记录一次结果。对照组放于28 ℃下培养。

（3）至少使用200粒种子，4次重复。

（4）参照北美洲官方种子分析者协会（AOSA）规定的棉花种苗分级标准，判断种子活力水平。

附：AOSA规定棉花种苗分级标准

1. 正常苗

（1）幼根。

①伸长度良好，具有丰富的根毛，长势健壮。

②初生根虽生长不良，但次生根生长健壮。

③根部色泽有淡黄区段出现，但子叶无病菌感染。

（2）下胚轴。

①伸长度良好，长势健壮，不存在有深达内部输导组织的裂痕或病斑。

②虽有个别淡黄区段出现，但子叶不染病。

（3）子叶。

具有一片完整子叶。

（4）上胚轴：完整无损，并与子叶连接完好，长势良好。

2. 壮苗

上述种苗各器官完整无损、长势健壮者。

3. 畸形苗

（1）幼根：初生根生长不良或粗短，次生根长势也很弱。

（2）下胚轴。

①产生畸变，诸如缩短、扭曲或肥厚，并出现深裂痕。

②腐烂并由子叶蔓延扩展。

（3）子叶。

①没有一片完整无损的子叶。

②局部或整片霉烂者。

（4）上胚轴：生长不良。

注意事项

（1）为避免病菌相互传染，播种籽粒之间需保持一定间隔。

（2）应注意种子大小、结构及温度适应性等种子自身特性。

参考文献

［1］张志良，瞿伟菁，李小方．植物生理学实验指导［M］．4版．北京：高等教育出版社，2009．

［2］汤绍虎，罗充．植物生理学实验教程［M］．重庆：西南师范大学出版社，2012．

实验11－4 根系活力的测定

Ⅰ α－萘胺法

实验目的

学习和掌握α－萘胺法测定植物根系活力的原理和技术。

实验原理

植物根系能氧化吸附在根表面的α－萘胺，不需其他条件就能生成红色的α－羟基－1－萘胺，沉淀于有氧化力的根表面，使这部分根染成红色。根对α－萘胺的氧化力与其呼吸强度有密切关系，有报道认为α－萘胺的氧化过程是在过氧化物酶催化下进行的，该酶的活力愈强，对α－萘胺的氧化力就愈强，染色也就愈深。因此，可根据染色深浅定性地判断根系活力大小。α－萘胺在酸性环境中与对氨基苯磺酸和亚硝酸盐作用生成红色的偶氮染料，可用分光光度计于520 nm波长处测定OD值，即可求出α－萘胺的含量，进而求出根系对α－萘胺的氧化活力，从而测定植物根系的氧化活力大小。

器材与试剂

1．实验材料

水稻等植物根系。

2. 实验器具

可见分光光度计、电子天平、移液器、振荡器、恒温箱、容量瓶、棕色瓶、刻度试管、吸水纸、三角瓶等。

3. 实验试剂

（1）100 μg · mL^{-1} 亚硝酸钠溶液：称取 0.01 g 亚硝酸钠，用蒸馏水溶解并定容至 100 mL。

（2）1% 对氨基苯磺酸溶液：称取 1 g 对氨基苯磺酸，用 30% 乙酸溶解并定容至 100 mL。

（3）50 μg · mL^{-1} α－萘胺溶液：称取 0.1 g α－萘胺溶于约 50 mL 蒸馏水中（微微加热），冷却后定容至 100 mL，得 1 000 mg · L^{-1} α－萘胺溶液，贮于棕色瓶低温避光保存，使用前吸取 1 000 mg · L^{-1} α－萘胺溶液 50 mL，加蒸馏水稀释至 1 000 mL，即得 50 μg · mL^{-1} α－萘胺溶液。

（4）0.1 mol · L^{-1} pH 7.0 磷酸缓冲液：称取纯 $Na_2HPO_4 \cdot 2H_2O$ 11.876 g，用蒸馏水溶解并定容至 1 000 mL，即为 A 液；称取 KH_2PO_4 9.078 g，用蒸馏水溶解并定容至1 000 mL，即为 B 液。用时取 A 液 60 mL、B 液 40 mL 混合即成。

方法与步骤

1. α－萘胺标准曲线制作

取 6 支 20 mL 刻度试管，编号 0～5，按表 11－4－1 配制每管含量为 0～50 μg 的 α－萘胺标准溶液。摇匀，室温（20～25 ℃）显色 5 min 后，用蒸馏水定容至 20 mL，摇匀，20～60 min 内，以 0 号管为空白对照，用分光光度计于 520 nm 波长处测定每管 OD 值。以 OD 值为纵坐标，α－萘胺含量为横坐标，绘制标准曲线。

表 11－4－1　α－萘胺标准曲线制作

试剂	管号					
	0	1	2	3	4	5
50 μg · mL^{-1} α－萘胺/mL	0.0	0.2	0.4	0.6	0.8	1.0
蒸馏水/mL	11.0	10.8	10.6	10.4	10.2	10.0
0.1 mol · L^{-1} pH 7.0 磷酸缓冲液/mL	1	1	1	1	1	1
1% 对氨基苯磺酸/mL	1	1	1	1	1	1
100 μg · mL^{-1} 亚硝酸钠/mL	1	1	1	1	1	1
每管 α－萘胺含量/μg	0	10	20	30	40	50

2. 根系处理

将根系洗净并用吸水纸吸干根表面水分，称取 1～2 g，置于 100 mL 三角瓶中，加入 50 μg · mL^{-1} α－萘胺溶液和 0.1 mol · L^{-1} pH 7.0 磷酸缓冲液各 25 mL，混匀，浸泡根系 10 min，待测。同时按相同操作做无根处理作空白对照。

3. 样品测定

第一次测定：取待测浸泡液 2 mL 至 20 mL 刻度试管，加入 10 mL 蒸馏水，混匀后，加入 1% 对氨基苯磺酸 1 mL 和 100 μg · mL^{-1} 亚硝酸钠溶液 1 mL。混匀，室温（20～25 ℃）显色 5 min 后，加蒸馏水定容至 20 mL，摇匀，20～60 min 内，以标准曲线 0 号管调零测定空白对照和处理根系的 OD_{520} 值。

第二次测定：第一次取待测浸泡液 2 mL 后，将根系处理和无根处理的三角瓶盖塞，置于 25℃ 恒温箱反应振荡 3～6 h（无振荡器时，应在反应期间定时摇动），再各取 2 mL 浸泡液进行第二次样品和空白测定，测定方法同第一次测定。

4. 结果计算

根据第一次、第二次所测 OD_{520} 值，从标准曲线查出 α－萘胺含量，按下列公式计算 α－萘胺氧化值。

$$\alpha\text{－萘胺氧化总量}(\mu g)=\frac{[\text{第一次根系测定值}(\mu g)-\text{第二次根系测定值}(\mu g)]\times 48}{\text{测定时提取液用量}(mL)}$$

$$\alpha\text{－萘胺自发氧化总量}(\mu g)=\frac{[\text{第一次空白测定值}(\mu g)-\text{第二次空白测定值}(\mu g)]\times 48}{\text{测定时提取液用量}(mL)}$$

$$\alpha\text{－萘胺生物氧化强度}=\frac{\alpha\text{－萘胺氧化总量}(\mu g)-\alpha\text{－萘胺自发氧化总量}(\mu g)}{\text{反应时间}(h)\times\text{根鲜重}(g)}$$

式中：48——测定时提取液总量（mL）。

注意事项

第一次测定用去 2 mL，故酶促反应是在 48 mL 的 α－萘胺混合液中进行的。

Ⅱ　TTC 法

实验目的

学习和掌握 TTC 法测定植物根系活力的原理和技术。

实验原理

氯化三苯基四氮唑（TTC）是标准氧化电位为 80 mV 的氧化还原色素，溶于水中为无色溶液，但还原后即生成红色、不溶于水的三苯甲腙（TTF）。生成的 TTF 比较稳定，不会被空气中的氧自动氧化，所以 TTC 被广泛用作酶试验的氢受体，植物根系中脱氢酶所引起的 TTC 还原，可因加入琥珀酸、延胡索酸、苹果酸得到增强，而被丙二酸、碘乙酸所抑制。因此，TTC 还原的量能表示脱氢酶活性，并作为根系活力的指标。

器材与试剂

1. 实验材料

植物根系。

2. 实验器具

分光光度计、分析天平、移液器、恒温箱、小烧杯、研钵、容量瓶（或刻度试管）、滤纸等。

3. 实验试剂

（1）乙酸乙酯（分析纯）；（2）次硫酸钠（$Na_2S_2O_4$）粉末；

（3）0.04g·L^{-1} TTC 溶液：称取 0.4 g TTC 溶于蒸馏水中并定容至 100 mL；

（4）66 mmol·L^{-1}pH 7.0 磷酸缓冲液（配制方法见附表 3）；

（5）1 mol·L^{-1}硫酸：量取比重 1.84 g·cm^{-1}的浓硫酸 55 mL，边搅拌边加入盛有 500 mL 蒸馏水的烧杯中，冷却后稀释至 1 000 mL。

方法与步骤

1. TTC 标准曲线制作

取 0.04 g·L^{-1} TTC 溶液 0.2 mL 于试管中，加入 9.8 mL 乙酸乙酯，再加入少许 $Na_2S_2O_4$ 粉末，摇匀，则立即产生红色的 TTF，浓度为 80 mg·L^{-1}。分别取此溶液 0.25 mL、0.50 mL、1.00 mL、1.50 mL、2.00 mL 置于 10 mL 容量瓶中，用乙酸乙酯定容至刻度，即得到含 TTF 20 μg、40 μg、80 μg、120 μg、160 μg（每 10 mL）的系列浓度标准溶液。充分振荡后产生的 TTF 转移到乙酸乙酯层，待有色液分层后，取上层的乙酸乙酯有色液，以乙酸乙酯为空白对照，在 485 nm 波长处测定各溶液的 OD 值。以 TTF 含量（μg）为横坐标，OD_{485}为纵坐标，绘制标准曲线。

2. TTC 还原量测定

称取根尖样品 0.5～1.0 g，放入小烧杯中，加入 0.04 g·L^{-1} TTC 溶液和 66 mmol·L^{-1} pH 7.0 磷酸缓冲液各 5 mL，使根充分浸没在溶液内，在 37 ℃下暗保温 1～2 h，然后立即加入 2 mL 1 mol·L^{-1}硫酸终止反应。把根取出，用滤纸吸干水分后放入研钵中，加乙酸乙酯 1～2 mL 和少量石英砂充分研磨，以提出 TTF。过滤后把红色提取液移入 10 mL 容量瓶中，并用少量乙酸乙酯把残渣洗涤 2～3 次，洗涤液一并转入容量瓶中，最后补充乙酸乙酯至刻度。以空白处理（先加硫酸，再加根样品）作为参比，测定 OD_{485}，查标准曲线，即可求出 TTC 还原量。

3. 结果计算

$$\text{TTC 还原强度}（\mu g \cdot g^{-1} \cdot h^{-1}）= \frac{\text{TTC 还原量}（\mu g）}{\text{根鲜重}（g）\times \text{反应时间}（h）}$$

注意事项

根系应吸干水分但不要用力挤压伤及细胞，才能准确测定。

参考文献

[1] 李玲. 植物生理学模块实验指导 [M]. 北京：科学出版社，2009.
[2] 汤绍虎，罗充. 植物生理学实验教程 [M]. 重庆：西南师范大学出版社，2012.

实验 11－5　花粉活力的测定

Ⅰ　碘－碘化钾染色测定法

实验目的

熟悉用碘－碘化钾染色测定法测定花粉活力的原理和方法。

实验原理

禾谷类植物花粉成熟时积累淀粉较多，通常可用碘液（I_2－KI）染成蓝色。发育不良的花粉常呈畸形，不积累淀粉，用 I_2－KI 染色不呈蓝色而呈黄褐色。

器材与试剂

1. 实验材料

充分成熟、将要开花的花朵。

2. 实验器具

显微镜、恒温箱、烧杯、棕色瓶、镊子、载玻片、盖玻片等。

3. 实验试剂

I_2－KI 溶液：取 2 g KI 溶于 5～10 mL 蒸馏水中，然后加入 1 g I_2，待全部溶解后，再加蒸馏水至 200 mL，贮于棕色瓶中备用。

实验步骤

（1）花粉采集。取充分成熟、将要开花的花朵带回室内。

（2）镜检。取一花药置载玻片上，加 1 滴蒸馏水，用镊子充分捣碎后，再加 1～2 滴 I_2－KI 溶液，盖上盖玻片，置低倍镜下观察。

（3）凡被染成蓝色的为发育好、活力较强的花粉粒，呈黄褐色的为发育不良的花粉粒。

Ⅱ　过氧化物酶测定法

实验目的

熟悉用过氧化物酶测定法测定花粉活力的原理和方法。

实验原理

具有生活力的花粉含有活跃的过氧化物酶。此酶能利用过氧化氢使各种多酚及芳香族胺发生氧化而产生颜色，依据颜色可知花粉的活性强弱。

器材与试剂

1. 实验材料

作物花粉。

2. 实验器具

显微镜、恒温箱、烧杯、镊子、载玻片、盖玻片等。

3. 实验试剂

（1）0.3% H_2O_2。

（2）0.5%联苯胺：将0.5 g联苯胺（有毒，注意安全）溶于100 mL 50%乙醇中。

（3）0.5% α-萘酚：将0.5 g α-萘酚溶于100 mL 50%乙醇中。

（4）0.25% Na_2CO_3：将0.25 g Na_2CO_3溶于100 mL蒸馏水中。

（5）试剂A：试验前取0.5%联苯胺、0.5% α-萘酚和0.25% Na_2CO_3溶液各10 mL，混合均匀。

实验步骤

（1）在载玻片上放少量花粉，然后加试剂A和0.3% H_2O_2各1滴，搅匀后盖上盖玻片。将制片于30 ℃恒温箱中放置10 min，然后在低倍显微镜下观察，如花粉粒为红色，则表示有过氧化物酶存在，花粉有活力，能发芽；如无色或黄色，则表示已失去活力，不能发芽。

（2）观察2～3个制片，每片取5个视野，统计100粒，并计算其发芽率。

Ⅲ　氯化三苯基四氮唑（TTC）法

实验目的

熟悉用TTC法测定花粉活力的原理和方法。

实验原理

同实验 11－2 Ⅰ氯化三苯基四氮唑（TTC）法。

器材与试剂

1. 实验材料

作物花粉。

2. 实验器具

显微镜、烧杯、棕色瓶、镊子、载玻片、盖玻片等。

3. 实验试剂

0.5% TTC 溶液：称取 0.5 g TTC，加少许 95% 乙醇使其溶解，然后用蒸馏水稀释至 100 mL，贮于棕色瓶避光保存，变红时不能再用。

实验步骤

（1）取少数花粉于载玻片上，加 1 ~2 滴 0.5% TTC 溶液，盖上盖玻片。

（2）将制片于 35 ℃恒温箱中放置 15 min，然后置于低倍显微镜下观察。花粉中凡被染为红色的活力强，淡红的次之，无色者为没有活力的花粉或不育花粉。

注意事项

花粉须完全浸于药液中。

参考文献

张志良，瞿伟菁，李小方．植物生理学实验指导［M］．4 版．北京：高等教育出版社，2009.

实验 11－6　谷物种子萌发时淀粉酶活性的测定

实验目的

了解种子萌发时淀粉的水解与淀粉酶形成的关系。

实验原理

谷物种子在萌发过程中，贮藏的淀粉在淀粉酶水解作用下转变成简单的有机化合物，使淀粉对碘呈蓝紫色的特异性反应消失。在一定条件下，该颜色消失所需时间（即定量淀粉糖化过程所需时间）可表示酶活性的大小。

器材与试剂

1. 实验材料

水稻或小麦幼苗等。

2. 实验器具

电子天平、恒温水浴锅、烧杯、容量瓶、研钵、白瓷板、漏斗、漏斗架、培养皿、三角烧瓶、滤纸等。

3. 实验试剂

（1）1% 淀粉溶液：称取 1 g 淀粉，用蒸馏水溶解并定容至 100 mL。

（2）0. 2 mol · L^{-1} pH 6. 0 磷酸缓冲液（见附表 3）。

（3）原碘液：称取 11 g I_2和 22 g KI，用蒸馏水溶解并定容至 500 mL。

（4）标准稀碘液：取 15 mL 原碘液，加入 8 g KI，用蒸馏水定容至 500 mL。

（5）比色稀碘液：取 2 mL 原碘液，加入 20 g KI，用蒸馏水定容至 500 mL。

（6）标准糊精：称取 0. 12 g 糊精，悬浮于少量水中，再移至沸水中，冷却后定容至 200 mL，取其中 1 mL 加入 3 mL 标准稀碘液，作为比色标准。

方法与步骤

1. 实验材料准备

于实验前 3 ~ 6 d，采用水培法培养出几种不同环境条件下生长的水稻或小麦幼苗。

2. 淀粉酶溶液制备

将待测幼苗用清水洗净，各称取幼苗胚乳部分 0. 5 g，分别置于研钵中，加 5 mL 0. 2 moL · L^{-1} pH 6. 0 磷酸缓冲液，仔细研磨成匀浆，用适量缓冲液冲洗，最后定容至 10 mL，20 000 rpm 离心 5 ~ 10 min，取上清液备用。

3. 保温糖化

取 20 mL 1% 淀粉溶液和 5 mL 0. 2moL · L^{-1} pH 6. 0 磷酸缓冲液于三角烧瓶中，置于 35 ℃水浴中平衡 15 min，加 1 mL 制备好的酶溶液，搅匀，立即计时。

4. 显色、观察及测定

吸上述混合液 1 滴于白瓷板上，加 1 滴比色稀碘液，观察颜色，与标准糊精比较颜色，颜色相同即表示反应达到终点，记录糖化时间。

5. 酶活性计算

以 1 g 材料 1 h 消化 1 g 淀粉表示淀粉酶的 1 个酶活性单位（U）。

$$U_a = \frac{60 \times 20 \times 1\% \times V_f}{t \times V}$$

式中：U_a——酶活性单位（U · h^{-1} · g^{-1} FW）；

V_f——每克材料制得的酶液体积（mL）；

V——参加糖化反应的酶液体积（mL）；

t——糖化时间（min）。

注意事项

调节酶浓度使测定能在合适的时间内完成。

参考文献

［1］张志良，瞿伟菁，李小方．植物生理学实验指导［M］．4版．北京：高等教育出版社，2009．

［2］汤绍虎，罗充．植物生理学实验教程［M］．重庆：西南师范大学出版社，2012．

实验11－7 油料种子萌发时脂肪酸含量的测定

实验目的

了解种子萌发时脂肪酸含量变化与种子萌发的关系，掌握脂肪酸含量测定方法。

实验原理

油料种子萌发时，贮藏的脂肪在脂肪酶的作用下水解成脂肪酸和甘油。生成的脂肪酸可用碱进行滴定。

器材与试剂

1. 实验材料

风干的油菜籽。

2. 实验器材

小型磨粉机、电子天平、恒温水浴锅、移液器、研钵、漏斗、试管、橡皮塞、培养皿、三角烧瓶、碱式滴定管等。

3. 实验试剂

95%乙醇，0.05 mol·L^{-1} NaOH，1%酚酞试剂。

方法与步骤

1. 样品预处理

将风干的油菜籽磨成粉备用，另取1 g油菜籽于培养皿中的湿滤纸上发芽，待胚根长达0.5～1.0 cm即可用于实验。

2. 脂肪酸含量测定

称取1 g油菜籽粉置于试管中，加入25 mL 95%乙醇，加塞；另取已发芽的油菜籽放于研钵中，加少许石英砂和3 mL 95%乙醇，研成匀浆后倒入另一试管中，再取22 mL 95%乙醇洗涤研钵，将洗液和多余乙醇全部并入试管中，加塞。将两试管在70 ℃水浴锅中保温30 min。取出后静置数分钟，将上层清液在放有少量活性炭的滤纸中过滤脱色1～2次。各吸取滤液10 mL置于三角烧瓶中，加入1%酚酞试剂2滴，用0.05 $mol\cdot L^{-1}$ NaOH溶液滴定，生成微红色且在1 min内不褪色即为滴定终点。记录用去NaOH溶液的体积，以此表示脂肪酸总量。

注意事项

可用发芽不同天数的材料进行测定，最后交流讨论结果。

参考文献

[1] 张志良，瞿伟菁，李小方. 植物生理学实验指导［M］. 4版. 北京：高等教育出版社，2009.

[2] 汤绍虎，罗充. 植物生理学实验教程［M］. 重庆：西南师范大学出版社，2012.

实验11－8 豆类种子萌发时氨基酸含量的测定

实验目的

了解种子萌发时蛋白质分解成氨基酸的变化以及不同浓度钠盐对其的影响。

实验原理

豆类种子含有丰富的蛋白质，萌发时蛋白质在蛋白水解酶作用下水解成氨基酸，生成的氨基酸可与茚三酮作用，生成紫红色化合物，因而可用分光光度法进行测定。

器材与试剂

1. 实验材料

风干的大豆种子。

2. 实验器具

可见分光光度计、电子天平、恒温水浴锅、研钵、试管、容量瓶等。

3. 实验试剂

（1）10%醋酸。（2）95%乙醇。（3）0.1%抗坏血酸。

（4）100 μg·mL^{-1}亮氨酸：称取10 mg亮氨酸溶于100 mL 95%乙醇中。

（5）茚三酮试剂：称取0.1 g茚三酮溶于100 mL 95%乙醇中。

实验步骤

1. 样品制备

将风干的大豆种子磨粉备用。另取大豆种子先行吸胀，然后播于湿沙中，待胚根长达2～4 cm即可用于实验。

2. 样品提取

取大豆粉0.1 g于试管中，加95%乙醇20 mL，加塞。另取已发芽的大豆1 g于研钵中，加少许石英砂和5 mL 95%乙醇，研成匀浆后倒入另一试管中，取95%乙醇15 mL洗涤研钵，将洗液并入试管中，加塞。将两试管于70℃水浴锅中保温30 min，冷却后定容至25 mL。取出过滤，滤液即可用于测定。另取大豆粉和发芽大豆，分别于电热鼓风干燥箱中105 ℃烘干，测定其含水量。

3. 标准曲线制作

配制质量浓度为0 μg·mL^{-1}、1 μg·mL^{-1}、5 μg·mL^{-1}、10 μg·mL^{-1}、15 μg·mL^{-1}、20 μg·mL^{-1}、25 μg·mL^{-1}亮氨酸，分别吸取滤液1 mL，各加3 mL茚三酮试剂和0.1 mL 0.1%抗坏血酸，置于沸水浴中15 min，用95%乙醇补足体积，于波长580 nm处测定OD值，绘制标准曲线。

4. 样品测定

吸取两种待测滤液各1 mL，按标准曲线制作方法测定OD_{580}值。

5. 结果计算

从标准曲线查得样品的氨基酸含量，然后根据下式计算发芽大豆和未发芽大豆的氨基酸含量（μg·g^{-1}DW）。

$$\text{氨基酸含量（μg·g}^{-1}\text{DW）} = \frac{C \times V}{W \times D}$$

式中：C——样品中测得的氨基酸质量浓度（mg·L^{-1}）；

V——提取液的体积（mL）；

W——样品质量（g）；

D——样品中干物质含量（%）。

注意事项

为了解氨基酸的分布，可将发芽大豆分成子叶、胚轴和胚根，分别加以测定。

参考文献

张志良，瞿伟菁，李小方. 植物生理学实验指导［M］. 4版. 北京：高等教育出版社，2009.

实验 11 –9 植物组织培养技术

植物组织培养是把植物的器官、组织以至单个细胞，应用无菌操作使其在人工条件下能够继续生长，甚至分化发育成一完整的植株的过程。植物的组织在培养条件下，原来已经分化停止生长的细胞，又能重新分裂，形成没有组织结构的细胞团，即愈伤组织。这一过程称为“脱分化”。已经脱分化的愈伤组织，在一定条件下，又能重新分化形成输导系统以及根和芽等组织和器官，这一过程称“再分化”。

Ⅰ 愈伤组织的培养和分化

实验目的

熟悉愈伤组织的培养和分化方法。

实验原理

植物组织经过脱分化作用，形成愈伤组织，经过再分化作用，愈伤组织又能重新分化为有结构的组织和器官，最终形成完整的植株。

器材与试剂

1. 实验材料

烟草茎。

2. 实验器具

培养室、接种箱或超净工作台、高压灭菌锅、分析天平、恒温水浴锅、移液器、长镊子、解剖刀、剪刀、三角烧瓶、容量瓶、烧杯、量筒、牛皮纸、培养皿、称量纸、棉线等。

3. 实验试剂

(1) 0.1% 氯化汞（或次氯酸钠）；(2) 乙醇；(3) 6 – BA（6 – 苄基氨基腺嘌呤）；(4) IAA 或 2，4 – D，MS 培养基。

方法与步骤

1. 配制培养基

(1) 愈伤组织诱导 MS 培养基（蔗糖的质量浓度为 10 $g \cdot L^{-1}$，2，4 – D 为 2 $mg \cdot L^{-1}$，琼脂为 10 $g \cdot L^{-1}$）。

(2) 实验培养基。按表 11 –9 –1 所示的激素比例（激素溶解方法见附表 8），加到 MS 基本培养基中。

表 11-9-1 加到 MS 培养基中的激素比例

序号	IAA/ (mg·L^{-1})	6-BA/ (mg·L^{-1})	相对比值
1	0	2.0	—
2	0.2	2.0	1∶10
3	0.5	2.0	1∶4
4	1.0	2.0	1∶2
5	2.0	2.0	1∶1
6	2.0	1.0	2∶1
7	2.0	0.5	4∶1
8	2.0	0.2	10∶1
9	2.0	0	—

2. 培养基灭菌

将配好的培养基加入琼脂加热溶解，调至 pH 5.8，趁热分装于 100 mL 三角烧瓶中，每瓶约 20 mL。待培养基冷却凝固后，用一层称量纸和一层牛皮纸包扎瓶口，并用棉线扎牢，然后在高压灭菌锅中 121 ℃下灭菌 20 min。取出三角烧瓶，冷却后备用。接种操作所需的一切用具（如长镊子、解剖刀、剪刀等）及灭菌水，需同时灭菌。

3. 诱导产生愈伤组织

（1）取健壮的烟草茎数段，每段约 5 cm 长，于烧杯中用 0.1% $HgCl_2$浸泡 20 min，取出用无菌水洗 3～4 次，置于无菌培养皿中，在接种箱中按无菌操作要求剥去外皮（接种箱事先用紫外灯灭菌 30 min)，用解剖刀切成 5 mm 厚的圆片（弃去开始一片和最后一片)，用长镊子将它接种在诱导培养基上，注意圆片的切口朝向培养基，每瓶接种 4 片，接种后扎好瓶口。取叶片为外植体时，无菌水洗后，切成约 1 cm^3小块，再平放于培养基上。

（2）将已接入植物组织（外植体）的三角烧瓶，置于 25 ℃温室中培养，每周检查 1～2 次，剔除材料已被杂菌污染的三角烧瓶，3～4 周后产生愈伤组织。

（3）选取愈伤组织生长良好的三角烧瓶，用解剖刀将愈伤组织切下，转移到含有不同比例激素的实验培养基中（也可以连同原来的外植体一起转移)，每瓶放 1～2 块，仍培养在 25 ℃温室中，每周 1～2 次观察不同处理的三角烧瓶中愈伤组织的分化情况，直至长出根和芽。长成的幼小植株即为“试管苗”，可移栽于花盆中。

Ⅱ 原生质体的分离和培养

实验目的

熟悉原生质体的分离和培养方法。

实验原理

植物细胞在纤维素酶、半纤维素酶和果胶酶的作用下，细胞壁被消化，可以得到裸露的原生质体。原生质体在合适的培养条件下，能再生细胞壁，进行分裂、生长，形成愈伤组织，进一步分化形成根和芽，长成新的植物体，表现出植物细胞的全能性。要进行原生质体的培养，首先要分离得到具有活力的原生质体。

器材与试剂

1. 实验材料

苗龄在 60 d 以上的烟草植株。

2. 实验器具

培养室、超净工作台或接种箱、真空泵或水泵、高压灭菌锅、离心机、移液器、细菌过滤器、血细胞计数器、漏斗或 0.45 μm 微孔滤膜、过滤瓶、移液管、离心管、培养皿、三角烧瓶、不锈钢网、长镊子、剪刀、漂白精片、滤纸、搪瓷盘等。

3. 实验试剂

(1) 70% 乙醇。(2) NT 琼脂培养基（1.2% 琼脂）。(3) Tween－20 溶液。

(4) 洗涤液：称取 5.5 g 甘露醇和 0.05 g $CaCl_2$，用 NT 培养液配成 100 mL。

(5) 酶液：称取 0.7 g 纤维素酶（EA3－867）、5.5 g 甘露醇和 0.05 g $CaCl_2$，配成 100 mL，pH 5.7，溶解后 4 000 $r \cdot min^{-1}$离心 15 min，取上清液，通过灭菌漏斗过滤消毒（用 0.45 μm 微孔滤膜减压过滤），滤液在超净工作台上分装在灭菌的三角烧瓶中，每瓶约 10 mL，贮于冰箱中备用。

方法与步骤

1. 材料准备

苗龄在 60 d 以上的烟草植株，取中上部叶子，在灯光或日光下照射 2 h 左右，使萎蔫。萎蔫后的叶片用清水洗净，浸入 Tween－20 溶液中数分钟，移至 70% 乙醇浸数秒钟，再在洗涤液中浸 15～20 min，用无菌水冲洗 2～3 次，再用无菌滤纸吸去表面的水分。

2. 游离原生质体

用镊子撕去下表皮，切成小块，取 1 g 材料放入盛有 10 mL 酶液的三角烧瓶中，于 28 ℃左右保温 1.5～3 h。

3. 净化

经过保温的材料，通过带有 200～400 目不锈钢网的细菌漏斗，滤去未被消化的组织碎片，得到的原生质体悬液移至 10 mL 离心管中，用翻口塞密封离心管口，手摇离心机离心 2 min，吸去上清液，加入洗涤液，重新悬浮原生质体，这样重复洗涤 2～3 次，最后用 NT 培养液洗 1 次。

4. 培养

(1) 将悬浮在 NT 培养液中的原生质体，用血细胞计数器计算原生质体的密度，使每毫升达到 104 ~105 个原生质体。

(2) 吸取原生质体悬液 1 ~1.5 mL 于灭菌的 6 cm 培养皿中，加入熔化的 NT 琼脂培养基 1 ~1.5 mL，立即轻轻摇动培养皿，使原生质体均匀分布在固体培养基中。

(3) 待培养基冷却凝固后，将培养皿倒置于 9 cm 培养皿中，皿四周垫有湿润滤纸条，培养皿外用胶布或石蜡纸密封。

(4) 再将培养皿放在有盖搪瓷盘中，于 26 ~28 ℃保温培养，当原生质体开始变形长大时，可将它连同周围琼脂切成块，移至新鲜的 NT 培养基上，再进行倒置培养。

(5) 当产生愈伤组织后，即可用一般的组织培养方法（如本实验 Ⅰ），选用合适的实验培养基，诱导根、芽的分化和再生成植株。

注意事项

以上步骤均按无菌操作要求进行。

Ⅲ 离体培养下的花芽分化

实验目的

了解离体培养下的花芽分化过程。

实验原理

利用组织培养方法，在生长素、细胞分裂素和糖的配合下，离体烟草花茎上部的切段或花梗薄片细胞层，在体外培养可以重新形成花。花芽分化能力存在梯度现象，花梗上端的成花能力高于下端。

器材与试剂

1. 实验材料

烟草茎。

2. 实验器具

培养室、接种箱或超净工作台、高压灭菌锅、三角烧瓶、长镊子、解剖刀等。

3. 实验试剂

(1) 琼脂；(2) MS 培养基；(3) 10^{-6} mol · L^{-1} IAA；(4) 10^{-6} mol · L^{-1}6 – BA；(5) 3% 蔗糖。

实验步骤

1. 配制培养基

配制 MS 基本培养基 1 000 mL，另加入 10^{-6} mol·L^{-1} IAA、10^{-6} mol·L^{-1}6－BA 和 3%蔗糖，充分溶解、混匀后，加入 10 g 琼脂，加热溶解，调 pH 至 5.8。

2. 培养基灭菌

参照本实验 I 进行培养基灭菌。

3. 诱导花芽产生

在烟草茎的基部和中部、花序基部和花梗等处分别纵切薄细胞层，包括表皮及表皮下 3~5 层薄壁细胞（0.5~1 mm×10 mm）作为外植体（约重 0.5 mg），在无菌条件下接种于已灭菌的 MS 培养基上。给予 16 h 照光，光强度为 4 000 lx，25 ℃下培养 2 周，观察花芽分化情况。

4. 比较

比较烟草茎基部、中部、花序基部和花梗作为外植体诱导花芽分化的百分率。

注意事项

无菌操作为首要条件，配制 MS 基本培养基时将盐类依次先溶于 900 mL 水中，最后定容至 1 000 mL，以免产生沉淀。

参考文献

张志良，瞿伟菁，李小方. 植物生理学实验指导［M］. 4 版. 北京：高等教育出版社，2009.

第十二章　逆境生理

实验 12－1　游离脯氨酸含量的测定

实验目的

了解脯氨酸与植物逆境、衰老的关系，掌握测定植物组织中游离脯氨酸含量的原理和方法。

实验原理

逆境条件（旱、热、冷、冻）下，植物体内脯氨酸的含量显著增加，并且游离脯氨酸的积累量与逆境程度、植物的抗逆性有关。因此，测定植物体内游离脯氨酸的含量，在一定程度上可以判断逆境对植物的危害程度和植物对逆境的抵抗力。

磺基水杨酸对脯氨酸有特定反应，当用磺基水杨酸提取植物样品时，脯氨酸便游离于磺基水杨酸溶液中。然后用酸性茚三酮加热处理后，茚三酮与脯氨酸反应，生成稳定的红色化合物，再用甲苯处理，则色素全部转移至甲苯中，颜色的深浅即表示脯氨酸含量的高低。在 520 nm 波长处测定吸光度，即可从标准曲线上查出脯氨酸的含量。

器材与试剂

1. 实验材料

植物叶片。

2. 实验器具

可见分光光度计、电子天平、恒温水浴锅、移液器、烧杯、容量瓶、棕色瓶、试管、剪刀、漏斗、滤纸等。

3. 实验试剂

（1）冰乙酸。

（2）甲苯。

（3）30 g·L^{-1}磺基水杨酸：称取 3 g 磺基水杨酸，加蒸馏水溶解后定容至 100 mL。

（4）25 g·L^{-1}酸性茚三酮溶液：称取 2.5 g 茚三酮，溶于 60 mL 冰乙酸和 40 mL 6 mol·L^{-1}磷酸中，边搅拌边加热至 70 ℃溶解，冷却后贮于棕色瓶中于 4 ℃条件下保存，24 h 内稳定。

（5）10 mg · L^{-1}脯氨酸标准液：称取 20 mg 脯氨酸于小烧杯内，加少量蒸馏水溶解后，转移至 200 mL 容量瓶中，加蒸馏水定容至刻度，得 100 mg · L^{-1}脯氨酸母液。取该溶液 10 mL，用蒸馏水稀释定容至 100 mL，即为 10 mg · L^{-1}脯氨酸标准液。

方法与步骤

1. 标准曲线制作

取 6 支具塞刻度试管，编 0 ~5 号，用 10 mg · L^{-1}脯氨酸标准液配制 0、2、4、6、8、10 mg · L^{-1}系列浓度脯氨酸标准液。分别取各浓度标准液 2 mL 至 20 mL 试管中，加入 2 mL 30 g · L^{-1}磺基水杨酸、2 mL 冰乙酸和 4 mL 25 g · L^{-1}酸性茚三酮溶液，摇匀，于沸水浴中加热 60 min，冷却至室温后加入 4 mL 甲苯，充分振荡，以萃取红色物质，静置分层，吸取甲苯层，以 0 号管作空白，于 520 nm 波长处测定 OD 值。以 OD_{520}为纵坐标，脯氨酸含量为横坐标，绘制标准曲线。

2. 样品提取

称取剪碎植物叶片 0. 2 ~0. 5 g 至研钵中，加入 5 mL（研磨 + 清洗研钵）4 ℃预冷的 30 g · L^{-1}磺基水杨酸和少量石英砂冰浴研磨成匀浆，转移至 10 mL 离心管中，用玻璃球塞封口，于沸水浴中浸提 10 min，取出离心管冷却至室温后，在 5 000 rpm 下离心 10 min，上清液即为脯氨酸提取液。

3. 样品测定

取提取液 2 mL 于 20 mL 具塞试管中，加入 2 mL 蒸馏水、2 mL 冰乙酸和 4 mL 25 g · L^{-1}酸性茚三酮溶液，摇匀后于沸水浴中加热 60 min 进行显色，然后取出冷却至室温，加入 4 mL 甲苯，充分振荡 30 s，静置分层，吸取甲苯层，以 0 号管做空白，于 520 nm 波长处测定 OD 值。

4. 结果计算

从标准曲线上查出样品测定液的脯氨酸含量，按下列公式计算样品的脯氨酸含量。

$$\text{脯氨酸含量（μg · g}^{-1}\text{FW）} = \frac{C \times V_t}{WV_s}$$

或

$$\text{脯氨酸含量（\%）} = \frac{C \times V_t / V_s}{W \times 10^6} \times 100\%$$

式中：C——从标准曲线上查得的脯氨酸含量（μg）；

V_t——提取液总体积（mL）；

V_s——测定时吸取样品液体积（mL）；

W——样品质量（g），1 g = 10^6 μg。

注意事项

（1）酸性茚三酮溶液只能在 24 h 内保持稳定，应现配现用。

（2）脯氨酸与茚三酮试剂在 100 ℃下反应的时间应严格控制，过久会产生沉淀。

(3) 用甲苯萃取时要充分摇动，萃取完成后，可避光静置4 h以上，让其完全分层。

参考文献

[1] 郝建军，康宗利，于洋. 植物生理学实验技术 [M]. 北京：化学工业出版社，2007.

[2] 李玲. 植物生理学模块实验指导 [M]. 北京：科学出版社，2009.

[3] 汤绍虎，罗充. 植物生理学实验教程 [M]. 重庆：西南师范大学出版社，2012.

[4] 邹琦. 植物生理生化实验指导 [M]. 北京：中国农业出版社，2000.

[5] 张志良，瞿伟菁，李小方. 植物生理学实验指导 [M]. 4版. 北京：高等教育出版社，2009.

[6] BATE L S, WALDREN R P, TEARE I D. Rapid deter mination of free proline for water-stress studies [J]. Plant and soil, 1973, 39 (1): 205－207.

实验 12－2 抗坏血酸含量的测定

Ⅰ 分光光度法

实验目的

了解植物组织中抗坏血酸含量的测定原理与方法。

实验原理

抗坏血酸易被抗坏血酸氧化酶破坏，草酸、盐酸、硫酸及偏磷酸均可作为阻抑剂而增加抗坏血酸在提取液中的稳定性。故在有硫酸和偏磷酸存在的条件下，钼酸铵与抗坏血酸反应生成蓝色络合物，在一定浓度范围（2～32 $mg \cdot L^{-1}$）内服从比耳定律。并且不受提取液中还原糖及其他常见还原性物质干扰，专一性好，反应迅速。但温度对显色有影响，且颜色随时间延长而加深，因此显色温度和放置时间要求一致。

器材与试剂

1. 实验材料

植物根、茎、叶等。

2. 实验器具

磁力搅拌器、离心机、分光光度计、电子天平、恒温水浴锅、移液器、研钵、具塞三角瓶、量筒、离心管、具塞刻度试管、容量瓶等。

3．实验试剂

（1）5%钼酸铵溶液。（2）硫酸（1∶19）。

（3）草酸－EDTA溶液：取草酸6.3 g和EDTA－2Na 0.75 g用蒸馏水溶解定容至1 L。

（4）偏磷酸－乙酸溶液：取片状或新粉碎的棒状偏磷酸3 g，加1∶5冰醋酸40 mL，溶解后加蒸馏水稀释至100 mL。必要时过滤。在冰箱中可保存3 d，最好现配现用。

（5）抗坏血酸标准溶液：称取100 mg抗坏血酸，加适量草酸－EDTA溶液溶解并定容于100 mL，摇匀，即为1 g·L^{-1}维生素C标准溶液，需现配现用。

方法与步骤

1．标准曲线制作

分别吸取抗坏血酸标准溶液0 mL、0.1 mL、0.2 mL、0.4 mL、0.6 mL、0.8 mL至25 mL到具塞刻度试管中，加草酸－EDTA溶液至5 mL刻度，依次加入偏磷酸－乙酸溶液0.5 mL和1∶19硫酸1 mL，摇匀，再加入钼酸铵溶液2 mL，加蒸馏水稀释至25 mL刻度，摇匀，于30 ℃水浴中放置15 min。以未加抗坏血酸溶液管调零，用1 cm比色皿，于760 nm波长处测光密度。以抗坏血酸含量为横坐标，OD值为纵坐标，绘制标准曲线。

2．抗坏血酸含量测定

称取样品5～10 g于研钵中，加少量草酸－EDTA溶液研磨成匀浆，置100 mL具塞三角瓶中，加入草酸－EDTA溶液5 mL（计研磨时加入量），于磁力搅拌器上搅拌20 min，放置30 min，倒入100 mL离心管中，以4 000 r·min^{-1}离心15 min，取上清液1～5 mL于25 mL具塞刻度试管中，加入草酸－EDTA溶液5 mL，按标准曲线项操作。

3．结果计算

根据样品测定液OD值查标准曲线，求出相应的抗坏血酸含量，然后按下式计算样品的抗坏血酸含量，以100 g鲜样的抗坏血酸质量（mg VC·100 g^{-1}FW）表示。

$$抗坏血酸含量=\frac{C\times V_t}{W\times V_m}\times 100$$

式中：C——样品测定液的抗坏血酸含量（mg）；

V_t——提取液总体积（mL）；

V_m——测定液体积（mL）；

W——样品质量（g）。

注意事项

如加入钼酸铵后溶液变浑浊，显色15 min后，以4 000 r·min^{-1}离心20 min，取上清液待测。

Ⅱ 2,6－二氯靛酚滴定法

实验目的

掌握用2,6－二氯靛酚滴定法测定抗坏血酸含量的原理和方法。

实验原理

2,6－二氯靛酚的颜色反应表现两种特性：一是取决于其氧化还原状态，氧化态为深蓝色，还原态为无色；二是受介质酸度的影响，在碱性溶液中呈深蓝色，酸性溶液中呈浅红色。用蓝色的碱性染料标准溶液对含抗坏血酸的酸性浸出液进行氧化还原滴定，染料被还原为无色，当到达滴定终点时，多余的染料在酸性溶液中表现为浅红色。根据2,6－二氯靛酚钠的用量即可求出样品中抗坏血酸的含量。

器材与试剂

1. 实验材料

各类水果、蔬菜等。

2. 实验器材

分析天平、容量瓶、烧杯或三角瓶、微量滴定管、研钵、漏斗、定性滤纸等。

3. 实验试剂

(1) 20 g·L^{-1}草酸溶液：称取20 g草酸溶于1 000 mL蒸馏水中，试剂瓶保存备用。

(2) 0.2 g·L^{-1}抗坏血酸标准溶液：称取10 mg抗坏血酸，用20 g·L^{-1}草酸溶液定容至50 mL。

(3) 2,6－二氯靛酚染料：称取50 mg 2,6－二氯靛酚钠，溶于50 mL热水中，冷却后用蒸馏水定容至250 mL，过滤后贮于棕色瓶中放冰箱保存。

实验步骤

1. 抗坏血酸标准溶液的标定

吸取抗坏血酸标准溶液2 mL，加5 mL 20 g·L^{-1}草酸，以2,6－二氯靛酚染料滴定至浅红色且15 s内不褪色即为终点。根据染料的用量，计算出每一毫升染料溶液的抗坏血酸质量。

2. 样液制备

称取切碎的果蔬样品10.0 g，放入研钵中加少许20 g·L^{-1}草酸研碎，用漏斗转移至100 mL容量瓶中，用20 g·L^{-1}草酸定容至刻度，过滤待测。

3. 含量测定

吸取待测液10 mL于小烧杯中，用标定过的2,6－二氯靛酚钠溶液滴定至浅红色且

15 s 内不褪色为止，记录染料用量，重复测定三次。

4. 含量计算

$$C = \frac{(V_0 - V_1) \times A}{B} \times \frac{V_T}{W} \times 100$$

式中：C——100 g 鲜样中抗坏血酸的质量（$mg \cdot 100\ g^{-1}FW$）；

V_0——滴定样品消耗 2，6 - 二氯靛酚染料体积（mL）；

V_1——滴定空白消耗 2，6 - 二氯靛酚染料体积（mL）；

A——1 mL 染料溶液相当抗坏血酸的质量（$mg \cdot mL^{-1}$）；

B——滴定时吸取稀释液体积（mL）；

W——取样量（g）；

V_T——样品液稀释后总体积（mL）。

注意事项

受到损伤的果蔬组织的抗坏血酸易受到其体内的抗坏血酸氧化酶的破坏，因此抗坏血酸的测定应采用新鲜样品并尽快用 20 $g \cdot L^{-1}$ 草酸溶液制成匀浆，以保存果蔬中的抗坏血酸。

参考文献

[1] 郝建军，康宗利，于洋. 植物生理学实验技术［M］. 北京：化学工业出版社，2007.

[2] 张志良，瞿伟菁，李小方. 植物生理学实验指导［M］. 4 版. 北京：高等教育出版社，2009.

实验 12 -3　丙二醛（MDA）含量的测定

实验目的

掌握植物体内丙二醛（MDA）含量测定的原理和方法。

实验原理

MDA 是由于植物衰老或在逆境条件下受伤害，其组织或器官的膜脂质发生过氧化反应而产生的，其含量可反映植物衰老及逆境伤害的程度。通常利用硫代巴比妥酸（TBA）在酸性条件下加热与 MDA 反应生成红棕色的三甲双酮（3，5，5 - 三甲基恶唑 -2，4 - 二酮），在 532 nm 波长处有最大吸收。植物在胁迫条件下可溶性糖增加，而糖与 TBA 的反应产物在 532 nm 波长处也有吸收，因此测定植物组织 MDA 含量时需排除可溶性糖的干扰。

由于蔗糖与 TBA 的反应产物在 450 nm 和 532 nm 的摩尔吸收系数分别为 85.4 和 7.4，

MDA 与 TBA 的反应产物在 450 nm 波长处无吸收，在 532 nm 波长处摩尔吸收系数为 155 000，532 nm 非特异性吸光值可以 600 nm 波长处的吸光值代表。

按双组分分光光度法原理，建立方程组：

$$A_{450} = 85.4 \times C_{糖}$$

$$A_{532} - A_{600} = 7.4 \times C_{糖} + 155\,000 \times C_{MDA}$$

解方程组得：

$$C_{糖} = 11.71\ A_{450}$$

$$C_{MDA} = 6.45\ (A_{532} - A_{600})\ - 0.56\ A_{450}$$

式中：A_{450}——样品在 450 nm 处的 OD 值；

A_{532}——样品在 532 nm 处的 OD 值；

A_{600}——样品在 600 nm 处的 OD 值；

$C_{糖}$——可溶性糖的浓度（$mmol \cdot L^{-1}$）；

C_{MDA}——MDA 的浓度（$\mu mol \cdot L^{-1}$）。

器材与试剂

1. 实验材料

植物叶片。

2. 实验器具

离心机、可见分光光度计、电子天平、恒温水浴锅、移液器、研钵、试管、剪刀等。

3. 实验试剂

（1）石英砂。

（2）100 $g \cdot L^{-1}$三氯乙酸（TCA）：称取 10 g TCA 溶于 100 mL 蒸馏水中。

（3）6 $g \cdot L^{-1}$硫代巴比妥酸（TBA）：称取 0.6 g TBA，用 100 $g \cdot L^{-1}$ TCA 溶解并用其定容至 100 mL。

实验步骤

1. MDA 提取

称取植物叶片 1 g，加入 2 mL 100 $g \cdot L^{-1}$ TCA 和少量石英砂，研磨至匀浆，再加 8 mL 100 $g \cdot L^{-1}$ TCA 充分研磨，匀浆在 4 000 $r \cdot min^{-1}$下离心 100 min，上清液即为样品提取液。

2. MDA 测定

取提取液 2 mL 至试管中，加入 2 mL 6 $g \cdot L^{-1}$ TBA 溶液，摇匀，用玻璃球塞封口，于沸水浴中反应 15 min，迅速冷却后再离心，取上清液在 450 nm、532 nm 和 600 nm 波长处测定 OD 值。对照管以 2 mL 蒸馏水代替提取液。

3. 结果计算

$$c_{MDA} = 6.45(A_{532} - A_{600}) - 0.56\ A_{450}$$

$$\text{样品的 MDA 含量} = \frac{c_{MDA} \times V_A \times V_t}{W \times V_s \times 10^3}$$

式中：c_{MDA}——反应液的 MDA 浓度（μmol·L^{-1}）；

V_t——提取液总体积（mL）；

V_s——测定时提取液用量（mL）；

V_A——反应液体积（mL）；

W——植物组织鲜重（g）；

样品的 MDA 含量以 μmol·g^{-1}FW 表示。

注意事项

MDA 与 TBA 的显色反应时间最好控制在 10～15 min，时间太短或过长均会引起 OD_{532}值下降。

参考文献

[1] 张志良，瞿伟菁，李小方．植物生理学实验指导［M］．4 版．北京：高等教育出版社，2009.

[2] 汤绍虎，罗充．植物生理学实验教程［M］．重庆：西南师范大学出版社，2012.

实验 12－4　植物组织中活性氧含量的测定

Ⅰ　过氧化氢含量的测定（二甲酚橙法）

实验目的

熟悉用二甲酚橙法测定活性氧含量的原理和方法。

实验原理

在酸性条件下，过氧化氢（H_2O_2）将 Fe^{2+}氧化为 Fe^{3+}，Fe^{3+}进一步与二甲酚橙反应形成紫色的复合物（$Fe^{3+}-XO$），该复合物的最大吸收波长为 560 nm，在一定范围内，其颜色深浅与 H_2O_2浓度呈线性关系。在反应体系中加入山梨醇可提高测定 H_2O_2的灵敏度。

器材与试剂

1. 实验材料

幼嫩和衰老的植物叶片或其他受逆境胁迫的植物组织。

2. 实验器具

可见分光光度计、高速冷冻离心机、恒温水浴锅、分析天平、离心管、研钵、量筒、吸量管、刻度试管、试管架、容量瓶等。

3. 实验试剂

(1) 丙酮 (预冷)。

(2) 10 μmol·L^{-1} H_2O_2。

(3) 萃取剂 [CCl_4 : $CHCl_3$ =3 : 1]。

(4) 试剂 A: 3.3 mmol·L^{-1} $FeSO_4$ (0.502 g·L^{-1}), 3.3 mmol·L^{-1} $(NH_4)_2SO_4$ (0.436 g·L^{-1}), 412.5 mmol·L^{-1} H_2SO_4 (参照附表2)。

(5) 试剂 B: 165 μmol·L^{-1}二甲酚橙 (0.11 g·L^{-1}), 165 mmol·L^{-1}山梨醇 (30.06 g·L^{-1})。

使用前试剂 A 和试剂 B 按照 1 : 10 的比例混合构成工作试剂，使用时在 1 mL 待测液中加入 2 mL 工作试剂 (即按 1 : 2 的比例混合)。

实验步骤

1. 标准曲线绘制

取 10 mL 离心管 6 支，编号 1 ~6，按表 12 -4 -1 所示依次加入 H_2O_2 试剂。显色时分别向各管加入 2 mL 工作试剂，30℃水浴显色 30 min，于560 nm 波长处测定 OD 值，绘制标准曲线。

表 12 -4 -1 不同浓度 H_2O_2 标准溶液的配制

试剂/mL	管号					
	1	2	3	4	5	6
10 μmol·L^{-1} H_2O_2	0	0.2	0.4	0.6	0.8	1.0
蒸馏水	1.0	0.8	0.6	0.4	0.2	0

2. 样品提取

取植物组织 2 g，加 2 mL 丙酮匀浆，以 10 000 r·min^{-1}离心 10 min，取上清液用丙酮定容至 3 mL，此液即为 H_2O_2 提取液。取此液 1 mL，加 3 mL 萃取剂，混匀，再加 5 mL 蒸馏水，混匀，以 5 000 r·min^{-1}离心 1 min，上层水相为样品提取液。

3. H_2O_2测定

各取 1 mL 样品提取液，加入 2 mL 工作试剂，30 ℃水浴显色 30 min，于560 nm 波长处测定 OD 值。从标准曲线上查得 H_2O_2浓度。

4. 结果计算

根据以下公式计算植物组织的 H_2O_2 含量 (μmol·g^{-1}FW)。

$$H_2O_2\text{含量} = (c \times V_t)/W$$

式中：c——从标准曲线上查得样品的 H_2O_2 浓度，单位：$\mu mol \cdot L^{-1}$；

V_t——样品提取液总体积，单位 mL，即 $3 \times 5 = 15$ mL；

W——植物组织鲜重，单位 g。

参考文献

[1] 张志良，瞿伟菁，李小方．植物生理学实验指导［M］．4 版．北京：高等教育出版社，2009.

[2] 李忠光，宋玉泉，龚明．二甲酚橙法用于测定植物组织中的过氧化氢［J］．云南师范大学学报（自然科学版），2007，27（3）：50－54.

[3] 刘俊，吕波，徐朗莱．植物叶片中过氧化氢含量测定方法的改进［J］．生物化学与生物物理进展，2000，27（5）：548－551.

[4] GAY C，GEBICKI J M．A critical evaluation of the effect of sorbitol on the ferric-xylenol orange hydroperoxide assay［J］．Analytical Biochemistry，2000，284（2）：217－220.

Ⅱ　氧自由基产生速率的测定

实验目的

掌握植物体内氧自由基产生速率的测定原理与方法。

实验原理

超氧阴离子自由基（O_2^-）能与羟胺反应，生成 NO_2^-，NO_2^- 与对氨基苯磺酸和 α－萘胺反应生成粉红色的偶氮染料（对－苯磺酸－偶氮－α－萘胺），在 530 nm 波长处有最大吸收峰。因此，利用羟胺氧化的方法可以测定植物组织中 O_2^- 的产生速率。反应式如下：

$$NH_2OH + 2O_2^- + H^+ \rightarrow NO_2^- + H_2O_2 + H_2O$$

器材与试剂

1．实验材料

植物叶片等。

2．实验器具

冷冻离心机、可见分光光度计、移液器、恒温水浴锅、研钵、试管、容量瓶等。

3．实验试剂

（1）50 $mmol \cdot L^{-1}$ pH 7.8 磷酸缓冲液。

（2）1 $mmol \cdot L^{-1}$ 盐酸羟胺（70 $mg \cdot L^{-1}$）。

（3）17 $mmol \cdot L^{-1}$ 对氨基苯磺酸（2.944 $g \cdot L^{-1}$），以冰乙酸：水＝3：1 配制。

（4）7 mmol · L^{-1} α－萘胺（1.0 g · L^{-1}），以冰乙酸：水＝3：1 配制。

（5）100 μmol · L^{-1} $NaNO_2$溶液（7 mg · L^{-1}）。

实验步骤

1. 标准曲线制作

用 100 μmol · L^{-1} $NaNO_2$ 溶液配制 0 μmol · L^{-1}、10 μmol · L^{-1}、20 μmol · L^{-1}、30 μmol · L^{-1}、40 μmol · L^{-1}、50 μmol · L^{-1}的标准稀释液（0～5 号管）。分别取 $NaNO_2$ 稀释液 2 mL，加入 2 mL 17 mmol · L^{-1}对氨基苯磺酸和 2 mL 7 mmol · L^{-1} α－萘胺，于 25 ℃ 下保温 20 min，以 0 号管作为空白对照，测定 OD_{530}值，制作标准曲线。

2. 样品提取

称取植物叶片 1 g 放入研钵中，加入 2 mL 50 mmol · L^{-1} pH 7.8 的磷酸缓冲液，冰浴研磨成匀浆，4 ℃下 10 000 r · min^{-1}离心 20 min，收集上清液，用上述磷酸缓冲液定容至3 mL，即 O_2^- 产生待测液。

3. O_2^- 含量测定

取 0.5 mL 样品提取液，加入 50 mmol · L^{-1} pH 7.8 的磷酸缓冲液 0.5 mL 和 1 mmol · L^{-1} 盐酸羟胺 1 mL，混匀，于 25 ℃下保温 1 h，再加入 17 mmol · L^{-1}对氨基苯磺酸 2 mL 和 7 mmol · L^{-1}α－萘胺 2 mL，混匀，于 25 ℃保温 20 min，取出后测定 OD_{530}值。以 0.5 mL 蒸馏水代替样品提取液作为空白对照。

4. 结果计算

根据实验原理中的反应式计算出不同处理的植物组织中 O_2^- 产生速率，以 μmol · min^{-1} · mg^{-1} FW 表示。

$$O_2^-\text{产生速率} = \frac{c \times V_t \times N \times 2}{W \times t}$$

式中：c——从标准曲线上查得的样品中 NO_2^- 浓度（μmol · L^{-1}）；

V_t——样品提取液总体积（L）；

N——样品提取液稀释倍数，即 4；

2——O_2^- 物质的量是 NO_2^- 的 2 倍；

W——植物组织鲜重（g）；

t——反应时间，即 60 min。

注意事项

（1）也可用 KNO_2配制 NO_2^- 标准溶液。

（2）如样品含有大量叶绿素，将干扰测定，可在样品液与羟胺温浴后，加等体积乙醚提取叶绿素。

参考文献

[1] 张志良，瞿伟菁，李小方. 植物生理学实验指导 [M]. 4 版. 北京：高等教育

出版社，2009.
[2] 汤绍虎，罗充. 植物生理学实验教程 [M]. 重庆：西南师范大学出版社，2012.

实验 12-5 甜菜碱含量的测定

实验目的

掌握用紫外分光光度法测定甜菜碱含量的原理与方法。

实验原理

碘与四阶铵类化合物（QACs）反应，形成水不溶性高碘酸盐类物质。该物质可溶于二氯乙烷，在 365 nm 波长处有最大吸收峰。甜菜碱类化合物与胆碱被碘沉淀所需 pH 范围不同，可根据甘氨酸甜菜碱含量等于 QACs 的量减去胆碱的量计算甜菜碱含量。

器材与试剂

1. 实验材料

植物叶片。

2. 实验器具

紫外分光光度计、离心机、恒温水浴锅、Dowex 1 柱（1 cm×5 cm，OH^-）、Dowex 50 柱（1 cm×5 cm，H^+）等。

3. 实验试剂

（1）二氯乙烷。（2）4 $mol \cdot L^{-1}$ 氨水。

（3）甜菜碱提取液：按甲醇：氯仿：水 =12：5：3的体积比例配制。

（4）QACs 沉淀溶液：15.7 g 碘与 20 g KI 溶于 100 mL 1 $mol \cdot L^{-1}$ HCl 中，过滤，滤液在 −4 ℃下保存。

（5）胆碱沉淀溶液：15.7 g 碘与 20 g KI 溶于 100 mL 0.4 $mol \cdot L^{-1}$ pH 8.0 的 KH_2PO_4 − NaOH 缓冲液中，过滤，滤液在 −4 ℃下保存。

实验步骤

1. 样品提取和纯化

取 1～2 g 材料，加入 10 mL 甜菜碱提取液，研磨成匀浆。匀浆液在 60～70 ℃水浴中保温 10 min。冷却后，于 20 ℃下 1 000×g 离心 10 min，收集上层水相。下层氯仿相再加入 10 mL 甜菜碱提取液，反复振荡，离心后取上层水相。下层氯仿相加入 4 mL 50% 甲醇水溶液进行提取，离心。将上层水相合并，调 pH 至 5.0～7.0，在 70 ℃下蒸干，用 2 mL

蒸馏水重新溶解。

2. 甜菜碱的离子交换纯化

将样品水溶液加入 Dowex 1 柱中，用 5 倍柱体积的水洗柱，收集流出液。流出液直接加入 Dowex 50 柱中。先用 5 倍大于柱体积的水洗脱柱子。甜菜碱类化合物由 4 $mol \cdot L^{-1}$ 氨水洗脱而得，收集 pH 中性的流出液，于 50 ~ 60℃ 下蒸发除去水分，然后用适当体积的水溶解。

3. 标准曲线制作

（1）在 10 ~ 40 $\mu g \cdot m^{-1}$ 范围内分别制作甜菜碱和胆碱的标准曲线。

（2）甜菜碱标准曲线：取每个浓度的标准溶液 0.55 mL，加入 0.2 mL QACs 沉淀溶液，混匀，0 ℃下保温 90 min，间歇振荡。加入 2 mL 预冷水，迅速加入 20 mL 经 10 ℃预冷的二氯乙烷，在 4 ℃下剧烈振荡 5 min，4 ℃下静置至两相完全分开。恢复至室温，取下相测定 OD_{365} 值。

（3）胆碱标准曲线：用胆碱沉淀溶液取代 QACs 沉淀溶液，其他步骤同甜菜碱标准曲线制作。

4. 甜菜碱含量测定

按标准曲线制作方法分别测出样品 QACs 和胆碱的含量，然后求出样品甜菜碱含量。

样品甘氨酸甜菜碱含量 = 样品 QACs 含量 - 样品胆碱含量

注意事项

要求紫外分光光度计的波长准确。

参考文献

［1］汤绍虎，罗充．植物生理学实验教程［M］．重庆：西南师范大学出版社，2012.

［2］中国科学院上海植物生理研究所，上海市植物生理学会．现代植物生理学实验指南［M］．北京：科学出版社，1999.

［3］张治安，陈展宇．植物生理学实验技术［M］．长春：吉林大学出版社，2008.

实验 12 - 6　超氧化物歧化酶（SOD）活性的测定

实验目的

学习和掌握用氯化硝基四氮唑蓝（NBT）法测定植物组织超氧化物歧化酶（SOD）活性的原理与方法。

实验原理

SOD是含金属辅基的酶，能够清除超氧阴离子自由基（O_2^-）。高等植物中的SOD主要是Mn－SOD和Cu/Zn－SOD。它们都催化下列反应：

$$2O_2^- + 2H^+ \rightarrow H_2O_2 + O_2$$

SOD活性可用被清除的O_2^-数量表示。核黄素在光下氧化产生O_2^-，后者可将NBT还原为蓝色的甲腙，在560nm波长处有最大吸收峰。而SOD能消除O_2^-，从而抑制甲腙的形成。因此，反应液蓝色越深，说明酶活性越低，反之酶活性越高。由于抑制NBT光还原的相对百分率与酶活性在一定范围内呈正相关关系，根据SOD抑制NBT光还原量可计算酶活性。常将抑制50% NBT光还原反应所需的酶量作为一个酶活力单位（1U）。

器材与试剂

1. 实验材料

植物叶片。

2. 实验器具

可见分光光度计、光照培养箱、冷冻离心机、电子天平、移液器、离心管、研钵、容量瓶、烧杯等。

3. 实验试剂

（1）0.05 mol·L^{-1} pH 7.8磷酸缓冲液：取91.5 mL 0.05 mol·L^{-1} Na_2HPO_4溶液（称取17.907 g $Na_2HPO_4 \cdot 12H_2O$，加蒸馏水溶解并稀释至1 000 mL），加入8.5 mL 0.05 mol·L^{-1} NaH_2PO_4溶液（称取7.800 5 g $NaH_2PO_4 \cdot 2H_2O$，加蒸馏水溶解并稀释至1 000 mL）。

（2）130 mmol·L^{-1}甲硫氨酸（Met）溶液：称取1.939 9 g Met，用0.05 mol·L^{-1} pH 7.8磷酸缓冲液定容至100 mL，低温保存，现配现用。

（3）750 μmol·L^{-1} NBT溶液：称取61.33 mg NBT，用0.05 mol·L^{-1} pH 7.8磷酸缓冲液定容至100 mL，低温避光保存，现配现用。

（4）100 μmol·L^{-1} EDTA－2Na溶液：称取33.621 mg EDTA－Na_2，用0.05 mol·L^{-1} pH 7.8磷酸缓冲液定容至1 000 mL，低温避光保存。

（5）20 μmol·L^{-1}核黄素溶液：称取7.53 mg核黄素，用蒸馏水定容至1 000 mL，低温避光保存，现配现用。

方法与步骤

1. 酶液提取

称取干净新鲜叶片0.30 g，加入4 mL 0.05 mol·L^{-1} pH 7.8磷酸缓冲液和少量石英砂于研钵中冰浴研磨成匀浆，转移至5 mL离心管，4 ℃下8 000 rpm离心15 min，上清液即为酶粗提液。

2. 酶活性测定

在 3 mL 反应混合液中，含有 1.5 mL 0.05 mol·L^{-1} pH 7.8 磷酸缓冲液、0.3 mL 130 mmol·L^{-1} Met、0.3 mL 750 μmol·L^{-1} NBT、0.3 mL 100 μmol·L^{-1} EDTA－2Na、0.3 mL 20 μmol·L^{-1}核黄素、0.25 mL 蒸馏水和 0.05 mL 酶液。以上述磷酸缓冲液代替酶液作为空白对照，混匀后，在 4 000 lx 下照光反应 20 min，然后以不照光的为空白，分别测定其在 560 nm 波长处的 OD 值。

3. 酶活性计算

$$\text{SOD 活性}\ (\text{U}\cdot\text{g}^{-1}\ \text{FW}\cdot\text{min}^{-1}) = \frac{(A_{CK}-A_S)\times V_T}{0.5\times A_{CK}\times W\times V_s\times t}$$

式中：A_{CK}——对照管的 OD 值；

A_S——样品管的 OD 值；

V_T——提取酶液总体积（mL）；

V_s——测定时酶液用量（mL）；

W——样品鲜重（g）；

t——反应时间（min）。

注意事项

（1）酶液的提取应在低温条件下进行。

（2）光照条件对反应影响较大，应严格控制光照强度和时间，使反应在相同光照条件下进行。

（3）制备酶粗提液时可加入聚乙烯吡咯烷酮（PVP），尽可能除去酚类等次生物质。

（4）测定酶活性时加入的酶量，以能抑制反应的 50% 为佳。

（5）线粒体内 SOD 酶浓度较高，材料需充分研磨。

参考文献

[1] 郝建军，康宗利，于洋. 植物生理学实验技术 [M]. 北京：化学工业出版社，2007.

[2] 汤绍虎，罗充. 植物生理学实验教程 [M]. 重庆：西南师范大学出版社，2012.

[3] 李玲. 植物生理学模块实验指导 [M]. 北京：科学出版社，2009.

实验 12－7　过氧化物酶（POD）活性的测定

实验目的

学习和掌握测定植物组织过氧化物酶（POD）活性的原理与方法。

实验原理

在 H_2O_2 存在下，POD 能使愈创木酚氧化，生成茶褐色的 4 – 邻甲氧基苯酚，在 470 nm 波长处测定生成物的 OD 值，即可求出 POD 活性。

器材与试剂

1. 实验材料

植物叶片。

2. 实验器具

可见分光光度计、冷冻离心机、电子天平、移液器、离心管、研钵、容量瓶、试管等。

3. 实验试剂

（1）0.05 mol · L^{-1} pH 7.8 磷酸缓冲液。

（2）0.05 mol · L^{-1} pH 7.0 磷酸缓冲液。

（3）0.3% H_2O_2：取 1 mL 30% H_2O_2溶于 100 mL 0.05 mol · L^{-1} pH 7.0 磷酸缓冲液中。

（4）0.2% 愈创木酚：取 0.2 mL 愈创木酚溶于 100 mL pH 7.0 磷酸缓冲液中。

方法与步骤

1. 酶液提取

称取水稻叶片 0.5 g，加入提取液，研磨成匀浆，以 15 000 r · min^{-1}离心 15 min，取上清液定容至 5 mL，取部分上清液经适当稀释后用于酶活性测定。

2. 酶活性测定

在 3 mL 反应混合液中，含有 1 mL 0.3% H_2O_2、0.95 mL 0.2% 愈创木酚和 1 mL 0.05 mol · L^{-1} pH 7.0 磷酸缓冲液，最后加入 0.05 mL 酶液启动反应，在 470 nm 波长处测定 OD 值，每隔 30 s 记录一次，共测定 2 min。以 0.05 mol · L^{-1} pH 7.8 的磷酸缓冲液替代酶液作空白对照。

3. 酶活性计算

将每分钟 OD_{470}值增加 0.01 所需酶量定义为 1 个酶活性单位（1 U）。

$$\text{POD 活性}\ (\text{U} \cdot \text{min}^{-1} \cdot \text{g}^{-1}\ \text{FW}) = \frac{\Delta A_{470} \times V_{\text{T}}}{0.01 \times W \times V_{\text{s}} \times t}$$

式中：ΔA_{470}——反应时间内 OD 值的变化；

V_{T}——提取酶液总体积（mL）；

V_{s}——测定时酶液用量（mL）；

W——样品鲜重（g）；

t——反应时间（min）。

注意事项

（1）酶液的提取应在低温条件下进行。

（2）根据酶活性大小可测定 0 ~ 3 min 或 0 ~ 5 min 的 OD 值。

参考文献

[1] 郝建军，康宗利，于洋. 植物生理学实验技术［M］. 北京：化学工业出版社，2007.

[2] 汤绍虎，罗充. 植物生理学实验教程［M］. 重庆：西南师范大学出版社，2012.

实验 12 - 8　苯丙氨酸解氨酶（PAL）活性的测定

实验目的

了解苯丙氨酸解氨酶（PAL）活性的测定原理与方法。

实验原理

PAL 是植物次生代谢途径中的关键酶，与植物花果色泽形成、抗病作用等有一定关系。PAL 催化 *L* - 苯丙氨酸裂解为反式肉桂酸和氨。根据反式肉桂酸在波长 290 nm 处 OD 值的变化，可以测定该酶的活性。

器材与试剂

1. 实验材料

马铃薯块茎。

2. 实验器具

紫外分光光度计、离心机、恒温水浴锅、研钵、钻孔器、红光源、培养皿等。

3. 实验试剂

（1）聚乙烯吡咯烷酮（PVP）。

（2）0.1 mol · L^{-1} pH 8.8 硼酸缓冲液。

（3）0.02 mol · L^{-1} *L* - 苯丙氨酸：称取 3.3 g *L* - 苯丙氨酸溶于 1 000 mL 0.1 mol · L^{-1} pH 8.8 硼酸缓冲液中。

（4）5 mmol · L^{-1} 巯基乙醇硼酸缓冲液 pH 8.8（0.39 g · L^{-1}）。

实验步骤

1. 马铃薯圆片制备

将马铃薯块茎洗净，用钻孔器（直径 1 cm）打取块茎圆柱，切除两端表皮，中间部分切成厚 2 mm 圆片。先用自来水漂洗，再用蒸馏水洗一次，用滤纸吸干表面水分。

2. 红光诱导

取滤纸平铺在培养皿上，加入少许蒸馏水湿润，将圆片平铺在湿润滤纸上，加盖。在 20 ~ 30 ℃下用红光处理 24 h，诱导 PAL。

3. 酶液提取

称取经红光诱导的马铃薯圆片 5 g，加入 10 mL 5 mmol · L^{-1} 巯基乙醇硼酸缓冲液、0.5 g PVP 和少许石英砂，于研钵中冰浴研磨成浆。纱布过滤，滤液在 4 ℃下 10 000 r · min^{-1} 离心 15 min，上清液即为酶粗提液。

4. 酶活性测定

取酶液 1 mL，加 0.02 mol · L^{-1} 苯丙氨酸 1 mL 和蒸馏水 2 mL；空白对照以 1 mL 巯基乙醇硼酸缓冲液代替底物苯丙氨酸。反应液混匀后，于 30 ℃恒温水浴 30 min，在 290 nm 处测定 OD 值。

5. 酶活性计算

以每分钟 OD_{290} 值增加 0.01 所需酶量定义为一个酶活性单位（1 U）。

$$\text{PAL 活性}\ (\text{U} \cdot \text{min}^{-1} \cdot \text{g}^{-1}\ \text{FW}) = \frac{A_{290} \times V_1}{0.01 \times W \times V_2 \times t}$$

式中：A_{290}——样品在 290 nm 处的 OD 值；

V_1——酶粗提液体积（mL）；

V_2——测定用酶液体积（mL）；

t——反应时间（min）；

W——样品鲜重（g）。

注意事项

酶粗提液制备在 0 ~ 4 ℃下进行。

参考文献

[1] 张志良，瞿伟菁，李小方. 植物生理学实验指导［M］. 4 版. 北京：高等教育出版社，2009.

[2] 汤绍虎，罗充. 植物生理学实验教程［M］. 重庆：西南师范大学出版社，2012.

实验 12-9 抗坏血酸过氧化物酶（APX）活性的测定

实验目的

了解用分光光度法测定抗坏血酸过氧化物酶（APX）活性的方法。

实验原理

APX 是叶绿体中专一清除 H_2O_2 的酶，它催化还原型抗坏血酸（AsA）与 H_2O_2 反应，使 AsA 氧化为单脱氢抗坏血酸（MDAsA）。随着 AsA 被氧化，溶液 OD_{290} 值下降，根据单位时间内 OD_{290} 值的减少量，可计算 APX 活性。

器材与试剂

1. 实验材料

水稻等植物叶片。

2. 实验器具

紫外分光光度计、分析天平、冷冻离心机、烧杯、容量瓶、微量进样器、研钵等。

3. 实验试剂

（1）50 mmol · L^{-1}pH 7.0 磷酸缓冲液（见附表 3）；

（2）提取液：50 mmol · L^{-1}pH 7.0 磷酸缓冲液，内含 1 mmol · L^{-1} EDTA-Na_2；

（3）15 mmol · L^{-1} AsA 溶液：称取 52.839 mg 抗坏血酸，用蒸馏水溶解并定容至 20 mL；

（4）0.3 mmol · L^{-1} H_2O_2：吸取 30 μL 30% H_2O_2，用蒸馏水稀释至 10 mL，得 30 mmol · L^{-1} H_2O_2，吸取该溶液 1 mL，用蒸馏水稀释至 100 mL，即为 0.3 mmol · L^{-1} H_2O_2。

实验步骤

1. 酶液提取

同实验 12-7 酶液提取。

2. 酶活性测定

在 3 mL 反应体系中，加入 1.8 mL 50 mmol · L^{-1} pH 7.0 的磷酸缓冲液、0.1 mL 15 mmol · L^{-1}AsA、0.1 mL 酶液以及 1 mL 0.3 mmol · $L^{-1}$$H_2O_2$。以磷酸缓冲液替代酶液为空白对照，测定一定时间（如 30 min）内 OD_{290} 值的变化。将每分钟 OD_{290} 值减少 0.01 定义为 1 个酶活力单位（1 U）。

3. 结果计算

$$\text{APX 活性}(U \cdot min^{-1} \cdot g^{-1}FW) = \frac{\Delta A_{290} \times V_1}{0.01 \times W \times V_2 \times t}$$

式中：ΔA_{290}——在反应时间内样品 OD_{290}值的变化量；

V_1——提取酶液总体积（mL）；

V_2——测定用酶液体积（mL）；

t——反应时间（min）；

W——样品鲜重（g）。

测得样品的蛋白质含量后，APX 活性也可以用“$U \cdot min^{-1} \cdot mg^{-1}$蛋白质”表示。

注意事项

在提取过程中注意保持酶的活性。

参考文献

[1] 汤绍虎，罗充．植物生理学实验教程［M］．重庆：西南师范大学出版社，2012.

[2] 张治安，陈展宇．植物生理学实验技术［M］．长春：吉林大学出版社，2008.

实验 12－10　抗坏血酸氧化酶活性的测定

实验目的

掌握快速测定抗坏血酸氧化酶活性的原理和方法。

实验原理

抗坏血酸氧化酶在有氧情况下，能氧化抗坏血酸为脱氢抗坏血酸。反应如下：

$$C_6H_8O_6 + \frac{1}{2}O_2 \xrightarrow{\text{抗坏血酸氧化酶}} C_6H_6O_6 + H_2O$$

以抗坏血酸为底物，加入酶提取液，酶与底物充分反应，此时抗坏血酸氧化酶将抗坏血酸消耗掉一部分，根据消耗的多少来计算酶活性大小。抗坏血酸的消耗量，可用碘液滴定剩余的抗坏血酸来测定。滴定反应如下：

$$KIO_3 + 5KI + 6HPO_3 \longrightarrow 3I_2 + 6KPO_3 + 3H_2O$$

$$C_6H_8O_6 + I_2 \longrightarrow C_6H_6O_6 + 2HI$$

器材与试剂

1. 实验材料

植物叶片等。

2. 实验器具

移液器、恒温水浴锅、研钵、三角瓶、容量瓶、漏斗微量滴定管、滴定架等。

3. 实验试剂

(1) 0.1%抗坏血酸（现配现用）。

(2) 10%偏磷酸。

(3) 1%淀粉溶液。

(4) pH 6.0 磷酸缓冲液：取 10 mL 0.067 mol·L^{-1} Na_2HPO_4 溶液和 90 mL 0.067 mol·L^{-1} KH_2PO_4 溶液混匀。

(5) 0.1 mol·L^{-1} 磷酸钾（KIO_3）溶液：称取 0.356 7 g KIO_3，用蒸馏水定容至 100 mL。

(6) 0.005 mol·L^{-1} 碘液：称取 2.5 g KI 溶于 200 mL 蒸馏水中，加入 1 mL 冰乙酸和 12.5 mL 0.1 mol·L^{-1} KIO_3，用蒸馏水定容至 250 mL。

方法与步骤

1. 酶液提取

称取新鲜叶片 2 g，剪碎置研钵中，加少量石英砂及预冷的 pH 6.0 磷酸缓冲液，迅速研磨成匀浆。匀浆用缓冲液洗入 50 mL 容量瓶中，定容至刻度。放在 18 ~ 20 ℃ 水浴中浸提 30 min，期间摇动数次，然后将浸提液过滤至三角瓶中备用。

2. 酶活性测定

取 50 mL 三角瓶，编号 1 ~ 3，依次加入 4 mL pH 6.0 磷酸缓冲液和 2 mL 0.1%抗坏血酸。向 3 号瓶加入 1 mL 10%偏磷酸，1 min 后依次向各瓶加入 3 mL 酶液，准确记录加入酶液时间。摇匀后，各瓶于 18 ~ 20 ℃ 水浴保温 5 min，立即分别向 1、2 号瓶加入 1 mL 10%偏磷酸，以终止酶反应，然后向各瓶加入 3 滴 1%淀粉溶液作指示剂，用微量滴定管以 0.005 mol·L^{-1} 碘液进行滴定，以出现浅蓝色为滴定终点，记录滴定值。

3. 酶活性计算

酶活性以每克鲜组织每分钟氧化抗坏血酸的质量（mg·g^{-1} FW·min^{-1}）表示。

$$抗坏血酸氧化酶活性=\frac{[V_3-(V_1+V_2)/2]\times 0.44\times V_t/a}{W\times t}$$

式中：0.44——1 mL 0.005 mol·L^{-1} 碘液氧化抗坏血酸的质量（mg）；

V_1、V_2——分别表示酶活性测定 1、2 号瓶碘液滴定用量（mL）；

V_3——表示空白测定 3 号瓶碘液滴定用量（mL）；

V_t——酶提取液总体积（mL）；

a——测定时酶液用量（mL）；

W——样品鲜重（g）；

t——测定时间（min）。

注意事项

准确记录加入各瓶中酶液的反应时间。

参考文献

郝建军，康宗利，于洋. 植物生理学实验技术 [M]. 北京：化学工业出版社，2007.

实验 12－11　脂氧合酶（LOX）活性的测定

实验目的

了解测定脂氧合酶（LOX）活性的原理与方法。

实验原理

脂氧合酶（LOX）是一种氧合酶，专门催化具有顺，顺－1，4－戊二烯结构的不饱和脂肪酸的加氧反应，植物中其底物主要是亚油酸和亚麻酸。利用 LOX 与不饱和脂肪酸作用时，在 234 nm 波长处有一增加的紫外吸收，其与反应时间和酶浓度有关。以亚油酸为底物，采用分光光度法可测定 LOX 活性。

器材与试剂

1. 实验材料

大豆等植物叶片。

2. 实验器具

冷冻离心机，紫外可见分光光度计，旋转蒸发仪等。

3. 实验试剂

（1）亚油酸。（2）乙醇；Tween－20。（3）1 $mol \cdot L^{-1}$ NaOH。（4）考马斯亮蓝 G－250。

（5）25 $mmol \cdot L^{-1}$ pH 7.5 Tris－HCl 缓冲液（见附表 3）。

（6）0.2 $mol \cdot L^{-1}$ pH 7.0 磷酸缓冲液（见附表 3）。

（7）储备液 A：以乙醇配制质量浓度 1% 的亚油酸溶液。

（8）储备液 B：在 7.1 mL 的储备液 A 中加入 0.25 mL Tween－20，用旋转蒸发仪将乙醇蒸发至尽，所剩膏状物用 100 mL 0.05 $mol \cdot L^{-1}$ Na_2HPO_4 溶解，并用 1 $mol \cdot L^{-1}$ NaOH 将 pH 调至 9.0。该储备液中含有 2.5 $mmol \cdot L^{-1}$（0.7 $g \cdot L^{-1}$）亚油酸及 0.25% Tween－20。

（9）底物溶液：将储备液 B 用 0.2 $mol \cdot L^{-1}$ pH 7.0 磷酸缓冲液稀释 10 倍，所得为底物溶液。

实验步骤

1. 酶液提取

取叶片 0.5 g，加入 5 mL 预冷的 25 mmol · L^{-1} pH 7.5 Tris－HCl 缓冲液，冰浴研磨后在 2 ℃下 28 000 ×g 离心 15 min，上清液即为酶提取液。

2. 酶活性测定

空白管加入 2.4 mL 底物溶液和 0.1 mL 蒸馏水，在 234 nm 波长处调零。样品管加入 2.4 mL 底物溶液和 0.1 mL 酶提取液，迅速混匀，测定 OD_{234} 值，记录初始 OD_{234} 值（0 min），每隔 30 s 记录一次 OD_{234} 值。共测 15 min，以 OD_{234} 值和反应时间作图。每分钟 OD_{234} 值变化（ΔOD_{234} · min^{-1}）由图最初线性部分计算得出。

3. 酶提取液的蛋白质含量测定

采用考马斯亮蓝法。

4. 酶活性计算

酶活性以 ΔOD_{234} · min^{-1} · mg^{-1} 蛋白质表示。

注意事项

（1）加入酶液后到开始记录 OD_{234} 值的时间不能超过 10 s。

（2）在测定过程中要严格控制反应温度和时间，并保持反应体系均相。

（3）该法不适于浊度较高的 LOX 粗酶液活性的测定。

参考文献

[1] 张志良，瞿伟菁，李小方．植物生理学实验指导［M］．4 版．北京：高等教育出版社，2009.

[2] 汤绍虎，罗充．植物生理学实验教程［M］．重庆：西南师范大学出版社，2012.

[3] ROMERO M V，BARRETT D M．Rapid methods for lipoxygenase assay in sweet corn［J］．Journal of Food Science，1997，62（4）：696－700.

[4] 梅伏生，孟祥高，赵显珍，等．脂氧合酶——植物抗胁迫响应的关键酶［J］．华中师范大学学报（自然科学版），2005，39（3）：346－350，354.

实验 12－12　植物细胞质膜透性的测定

实验目的

掌握用电导仪法测定植物细胞质膜透性的原理及方法，能根据质膜透性大小判断植物遭受伤害的程度。

实验原理

植物细胞质膜具有独特的选择透过性，正常情况下，植物细胞与外界环境之间的一切物质交换都必须通过质膜。当植物处于逆境（高温、低温、干旱、盐渍、病害等）时，不良环境首先作用于质膜，使质膜受到不同程度的损伤，膜透性增大，细胞内部分电解质外渗，外液电导率增大。因此，可通过用电导仪测定细胞外液的电导率变化来测定质膜透性的变化。

器材与试剂

1. 实验材料

植物叶片。

2. 实验器具

电导仪、电子天平、真空泵、电炉、打孔器、真空干燥器、小烧杯、量筒、纱布等。

3. 实验试剂

去离子水。

实验步骤

（1）选取叶龄相同的叶片，剪下包在湿纱布中。实验时将供试叶片用自来水洗净后，用去离子水冲洗 2～3 次，用干净纱布轻轻吸干表面水分，用打孔器打取圆片（避开大叶脉）。将剪下的叶圆片混匀后备用。

（2）称取叶圆片 3 份，每份 1 g，放入 3 个小烧杯中。一份放入 -18 ℃左右冰箱进行低温处理，一份放入 40～50 ℃恒温箱中进行高温处理，另一份包在湿纱布中室温（一般 25 ℃）放置作为对照，分别处理 30 min。

（3）在各烧杯中加入 20 mL 去离子水，浸没叶圆片，然后放入真空干燥器中，用真空泵抽气 10 min，抽出细胞间隙空气。重新缓缓放入空气，水渗入细胞间隙而使叶片下沉。

（4）将抽过气的烧杯取出，室温放置 1 h，期间注意多次摇动。在 20～25 ℃恒温下，用电导仪测定各组的初电导率（S_1）。

（5）将烧杯放入 100 ℃沸水浴中处理 15 min 以杀死植物组织，取出后冷却至室温，在 20～25 ℃恒温下分别测定其终电导率（S_2），同时测定去离子水的电导率作为空白电导率（S_0）。

（6）相对电导率计算。相对电导率表示与质膜完全通透（细胞被煮沸杀死）相比，质膜受破坏程度（质膜相对透性）。

$$相对电导率(\%) = (S_1 - S_0)/(S_2 - S_0) \times 100\%$$

在室温（或正常生长温度）下，植物细胞（对照）也有少量电解质外渗。与对照相比，质膜受破坏程度通常以组织细胞的伤害度（电解质外渗率）来表示。

$$伤害度(\%) = (L_t - L_{ck})/(1 - L_{ck}) \times 100\%$$

式中：L_t——胁迫处理的相对电导率；

L_{ck}——对照的相对电导率。

注意事项

（1）整个实验过程中，接触叶片的用具必须绝对洁净，不能用手直接接触叶片，以免污染。

（2）使用电导仪每测完一个样液，应用蒸馏水清洗电极，再用滤纸擦干，然后测定下一个样液。

参考文献

［1］侯福林．植物生理学实验教程［M］．2 版．北京：科学出版社，2005.

［2］张蜀秋．植物生理学实验技术教程［M］．北京：科学出版社，2011.

附　录

附录 1　试剂的配制

（一）一般化学试剂的分级

化学试剂根据其质量分为各种规格（品级），在配制溶液时，应根据实验要求选择不同规格的试剂。一般化学试剂的分级见附表 1。

附表 1　一般化学试剂的分级

项目	一级试剂	二级试剂	三级试剂	四级试剂	生物试剂
我国标准	保证试剂 G. R. 绿色标签	分析纯 A. R. 红色标签	化学纯 C. P. 蓝色标签	化学用 L. R.	B. R. 或 C. R.
国外标准	A. R. G. R. A. C. S. P. A. X. Ч	C. P. P. U. S. S. Puriss ЧДА	L. R. E. P. Ч	P Pure	
用途	纯度最高，杂质含量最低。适用于最精确的分析和研究工作	纯度较高，杂质含量较低。适用于精确微量分析工作，分析实验室广泛使用	纯度略低于分析纯，适用于一般的微量分析实验	纯度较低，适用于一般的定性检验	根据说明使用

（二）试剂浓度的表示及其配制

1. 百分浓度

百分浓度表示在 100 g 或 100 mL 溶液中含有溶质的数量。由于溶液的量可以用质量计算，也可以用体积计算，所以又分为质量百分浓度和体积百分浓度。

（1）质量百分浓度：表示在 100 g 溶液中含有溶质的质量（g）。例如，10% NaCl 溶液即表示 100 g NaCl 溶液中含有 10 g NaCl。配制时称取 10 g NaCl，加入 90 g 蒸馏水溶解即可。

通常浓质为固体的某溶液的浓度用百分浓度（%）表示时，指的就是质量百分浓度。

（2）体积百分浓度：表示在 100 mL 溶液中含有溶质的体积（mL），通常液体溶质用此方式表示。例如，把 50 mL 无水乙醇用蒸馏水稀释至 100 mL，则乙醇浓度即为 50%。

（3）质量体积百分浓度：表示在 100 mL 溶液中含有溶质的质量（g）。例如，配制 1.0% NaOH 溶液时，称取 1.0 g NaOH 用蒸馏水溶解后，加蒸馏水稀释至 100 mL。

2. 物质的量浓度

物质的量浓度指单位体积溶液所含溶质的量，通常用 $mol \cdot L^{-1}$ 表示，即摩尔浓度，此外还有 $mmol \cdot L^{-1}$ 和 $\mu mol \cdot L^{-1}$。

（三）混合液的配制方法

在有两种溶液（或溶液和试剂）时，为了得到所需浓度的溶液，可用下述方法配制：

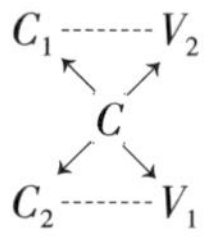

$V_2 = C - C_2$

$V_1 = C_1 - C$

式中：C——所求混合浓度；

C_1 和 V_1——浓度较高的溶液浓度（C_1）和体积（V_1）；

C_2 和 V_2——浓度较低的溶液浓度（C_2）和体积（V_2）；

在换算成质量 A 时必须计算溶液的密度（d），即不用 A 而用 $V \times d$ 表示。

［**例 1**］现有浓度为 96% 和 70% 的溶液，需要用这两种浓度的溶液配制 80% 的溶液。则要将 10 份的 96% 溶液和 16 份的 70% 溶液混合。

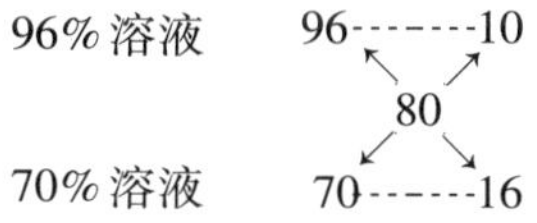

［**例 2**］现有 95% 乙醇，需要用其配制成 50% 乙醇。则要将 50 份的 95% 乙醇和 45 份水混合。

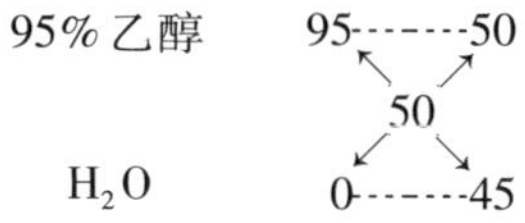

附录 2　常用酸碱的浓度

常用酸碱的浓度见附表 2。

附表 2　常用酸碱的浓度

化合物	相对分子质量	相对密度	体积百分浓度/%	物质的量浓度/($mol \cdot L^{-1}$)	配 1 $mol \cdot L^{-1}$ 1L 所需体积/mL
HCl	36.46	1.19	36.0	11.70	85.5
HNO_3	63.01	1.50	69.5	15.60	64.0
H_2SO_4	98.08	1.84	96.0	17.95	55.7
H_3PO_4	98.00	1.69	85.0	14.70	68.0
$HClO_4$	100.46	1.67	70.0	11.65	85.7
CH_3COOH	60.05	1.05	99.5	17.60	56.9
NH_4OH	35.05	0.91	58.6	15.10	66.5

附录 3　常用缓冲液的配制

1. 磷酸缓冲液（见附表 3）

A 液：0.2 $mol \cdot L^{-1}$ Na_2HPO_4［称取 35.61 g $Na_2HPO_4 \cdot 2H_2O$（或 53.65 g $Na_2HPO_4 \cdot 7H_2O$，或 71.64 g $Na_2HPO_4 \cdot 12H_2O$），加少量蒸馏水溶解后定容至 1 000 mL］。

B 液：0.2 $mol \cdot L^{-1}$ NaH_2PO_4［称取 27.60 g $NaH_2PO_4 \cdot H_2O$（或 31.20 g $NaH_2PO_4 \cdot 2H_2O$），加少量蒸馏水溶解后定容至 1 000 mL］。

附表 3　磷酸缓冲液

A 液/mL	B 液/mL	pH	A 液/mL	B 液/mL	pH
6.5	93.5	5.7	55.0	45.0	6.9
8.0	92.0	5.8	61.0	39.0	7.0
10.0	90.0	5.9	67.0	33.0	7.1
12.3	87.7	6.0	72.0	28.0	7.2
15.0	85.0	6.1	77.0	23.0	7.3
18.5	81.5	6.2	81.0	19.0	7.4
22.5	77.5	6.3	84.0	16.0	7.5
26.5	73.5	6.4	87.0	13.0	7.6
31.5	68.5	6.5	89.5	10.5	7.7
37.5	62.5	6.6	91.5	8.5	7.8
43.5	56.5	6.7	93.0	7.0	7.9
49.0	51.0	6.8	94.7	5.3	8.0

注：x mL A + y mL B，稀释至 200 mL。

2. Tris－HCl 缓冲液（0.05 mol·L^{-1}）（见附表 4）

A 液：0.2 mol·L^{-1}三羟甲基氨基甲烷（Tris）溶液（称取 24.20 g Tris，加少量蒸馏水溶解后定容至 1 000 mL）。

B 液：0.1 mol·L^{-1}盐酸（吸取 16.7 mL 盐酸，加蒸馏水定容至 1 000 mL）。

附表 4　Tris－HCl 缓冲液（0.05 mol·L^{-1}）

pH		A 液/mL	B 液/mL	pH		A 液/mL	B 液/mL
23℃	37℃			23 ℃	37 ℃		
9.10	8.95	25	5.0	8.05	7.90	25	27.5
8.92	8.78	25	7.5	7.96	7.82	25	30.0
8.74	8.60	25	10.0	7.87	7.73	25	32.5
8.62	8.48	25	12.5	7.77	7.63	25	35.0
8.50	8.37	25	15.0	7.66	7.52	25	37.5
8.40	8.27	25	17.5	7.54	7.40	25	40.0
8.32	8.18	25	20.0	7.36	7.22	25	42.5
8.23	8.10	25	22.5	7.20	7.05	25	45.0
8.14	8.00	25	25.0				

注：x mL A＋y mL B，稀释至 100 mL。

3. 巴比妥缓冲液（见附表 5）

A 液：0.2 mol·L^{-1}巴比妥钠（41.2 g $C_8H_{11}N_2NaO_3$加少量蒸馏水溶解后定容至 1 000 mL）。

B 液：0.2 mol·L^{-1} HCl（17.1 mL 浓 HCl 稀释至 1 000 mL）。

附表 5　巴比妥缓冲液

pH	B 液/mL	pH	B 液/mL
6.8	45.0	8.2	12.7
7.0	43.0	8.4	9.0
7.2	39.0	8.6	6.0
7.4	32.5	8.8	4.0
7.6	27.5	9.0	2.5
7.8	22.5	9.2	1.5
8.0	17.5		

注：50 mL A＋x mL B，稀释至 200 mL。

4. 硼酸－硼砂缓冲液（见附表 6）

A 液：0.2 mol·L^{-1}硼酸（12.40 g H_3BO_3加少量蒸馏水溶解后定容至 1 000 mL）。

B 液：0.05 mol·L^{-1}硼砂（19.05 g $Na_2B_4O_7\cdot10H_2O$ 加少量蒸馏水溶解后定容至 1 000 mL）。

附表 6 硼酸－硼砂缓冲液

pH	B 液/mL	pH	B 液/mL
7.6	2.0	8.7	22.5
7.8	3.1	8.8	30.0
8.0	4.9	8.9	42.5
8.2	7.3	9.0	59.0
8.4	11.5	9.1	83.0
8.6	17.5	9.2	115.0

注：50 mL A + x mL B，稀释至 200 mL。

5. HCl－KCl 缓冲液（见附表 7）

A 液：0.2 mol·L^{-1}KCl 溶液（14.91 g KCl 加少量蒸馏水溶解后定容至 1 000 mL）。

B 液：0.2 mol·L^{-1}HCl（17.1 mL 浓 HCl 加蒸馏水稀释至 1 000 mL）。

附表 7 HCl－KCl 缓冲液

pH	B 液/mL	pH	B 液/mL
1.0	97.0	1.7	20.6
1.1	78.0	1.8	16.6
1.2	64.5	1.9	13.2
1.3	51.0	2.0	10.6
1.4	41.5	2.1	8.4
1.5	33.3	2.2	6.7
1.6	26.3		

注：50 mL A + x mL B，稀释至 200 mL。

6. 醋酸（HAc）－醋酸钠（NaAc）缓冲液（见附表 8）

A 液：0.2 mol·L^{-1}醋酸溶液（11.55 mL 冰醋酸加蒸馏水稀释至 1 000 mL）。

B 液：0.2 mol·L^{-1}醋酸钠溶液（称取 16.40 g $C_2H_3O_2Na$ 或 27.22 g $C_2H_3O_2Na\cdot3H_2O$，加少量蒸馏水溶解后定容至 1 000 mL）。

附表 8 醋酸（HAc）－醋酸钠（NaAc）缓冲液

pH	A 液/mL	B 液/mL	pH	A 液/mL	B 液/mL
3.6	46.3	3.7	4.8	20.0	30.0
3.8	44.0	6.0	5.0	14.8	35.2
4.0	41.0	9.0	5.2	10.5	39.5
4.2	36.8	13.2	5.4	8.8	41.2
4.4	30.5	19.5	5.6	4.8	45.2
4.6	25.5	24.5			

注：x mL A + y mL B，稀释至 100 mL。

7. 柠檬酸－磷酸缓冲液（见附表 9）

A 液：0. 1 mol·L^{-1}柠檬酸溶液（称取 19. 21 g $C_6H_8O_7$ 加少量蒸馏水溶解后定容至 1 000 mL）。

B 液：0. 2 mol·L^{-1}磷酸氢二钠溶液（称取 53. 65 g $Na_2HPO_4 \cdot 7H_2O$ 或 71. 7 g $Na_2HPO_4 \cdot 12H_2O$，加少量蒸馏水溶解后定容至 1 000 mL）。

附表 9　柠檬酸－磷酸缓冲液

pH	A 液/mL	B 液/mL	pH	A 液/mL	B 液/mL
2. 6	44. 6	5. 4	5. 0	24. 3	25. 7
2. 8	42. 2	7. 8	5. 2	23. 3	26. 7
3. 0	39. 8	10. 2	5. 4	22. 2	27. 8
3. 2	37. 7	12. 3	5. 6	21. 0	29. 0
3. 4	35. 9	14. 1	5. 8	19. 7	30. 3
3. 6	33. 9	16. 1	6. 0	17. 9	32. 1
3. 8	32. 3	17. 7	6. 2	16. 9	33. 1
4. 0	30. 7	19. 3	6. 4	15. 4	34. 6
4. 2	29. 4	20. 6	6. 6	13. 6	36. 4
4. 4	27. 8	22. 2	6. 8	9. 1	40. 9
4. 6	26. 7	23. 3	7. 0	6. 4	43. 6
4. 8	25. 2	24. 8			

注：x mL A + y mL B，稀释至 100 mL。

8. 甘氨酸－HCl 缓冲液（见附表 10）

A 液：0. 2 mol·L^{-1}甘氨酸溶液（15. 01 g 甘氨酸加少量蒸馏水溶解后定容至 1 000 mL）。

B 液：0. 2 mol·L^{-1} HCl（17. 1 mL 浓 HCl 加蒸馏水稀释至 1 000 mL）。

附表 10　甘氨酸－HCl 缓冲液

pH	B 液/mL	pH	B 液/mL
2. 2	44. 0	3. 0	11. 4
2. 4	32. 4	3. 2	8. 2
2. 6	24. 2	3. 4	6. 4
2. 8	16. 8	3. 6	5. 0

注：50 mL A + x mL B，稀释至 200 mL。

9. 酞酸氢钾－HCl 缓冲液（见附表 11）

A 液：0. 2 mol·L^{-1}酞酸氢钾溶液（40. 84 g $KHC_8H_4O_4$ 加少量蒸馏水溶解后定容至 1 000 mL）。

B 液：0. 2 mol·L^{-1} HCl（17. 1 mL 浓 HCl 加蒸馏水稀释至 1 000 mL）。

附表 11　酞酸氢钾 - HCl 缓冲液

pH	B 液/mL	pH	B 液/mL
2.2	46.7	3.2	14.7
2.4	39.6	3.4	9.9
2.6	33.0	3.6	6.0
2.8	26.4	3.8	2.6
3.0	20.3		

注：50 mL A + *x* mL B，稀释至 200 mL。

10. 乌头酸 - 氢氧化钠缓冲液（见附表 12）

A 液：0.5 mol·L^{-1}乌头酸溶液［$(C_3H_3COOH)_3$ 87.05 g 加少量蒸馏水溶解后定容至 1 000 mL］。

B 液：0.2 mol·L^{-1} NaOH 溶液（8.0 g NaOH 加少量蒸馏水溶解后定容至 1 000 mL）。

附表 12　乌头酸 - 氢氧化钠缓冲液

pH	B 液/mL	pH	B 液/mL
2.5	15.0	4.3	83.0
2.7	21.0	4.5	90.0
2.9	28.0	4.7	97.0
3.1	36.0	4.9	103.0
3.3	44.0	5.1	108.0
3.5	52.0	5.3	113.0
3.7	60.0	5.5	119.0
3.9	68.0	5.7	126.0
4.1	76.0		

注：20 mL A + *x* mL B，稀释至 200 mL。

11. 柠檬酸缓冲液（见附表 13）

A 液：0.1 mol·L^{-1}柠檬酸溶液（19.21 g $C_6H_8O_7$加少量蒸馏水溶解后定容至 1 000 mL）。

B 液：0.1 mol·L^{-1}柠檬酸三钠溶液（29.41 g $C_6H_5O_7Na_3 \cdot 2H_2O$ 加蒸馏水溶解后定容至 1 000 mL）。

附表 13　柠檬酸缓冲液

pH	A 液/mL	B 液/mL	pH	A 液/mL	B 液/mL
3.0	46.5	3.5	4.8	23.0	27.0
3.2	43.7	6.3	5.0	20.5	29.5
3.4	40.0	10.0	5.2	18.0	32.0
3.6	37.0	13.0	5.4	16.0	34.0
3.8	35.0	15.0	5.6	13.7	36.3
4.0	33.0	17.0	5.8	11.8	38.2
4.2	31.5	18.5	6.0	9.5	40.5
4.4	28.0	22.0	6.2	7.2	42.8
4.6	25.5	24.5			

注：*x* mL A + *y* mL B，稀释至 100 mL。

12. 酞酸氢钾 – NaOH 缓冲液（见附表 14）

A 液：0.2 mol · L^{-1} 酞酸氢钾溶液（40.84 g $KHC_8H_4O_4$ 加蒸馏水溶解后定容至 1 000 mL）。

B 液：0.2 mol · L^{-1} NaOH 溶液（8.0 g NaOH 加蒸馏水溶解后定容至 1 000 mL）。

附表 14　酞酸氢钾 – NaOH 缓冲液

pH	B 液/mL	pH	B 液/mL
4.2	3.7	5.2	30.0
4.4	7.5	5.4	35.5
4.6	12.2	5.6	39.8
4.8	17.7	5.8	43.0
5.0	23.9	6.0	45.5

注：50 mL A + x mL B，稀释至 200 mL。

13. 琥珀酸缓冲液（见附表 15）

A 液：0.2 mol · L^{-1} 琥珀酸溶液（23.6 g $C_4H_6O_4$ 加蒸馏水溶解后定容至 1 000 mL）。

B 液：0.2 mol · L^{-1} NaOH 溶液（8.0 g NaOH 加蒸馏水溶解后定容至 1 000 mL）。

附表 15　琥珀酸缓冲液

pH	B 液/mL	pH	B 液/mL
3.8	7.5	5.0	26.7
4.0	10.0	5.2	30.3
4.2	13.3	5.4	34.2
4.4	16.7	5.6	37.5
4.6	20.0	5.8	40.7
4.8	23.5	6.0	43.5

注：25 mL A + x mL B，稀释至 100 mL。

14. 甘氨酸 – NaOH 缓冲液（见附表 16）

A 液：0.2 mol · L^{-1} 甘氨酸溶液（15.01 g NH_2CH_2COOH 加蒸馏水溶解后定容至 1 000 mL）。

B 液：0.2 mol · L^{-1} NaOH 溶液（8.0 g NaOH 加蒸馏水溶解后定容至 1 000 mL）。

附表 16　甘氨酸 – NaOH 缓冲液

pH	B 液/mL	pH	B 液/mL
8.6	4.0	9.6	22.4
8.8	6.0	9.8	27.2
9.0	8.8	10.0	32.0
9.2	12.0	10.4	38.6
9.4	16.8	10.6	45.7

注：50 mL A + x mL B，稀释至 200 mL。

15. 硼砂 – NaOH 缓冲液（见附表 17）

A 液：0.05 mol · L^{-1}硼砂溶液（19.05 g $Na_2B_4O_7 \cdot 10H_2O$ 加蒸馏水溶解后定容至 1 000 mL）。

B 液：0.2 mol · L^{-1} NaOH 溶液（8.0 g NaOH 加蒸馏水溶解后定容至 1 000 mL）。

附表 17　硼砂 – NaOH 缓冲液

pH	B 液/mL	pH	B 液/mL
9.28	0.0	9.7	29.0
9.35	7.0	9.8	34.0
9.4	11.0	9.9	38.6
9.5	17.6	10.0	43.0
9.6	23.0	10.1	46.0

注：50 mL A + x mL B，稀释至 200 mL。

16. 碳酸缓冲液（见附表 18）

A 液：0.2 mol · L^{-1}碳酸钠溶液（21.2 g Na_2CO_3或 24.8 g $Na_2CO_3 \cdot H_2O$ 加蒸馏水溶解后定容至 1 000 mL）。

B 液：0.2 mol · L^{-1}碳酸氢钠溶液（16.8 g $NaHCO_3$加蒸馏水溶解后定容至 1 000 mL）。

附表 18　碳酸缓冲液

pH	A 液/mL	B 液/mL	pH	A 液/mL	B 液/mL
9.2	4.0	46.0	10.0	27.5	22.5
9.3	7.5	42.5	10.1	30.0	20.0
9.4	9.5	40.5	10.2	33.0	17.0
9.5	13.0	37.0	10.3	35.5	14.5
9.6	16.0	34.0	10.4	38.5	11.5
9.7	19.5	30.5	10.5	40.5	9.5
9.8	22.0	28.0	10.6	42.5	7.5
9.9	25.0	25.0	10.7	45.0	5.0

注：x mL A + y mL B，稀释至 200 mL。

17. 咪唑缓冲液

0.2 mol · L^{-1}咪唑溶液：称取 13.62 g $C_3H_4N_2$ 溶于 600 mL 蒸馏水，然后用 1 mol · L^{-1} HCl 调节到所需 pH，然后定容至 1 000 mL。

18. HEPES 缓冲液

0.2 mol · L^{-1} 4 –（2 – 羟乙基）– 1 – 哌嗪乙基磺酸溶液：称取 47.66 g $C_8H_{18}O_4N_2S$ 溶于 600 mL 蒸馏水，用 1 mol · L^{-1}NaOH 调节至所需 pH，然后定容至 1 000 mL。

19. Tricine 缓冲液

0.2 mol · L^{-1}三 –（羟甲基）– 甲基甘氨酸［$(NOCH_2)_3CNHCH_2CO_2H$］溶液：称取 35.83 g 三 –（羟甲基）– 甲基甘氨酸溶于 600 mL 蒸馏水，用 1 mol · L^{-1}NaOH 调节至所需 pH，然后定容至 1 000 mL。

20. 甘氨酰－甘氨酸缓冲液

0.2 mol·L^{-1}甘氨酰－甘氨酸（$H_2NCH_2-CONHCH_2COOH$）溶液：称取26.42 g 甘氨酰－甘氨酸溶于600 mL 蒸馏水，用1 mol·L^{-1} NaOH 调节至所需 pH，然后定容至1 000 mL。

21. TE 缓冲溶液

10 mmol·L^{-1}Tris－HCl＋1 mmol·L^{-1}EDTA（292 mg·L^{-1}）。

22. TAE（Tris－醋酸－EDTA）电泳缓冲液

242 g Tris，57.1 mL 冰醋酸，37.2 g Na_2－EDTA·$2H_2O$，用去离子水溶解，定容至1 000 mL，pH 8.0，用时稀释50倍。

23. PBS 缓冲液

8.0 g NaCl，0.2 g KCl，0.2 g KH_2PO_4，1.15 g Na_2HPO_4，定容至1 000 mL，pH 7.4。

附录4 常用酸碱指示剂

常用酸碱指示剂见附表19。

附表19 常用酸碱指示剂

中文名	英文名	变色 pH 范围	酸性色	碱性色	质量浓度	溶剂	100 mL 指示剂需 0.1 mol/L NaOH 量/mL
间甲酚紫	*m*－cresol purple	1.2～2.8	红	黄	0.04%	稀碱	1.05
麝香草酚蓝	thymol blue	1.2～2.8	红	黄	0.04%	稀碱	0.86
溴酚蓝	bromophenol blue	3.0～4.6	黄	紫	0.04%	稀碱	0.6
甲基橙	mcthyl orange	3.1～4.4	红	黄	0.02%	水	—
溴甲酚绿	bromocresol green	3.8～5.4	黄	蓝	0.04%	稀碱	0.58
甲基红	methyl red	4.2～6.2	粉红	黄	0.10%	50%乙醇	—
氯酚红	chlorophenol red	4.8～6.4	黄	红	0.04%	稀碱	0.94
溴酚红	bromophenol red	5.2～6.8	黄	红	0.04%	稀碱	0.78
溴甲酚紫	bromocresol purple	5.2～6.8	黄	紫	0.04%	稀碱	0.74
溴麝香草酚蓝	bromothymol blue	6.0～7.6	黄	蓝	0.04%	稀碱	0.64
酚红	phenol red	6.4～8.2	黄	红	0.02%	稀碱	1.13
中性红	neutral red	6.8～8.0	红	黄	0.01%	50%乙醇	—
甲酚红	cresol red	7.2～8.8	黄	红	0.04%	稀碱	1.05
间甲酚紫	*m*－cresol purple	7.4～9.0	黄	紫	0.04%	稀碱	1.05
麝香草酚蓝	thymol blue	8.0～9.2	黄	蓝	0.04%	稀碱	0.86
酚酞	phenolphthalein	8.2～10.0	无色	红	0.10%	50%乙醇	—

续上表

中文名	英文名	变色 pH 范围	酸性色	碱性色	质量浓度	溶剂	100 mL 指示剂需 0.1 mol/L NaOH 量/mL
麝香草酚酞	thymotphthalein	8.8～10.5	无色	蓝	0.10%	50% 乙醇	—
茜素黄 R	alizarin yellow R	10.0～12.1	淡黄	棕红	0.10%	50% 乙醇	—
金莲橙 O	tropaeolin Q	11.1～12.7	黄	红棕	0.10%	水	—

注：指示剂通常以 0.1 $mol \cdot L^{-1}$ NaOH 或 0.1 $mol \cdot L^{-1}$ HCl 调节至中间色调。

附录 5　离心机转速与相对离心力的换算

$$RCF = 1.119 \times 10^{-5} \times r \times w^2$$

式中：RCF（relative centrifu gal force）——相对离心力（g）；

r ——半径（离心管与转轴的距离，单位是 cm）；

w ——旋转速度（$r \cdot min^{-1}$）。

利用上式即可进行 RCF 与 w 之间换算。从式中可以看出，如果 r 不同，虽然 w 相同，则 RCF 亦不等。一般固定角度的离心机，离心管上端与底部的 r 是不同的，所以 RCF 亦不同。附图 1 为离心机剖面图，离心管与转轴的距离分别为 4.8 cm（上端，最小距离）、6.4 cm（中部，平均距离）、8.0 cm（底部，最大距离），当转速为 12 000 $r \cdot min^{-1}$时，从上式计算得到 RCF 分别为 7 734 g（上端）、10 312 g（中部）、12 890 g（底部），离心管上端与底部所受 RCF 相差近 1 倍，因此以管中部平均距离处的 RCF 表示之。

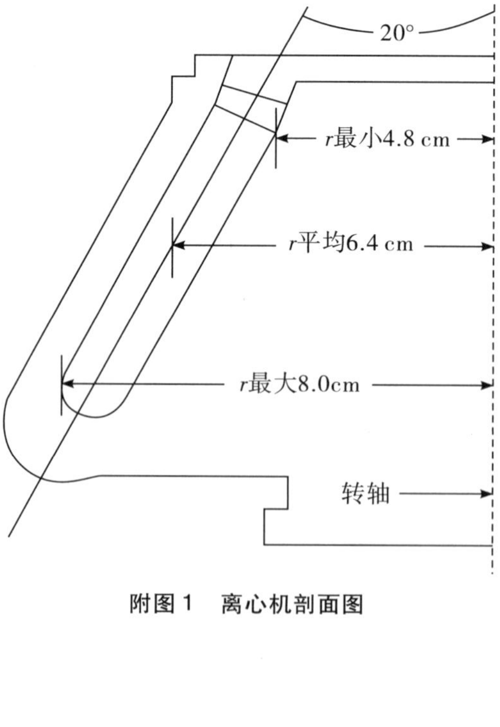

附图 1　离心机剖面图

附录6　提高溶液饱和度时应加入的硫酸铵质量

提高溶液饱和度时应加入的硫酸铵质量见附表20。

附表20　提高溶液饱和度时应加入的硫酸铵质量

		硫酸铵最后的质量浓度（饱和度/%）																
		0	10	20	25	30	33	35	40	45	50	55	60	65	70	75	80	90	100
		1 L溶液中需加入的固定硫酸铵质量/g																	
硫酸铵初始的质量浓度饱和度/%	0	56	114	114	176	196	209	243	277	313	351	390	430	472	516	561	662	767
	10		57	86	118	137	150	183	216	251	288	326	365	406	449	494	592	694
	20			29	59	78	91	123	155	189	225	262	300	340	382	424	520	619
	25				30	49	61	93	125	158	193	230	267	307	348	390	485	583
	30					19	30	62	94	127	162	198	235	273	314	356	449	546
	33						12	43	74	107	142	177	214	252	292	333	426	522
	35							31	63	94	129	164	200	238	278	319	411	506
	40								31	63	97	132	168	205	245	285	375	469
	45									32	65	99	134	171	210	250	339	431
	50										33	66	101	137	176	214	302	392
	55											33	67	103	141	179	264	353
	60												34	69	105	143	227	314
	65													34	70	107	190	275
	70														35	72	153	237
	75															36	115	198
	80																77	157
	95																	79

注：表中硫酸铵饱和溶液以25℃，4.1 mol·L^{-1}计算。由于温度降低时对硫酸铵的溶解度影响不显著（0 ℃时为3.9 mol·L^{-1}），故应用表中数值时可以不考虑温度因素。

附录7　常用植物激素的一些化学性质

常用植物激素的一些化学性质见附表21。

附表21　常用植物激素的一些化学性质

名称	简称	相对分子质量	溶剂	贮存
赤霉酸（素）	GA，GB	346.37	乙醇	0～6℃
脱落酸	ABA	264.32	NaOH	20℃以下
吲哚乙酸	IAA	175.18	NaOH/乙醇	0～5℃
吲哚丁酸	IBA	203.24	NaOH/乙醇	2～8℃
激动素*	KT	215.21	NaOH/HCl	20℃以下
萘乙酸	NAA	186.21	NaOH	2～8℃
6－苄氨基嘌呤	6－BA	225.25	NaOH/HCl	2～8℃
2,4－二氯苯氧乙酸	2,4－D	221.04	NaOH/乙醇	4℃

* 亦称细胞分裂素。表列激素都可以高压灭菌。

附录 8　植物组织和细胞培养常用培养基成分

植物组织和细胞培养常用培养基成分见附表 22。

附表 22　植物组织和细胞培养常用培养基成分

单位：mg · L^{-1}

成分	MS	ER	HE	SH	B_5	N_6	NT	BE	HU
大量元素									
NH_4NO_3	1 650	1 200				463	825		20
KNO_3	1 900	1 900		2 500	2 500	2 830	950	5 055.5	
$CaCl_2 \cdot 2H_2O$	440	440	75	200	150	166	220	441.1	
$Ca(NO_3)_2 \cdot 4H_2O$									35.7
$MgSO_4 \cdot 7H_2O$	370	370	250	400	250	185	1 233	493	50
KH_2PO_4	170	340				400	680	272.18	40
$(NH_4)_2SO_4$					134				
$NaNO_3$			600						
$NaH_2PO_4 \cdot H_2O$			125	345	150				
KCl			750						
微量元素									
KI	0.83		0.01	1.0	0.75	0.8	0.83	0.83	
H_3BO_3	6.2	0.63	1.0	5.0	3.0	1.6	6.2	6.183	5.71
$MnSO_4 \cdot 4H_2O$	22.3	2.23	0.1	10.0	10.0	4.4	22.3	22.3	2.03
$ZnSO_4 \cdot 7H_2O$	10.6		1.0	1.0	2.0	1.5	8.6	8.627	6.585
Zn（螯合的）		15							
$Na_2MoO_4 \cdot 2H_2O$	0.25	0.025		0.1	0.25		0.25	0.242	2.52
$CuSO_4 \cdot 5H_2O$	0.025	0.002 5	0.03	0.2	0.04		0.025	0.025	0.394
$CoCl_2 \cdot 6H_2O$	0.025	0.002 5		0.1	0.025		0.025	0.024	0.162
$AlCl_3$			0.03						
$NiCl_2 \cdot 6H_2O$			0.03						
$FeCl_3 \cdot 6H_2O$			1.0						
Na_2 - EDTA	37.3	37.3		20	37.3	37.3	37.3	11.167	56.7
$FeSO_4 \cdot 7H_2O$	27.8	27.8		15	27.8	27.8	27.8	8.341	2.49
蔗糖	30 *	40 *	20 *	30 *	20 *	50 *	10 *		10 *
葡萄糖								21.62 *	
pH	5.7	5.8	5.8	5.8	5.5	5.8	5.6	5.0	

* 浓度单位为 g · L^{-1}。

附录9 常用培养基附加成分

常用培养基附加成分见附表23。

附表23 常用培养基附加成分

单位：mg・L^{-1}

成分	MS	ER	HE	SH	B_5	N_6	NT	BE
肌醇	100		100	1 000	100		100	180. 16
甘露醇							0. 5 ~ 0. 7*	
烟酸	0. 5	0. 5		5. 0	1. 0	0. 5		0. 492
盐酸吡哆醇	0. 5	0. 5		0. 5	1. 0	0. 5		0. 822
盐酸硫胺素	0. 1	0. 5	1. 0	5. 0	10. 0	1. 0	1. 0	1. 349
甘氨酸	2. 0	2. 0				2. 0		
D - 泛酸			2. 5					
半胱氨酸			10					
尿素			200					
氯化胆碱			0. 5					
吲哚乙酸	1 ~ 30					0. 2		
萘乙酸		1. 0					3. 0	
6 - 苄基氨基腺嘌呤	0. 04 ~ 10	0. 02	0. 25		1. 0	1. 0	1. 0	
2，4 - D			1. 0	0. 50	0. 1 ~ 1. 0	2. 0		
P - 氯苯氧乙酸				0. 2				

* 浓度单位为 mol・L^{-1}。